Thorsten Läsker

Paranormales Deutschland

Thorsten Läsker

PARANORMALES DEUTSCHLAND

„Paranormales Deutschland“
1. Auflage Januar 2021

Ancient Mail Verlag Werner Betz
Europaring 57, D-64521 Groß-Gerau
Tel.: 00 49 (0) 61 52/5 43 75, Fax: 00 49 (0) 61 52/94 91 82
www.ancientmail.de
Email: ancientmail@t-online.de

Verantwortlich für die Produktsicherheit:
Ancient Mail Verlag – Werner Betz
Europaring 57, 64521 Groß-Gerau
Email: ancientmail@t-online.de

Bibliografische Information der Deutschen Nationalbibliothek:
Die Deutsche Nationalbibliothek verzeichnet diese Publikation in der Deutschen Nationalbibliografie; detaillierte bibliografische Daten sind im Internet über http://dnb.dnb.de abrufbar.

Covergestaltung: Karl Lesina, Luna Design
Druck: WIRmachenDRUCK GmbH, D-71522 Backnang

ISBN 978-3-95652-299-4

Präambel

Bei den vorliegenden Fällen handelt es sich um eine Ansammlung von bisher unveröffentlichten Erlebnisberichten, die zum größten Teil aus erster Hand stammen. Der Autor kennt die meisten Zeugen demnach persönlich und hat zudem nicht nur die Befragungen, sondern teilweise sogar die Nachforschungen selbst durchgeführt. Durch seine 25-jährige Erfahrung im paranormalen Bereich und seine frühere Tätigkeit als Pressesprecher und Zweigstellenleiter des einstigen VfgP (Verein für grenzwissenschaftliche Phänomene) verfügt der Autor über das nötige Know-how und kann zudem auf ein breites Repertoire an übersinnlich anmutenden Geschehnissen zurückgreifen.

Inhalt

Vorwort

Haben Sie schon einmal etwas Paranormales erlebt?

Haben Sie jemals ein Ufo, ein Alien, einen Geist, einen Dämon oder einen Engel selbst gesehen?

Haben Sie vielleicht sogar bereits einen Zeitsprung, eine Astralreise, eine Nahtoderfahrung, einen Exorzismus, eine Séance oder eine Wunderheilung am eigenen Leib erfahren oder wurden Zeuge von sonstigen seltsamen und fremdartigen Dingen, die Sie sich einfach nicht so recht erklären konnten?

Wenn Ja, dann stehen Sie damit ganz sicher nicht alleine da, sondern befinden sich stattdessen in guter und zahlreicher Gesellschaft, denn obwohl die meisten ihre ungewöhnlichen Erlebnisse lieber für sich behalten, sie oft noch nicht einmal ihren engsten Freunden und Verwandten anvertrauen, gibt es weltweit dennoch genügend gute und glaubwürdige Berichte und Zeugenaussagen sowie ausreichend beweiskräftiges Film-, Foto- und Tonmaterial. Der Planet wimmelt nur so von übernatürlichen und mysteriösen Vorfällen, auch wenn dies der breiten Öffentlichkeit zumeist vorenthalten wird und dadurch oft gänzlich unbemerkt an einem vorbeizieht. Das Ganze hat letztendlich Methode, denn geprägt durch Erziehung, Schulwissenschaften, dem vermeintlich „gesunden Menschenverstand" und natürlich durch die allseits vorhandenen Mainstream-Medien, die derartigen Themen besonders in westlichen Industriestaaten fast ausnahmslos ablehnend und kritisch gegenüberstehen, wird einfach alles scheinbar Paranormale kategorisch angezweifelt und in die hintersten Ecken des Unmöglichen verschoben. Frei nach dem Motto: „Es kann nicht sein, was nicht sein darf!", selbst wenn Beweise und Indizien noch so glaubwürdig und greifbar sind. Die meisten Menschen wollen und sollen es dennoch nicht wahrhaben.

Gegen diese mutmaßlich fehlgeleitete Mehrheit gilt es sich allerdings vehement zu stemmen, denn die Geschichte zeigt, dass es zumeist die Rebellen, Einzelgänger und Visionäre waren, die neue Entdeckungen und Erfindungen machten, egal wie sehr sie auf ihrem steinigen Weg auch bekämpft, belächelt und gebrandmarkt wurden. Am Ende ergab sich nicht selten, dass genau diese verhöhnten Außenseiter im Recht waren. Diesen Leuten verdankt die Menschheit viele wertvolle Erkenntnisse, nützliche Geräte und medizinisch notwendige Errungenschaften. Man sollte sich daher gut überlegen, ob man sein Leben als stupider Mitläufer oder doch lieber als freier Querdenker bestreiten will, auch wenn das Schwimmen gegen den Strom hin und wieder sehr anstrengend werden kann. Besonders im Bereich der Grenzwissenschaften weht einem mitunter ein sehr rauer Wind entgegen. Alternativ denkende Personenkreise gehören schließlich noch immer zu einer belächelten und angefeindeten Minderheit. Letztendlich darf man sich durch so etwas allerdings nicht abschrecken oder von seinem eigenen Weg abbringen lassen, sondern sollte stattdessen lieber mutig weitergehen und dabei offen für alles sein.

Nichtsdestotrotz sollte man sich auf dieser spannenden Reise stets beide Seiten einer Medaille ansehen und nicht zu vorschnell urteilen, auch wenn sich das Paranormale und Mystische natürlich wesentlich interessanter und spektakulärer darstellt als eine vermeintlich banale und damit eher langweilig wirkende Erklärung. Doch das gehört nun einmal zu guter Forschungsarbeit dazu, ganz egal welcher Seite man sich persönlich zugehörig fühlt und was für ein Ergebnis dementsprechend erwünscht wird. Um sich ein umfassendes und aussagekräftiges Bild verschaffen zu können, ist es daher unabdingbar, sich eben auch die ungeliebte andere Seite zu betrachten und objektiv zu bleiben, denn Engstirnigkeit und Scheuklappen sind Gift für die Wissenschaft und führen nur selten zur Wahrheit. Doch genau die gilt es zu finden, ganz besonders im grenzwissenschaftlichen Bereich, welcher so existenziell wichtig für die Menschheit und deren Entwicklung ist. Aus diesem Grund beleuchtet dieses Buch beide Seiten, liefert demnach nicht nur paranormale, sondern eben auch rationale Erklärungsmöglichkeiten, denn nicht hinter jedem übersinnlich wirkenden Vorfall, selbst wenn dieser auf den ersten Blick so erscheinen mag, steckt am Ende tatsächlich etwas Übernatürliches. Und exakt diese Spreu gilt es vom Weizen zu trennen, denn erst wenn alle mutmaßlich natürlichen sowie jegliche menschengemachten Ursachen, sei es nun durch Lug und Betrug oder aufgrund gesundheitlicher bzw. psychischer Probleme, so gut es geht erkannt und herausgefiltert worden sind, steht der seriösen paranormalen Arbeit der Weg frei, damit dieser alternative Wissenschaftszweig endlich seinen schlechten Ruf verlieren und ernstgenommen werden kann. Genau deshalb ist der Blick über den eigenen Tellerrand hinaus auch so wichtig und das Einbeziehen aller Facetten so unerlässlich.

Dennoch wird sich eine gewisse Fehlerquote nicht restlos verhindern lassen, besonders ein vorsätzlicher Betrug kann niemals gänzlich ausgeschlossen werden, selbst wenn bei den vorliegenden Fällen dieses Buches mutmaßlich von ehrlichen und anständigen Berichterstattern ausgegangen wird. Was stattdessen hinter den einzelnen Ereignissen gesteckt haben könnte, ob nun übernatürlich oder völlig rational, darf jeder Leser gerne selbst für sich entscheiden. Plausible Erklärungsmöglichkeiten werden zumindest ausreichend angeboten, auch wenn diese natürlich keinen Anspruch auf Vollständigkeit erheben und demnach individuell erweiterbar sind. Diesbezüglich zu erwähnen wäre noch, dass die geschilderten Fälle – bis auf wenige Ausnahmen - nicht von psychologischer Seite aus betrachtet und bewertet wurden, wenigstens nicht tiefergehender, denn jemanden als verrückt oder geisteskrank abzustempeln und damit zu stigmatisieren, nur weil ihm angeblich derartige Erlebnisse widerfahren sind, ist natürlich ganz einfach und bequem. Psychosen, Schizophrenie oder sonstige geistige Störungen sind schnell diagnostiziert und ersparen dem Skeptiker dadurch die lästige Beschäftigung mit grenzwissenschaftlichen Themengebieten.

Doch solch eine Herangehensweise ist absolut falsch und feige und bringt uns zudem keinen Schritt weiter. Sicherlich wird es immer den einen oder anderen Fall geben, bei dem vielleicht tatsächlich eine medizinisch oder psychologisch relevante Ursache vorliegt, die dementsprechend behandelt gehört, aber diese Art der Bewertung sollte nicht von Laien übernommen werden und spielt daher bei den vorliegenden Erklärungsmöglichkeiten auch kaum eine Rolle. Um die jeweils Betroffenen dennoch vor etwaigen Brandmarkungen und Anfeindungen zu schützen bzw. um deren Anonymität zu wahren, wurden die Namen und Wohnorte der Augenzeugen bewusst abgeändert. Das ist zwar schade, aber leider gehört Deutschland weltweit gesehen, was zumindest diese speziellen Themen angeht, nicht unbedingt zu den aufgeschlossensten, tolerantesten und interessiertesten Gebieten der Erde. Von einem grenzwissenschaftlichen Überflieger kann demnach keine Rede sein. Dennoch bessert sich die Lage zusehends und selbst die Menschen aus „Good old Germany" werden stetig neugieriger und offener. Zwar hinken wir im globalen Vergleich trotzdem noch ordentlich hinterher, aber ich sehe Licht am Ende des Tunnels. Wäre ja auch gelacht, schließlich haben wir ebenfalls so einiges an übernatürlichen Vorfällen und Erlebnissen zu bieten, und das nicht zu knapp. Ja, auch die BRD kann paranormal, teilweise sogar mehr als so manch einem lieb sein dürfte.

Doch ganz egal, ob Sie nun schon einmal selbst etwas Außergewöhnliches erlebt haben oder nicht, ob sie an all diese seltsamen Dinge überhaupt glauben oder eher dem skeptischen Lager angehören – es spielt letztendlich keine Rolle, denn die Tür steht definitiv für alle offen, und daher treten wir nun gemeinsam ein, ins „Paranormale Deutschland".

Die nächtliche Erscheinung

Thomas war zum Zeitpunkt seines Erlebnisses 28 Jahre alt und lebte zusammen mit seiner Freundin in Bamberg. Ein gewisses Interesse an grenzwissenschaftlichen Themen begleitete ihn schon sein gesamtes Leben. Obgleich seiner allgemeinen Offenheit allem Neuen und Unbekannten gegenüber, war er dennoch kein leichtgläubiger Fantast, eher ein rational denkender Mensch auf der Suche nach der Wahrheit. Eben ein weltoffener und neugieriger Zeitgenosse mit einem besonderen Faible für das Paranormale, auch wenn ihm selbst noch nie etwas Außergewöhnliches widerfahren war. Doch das sollte sich schon bald ändern.

Das Ganze geschah in einer völlig normalen Frühlings-Nacht, schätzungsweise so gegen 03.00 Uhr, als Thomas urplötzlich wach wurde. Seine Augen gewöhnten sich recht schnell an die dunklen Sichtverhältnisse des Schlafzimmers. Er lag wie immer auf der rechten Fensterseite des Doppelbettes, während seine Freundin links neben ihm schlief. Und obwohl kein offensichtlicher Grund vorhanden war, drehte er sich dennoch mit geöffneten Augen zu seiner Partnerin um, anstatt einfach direkt weiter zu schlafen. Irgendwie schien er innerlich bereits gespürt zu haben, dass da irgendetwas war. Doch was dann folgte, damit hatte er nun wirklich nicht gerechnet, denn auf einmal erblickte er sie, die nächtliche Erscheinung, mitten auf der Bettkante sitzend, gleich neben seiner friedlich schlummernden Lebensgefährtin. Optisch direkt als Frau erkennbar, mit Kleidung und weiblicher Frisur, aber dennoch nicht richtig menschlich wirkend. Prinzipiell sah die Wesenheit schon wie eine normale Person aus, nur irgendwie feinstofflicher, also nicht wie richtig feste Materie, aber eben auch nicht nur schemenhaft oder nebelartig. Eher wie eine Art 3D-Hologramm, allerdings mit vollkommen realistischen Zügen und einer vermeintlich stabilen Erscheinungsform.

Thomas konnte sie schließlich eindeutig erkennen. Zudem schien sie richtiggehend auf der Bettkante zu sitzen, ganz fest, als wenn Materie auf Materie stößt. Dabei gingen keinerlei Bewegungen oder Geräusche von dieser fremden Erscheinung aus. Das geisterhafte Wesen saß einfach nur still und friedlich neben seiner Freundin und fixierte die Schlafende dabei mit seinen Blicken, so als würde es über sie wachen oder sie beobachten. Ein wirklich unfassbarer Moment für Thomas, der schließlich nur etwa einen Meter von dieser Erscheinung entfernt war. Doch anders als er es sich vorher vielleicht immer ausgemalt hätte, überkam ihn dabei keinerlei Furcht, ganz im Gegenteil. Nichts an dieser außergewöhnlichen Situation verängstigte oder erschreckte ihn. Er nahm es einfach wortlos hin, so als wäre es das Normalste von der Welt. Vielleicht lag es auch daran, dass das Wesen von Thomas keinerlei Notiz nahm. Es schien sich überhaupt nicht für ihn zu interessieren.

Der Fokus der Geistergestalt schien einzig und allein auf seiner schlafenden Partnerin zu liegen. Laut Thomas ging dabei eine spürbare Sanftmut und Freundlichkeit von der Wesenheit aus. Erkennbar auch an den beruhigenden und fast schon lächelnd wirkenden Gesichtszügen. Irgendwie musste er bei diesem Anblick direkt an einen Schutzengel denken, zumindest im ersten Moment, denn dann fiel ihm plötzlich die große Ähnlichkeit zwischen seiner Freundin und dem Wesen auf. Zwar nicht völlig identisch, aber auch nicht ganz anders, fast so, als wären sie miteinander verwandt. Laut Thomas hätte man die Gestalt vielleicht sogar als das „ältere Ich" seiner Partnerin beschreiben können. Für ihn auf jeden Fall ein sehr merkwürdiges Detail, welches ihm daher auch besonders stark in Erinnerung blieb. Und obwohl es mitten in der Nacht war, konnte er dies alles sehr gut erkennen, denn irgendwie erschien die Wesenheit etwas heller als das restliche Zimmer. Nicht leuchtend oder so, dennoch klar und eindeutig sichtbar, fast so, als wäre dessen grundsätzliche Erscheinungsform allgemein schon etwas lichtintensiver.

Thomas hegte diesbezüglich zumindest keinerlei Zweifel, fühlte er sich in diesem Moment schließlich absolut hellwach, selbst wenn er kurz zuvor noch tief und fest geschlafen hatte. Das war aber auch nicht sonderlich ungewöhnlich für ihn, denn er konnte schon immer recht schnell einen klaren Kopf nach dem Aufwachen fassen und hatte demnach eigentlich noch nie mit großartiger Schlaftrunkenheit o.ä. kämpfen müssen. Sobald er erwachte, war er stets innerhalb weniger Sekunden voll und ganz da. An der Echtheit seines Erlebnisses hatte er daher noch nie den geringsten Zweifel gehabt.

Doch so unglaublich sich diese Begegnung für ihn auch darstellte, veranlasste ihn in dieser Nacht dennoch nichts dazu, direkt danach aufzustehen, um das Ganze irgendwie zu verarbeiten. Ganz im Gegenteil, denn nachdem er das Wesen für einen Moment betrachtet hatte, und obwohl es nach wie vor anwesend war, drehte er sich einfach wieder weg und schlief friedlich weiter. Offensichtlich schien ihn tatsächlich nichts an der Situation besonders geängstigt oder aufgeregt zu haben, ansonsten wäre solch eine entspannte Reaktion wohl kaum möglich gewesen. Erst am nächsten Tag fing er an, sich etwas näher und intensiver mit der nächtlichen Begegnung zu beschäftigen. Natürlich erzählte er auch direkt seiner Freundin von der ganzen Sache, die verständlicherweise mehr als irritiert darauf reagierte. Doch für ihn hatte das Erlebnis nach wie vor keinen furchterregenden Touch, stattdessen erweckte es lediglich sein Interesse. Ein Interesse, das bis heute nicht weniger geworden ist, selbst wenn er bis dato noch keine Erklärung für all das finden konnte. Und so treibt ihn auch weiterhin die große Frage an: „Wer oder was war diese nächtliche Erscheinung?“

Paranormale Erklärungsversuche:

Bei der ganzen Erzählung denkt man unweigerlich direkt an einen Schutzengel, da selbst Thomas dies bei seiner Schilderung sofort in Erwägung zog. Natürlich wäre dies eine Erklärung, wird dem Schutzengel doch in vielen Kulturen und Religionen eine weit zurückreichende und wichtige Rolle zugeschrieben. Immer dann, wenn die Zeit des persönlichen Ablebens wohl noch nicht gekommen zu sein scheint, greifen sie mutmaßlich ein und verhindern so den vorzeitigen Tod oder eine schwerwiegendere Verletzung. Offensichtlich regeln Schutzengel also den geordneten Ablauf zwischen Diesseits und Jenseits, zumindest wenn man der Theorie glaubt, dass das Leben einer gewissen Vorbestimmung und einem festgelegten Drehbuch folgt. Wie auch immer man selbst zu dem Thema stehen mag, lässt sich dennoch nicht verleugnen, dass sicherlich die Meisten schon einmal etwas von merkwürdigen Erlebnissen dieser Art gehört haben, besonders von ungewöhnlichen Rettungen aus lebensbedrohlichen Situationen. Von Wesen also, die schützend ihre Hände über die jeweilige Person zu legen scheinen und diese dann rund um die Uhr bewachen, am Tag wie auch in der Nacht. Dabei begegnen manche Menschen ihnen angeblich sogar hin und wieder, ob nun in Träumen, in Trance-Zuständen oder auch bei völligem Bewusstsein. Und plötzlich hören, sehen oder fühlen sie diese. Mal mehr und mal weniger.

Zudem glauben einige esoterisch veranlagte Kreise, dass man die Kontaktaufnahme mit seinem persönlichen Schutzengel regelrecht erlernen und ausbauen kann, denn schließlich soll ja jeder von uns mindestens einen davon besitzen, wobei manche sie auch als Krafttier oder Kraftwesen bezeichnen, besonders in der fernöstlichen oder schamanischen Kultur. Doch nicht alle sehen das so, denn ein paar andere Religionen gehen wiederum eher davon aus, dass nicht unbedingt jeder seinen eigenen Engel hat, sondern immer einer für mehrere Personen gleichzeitig zuständig ist. Demnach würden diese himmlischen Helfer also stets nur dort auftauchen und eingreifen, wo sie eben auch wirklich gerade gebraucht werden. Klingt sicherlich ebenso logisch. Diesbezüglich scheint es nun einmal unterschiedliche Meinungen und Theorien zu geben, selbst wenn es am Ende dennoch auf das Gleiche hinausläuft. Der vorliegende Fall könnte allerdings eher in die Richtung zeigen, dass möglicherweise trotzdem jeder seinen ganz persönlichen Begleiter hat. Die frappierende Ähnlichkeit mit der schlafenden Freundin ist dabei nicht ganz unwichtig und spräche zumindest dafür. Thomas hatte diese optische Auffälligkeit ja entsprechend beschrieben. Möglicherweise also ein verstorbener Verwandter, vielleicht eine Großmutter etc. Auch bei Nahtoderfahrungen hört man immer wieder davon, dass Betroffene in der Zwischenwelt von bereits verstorbenen Angehörigen empfangen und begleitet werden. Demnach wäre es durchaus denkbar, dass wir stets, also auch während unserer Lebenszeit von unseren verblichenen Verwandten beschützt, überwacht und begleitet werden.

Hat Thomas also vielleicht tatsächlich den Schutzengel seiner Freundin gesehen, welcher wiederum der Geist eines früheren Familienmitgliedes war? Eine interessante Frage und eine noch viel interessantere Theorie, mit welcher wir der Lösung eventuell ein Stückchen näher gekommen sind.

Ebenfalls denkbar: Die Erscheinung war eine Astralprojektion seiner Freundin.

Einige Menschen scheinen zumindest tatsächlich die Fähigkeit zu besitzen, ihren Geist vorübergehend vom physischen Körper trennen zu können, um anschließend eine sogenannte Astralreise zu vollziehen. Verbunden durch die „Silberschnur“, eine Art übernatürliches Seil, welches Körper und Seele währenddessen zusammenhält, sollen in diesem Zustand die unglaublichsten Reisen durch Raum und Zeit möglich sein. Selbst fremde Galaxien sind bei solch einer OOBE (Out-of-Body-Experience) angeblich erreichbar, ebenso wie Abstecher in Vergangenheit oder Zukunft. Bei manchen geschieht dies völlig unbewusst, ohne jegliche Kontrolle darüber zu haben, und andere wiederum können es ganz bewusst einleiten und steuern. Mit viel Übung soll diese Fähigkeit sogar erlernbar sein, weshalb es auch diverse Anleitungen, Kurse und Seminare dafür gibt.

Die Parawissenschaft geht letztendlich davon aus, dass diesen Zustand eben nicht nur einige wenige bewusst und gewollt herbeiführen können, sondern dass wir Menschen im Grunde genommen alle dazu in der Lage wären, zumindest rein von den körperlichen und geistigen Voraussetzungen her. Doch scheinen die menschliche Evolution und die immer stärker werdenden äußeren Einflüsse unsere übersinnlichen

Fähigkeiten allmählich verdrängt oder zumindest eine größere Auszeit verpasst zu haben. Gelingt solch eine OOBE aber dennoch, so scheint dies hauptsächlich im Schlaf und da besonders in der Tiefschlafphase zu passieren. Während also der physische Körper schläft und träumt, begibt sich der jeweilige Geist auf eine entsprechende Astralreise, manchmal auch nur ganz kurz und zudem sehr nah beim eigenen Körper verbleibend. Doch hin und wieder sogar mit ausschweifenden und erlebnisreichen Touren, fernab jeglichen rational denkenden Verstandes. Und auf einmal öffnen sich die faszinierendsten Welten und nichts scheint mehr so, wie es vorher war. Entfernungen und Zeitrechnungen spielen plötzlich keine Rolle mehr und jegliche Probleme sind wie weggeblasen. Außerdem berichten Reisende auch oftmals von Begegnungen mit anderen Wesenheiten, während sie diese fremdartig anmutenden Seins-Ebenen durchstreift haben. Für die meisten also sicherlich eine außerordentlich interessante und bereichernde Erfahrung. Wer jetzt allerdings glaubt, dies könne nur in einem geruhsamen Schlafmodus oder in selbst eingeleiteten Trance-Zuständen geschehen, der sollte sich einmal den faszinierenden Bereich der Nahtoderlebnisse genauer anschauen, denn auch hier erzählen Betroffene häufig davon, sich während dieser Zeit außerhalb ihres Körpers befunden zu haben, beispielsweise bei einem Unfall mit vorübergehendem Herzstillstand oder im Verlauf einer kritischen Operation. Oft sehen diese Personen dann ihre verletzte und sterbende Hülle und können später sogar verblüffende Details aus dieser Zeit berichten.

Es gibt letztendlich schon sehr deutliche Indizien dafür, dass wir Menschen tatsächlich aus Körper und Geist bestehen, welche auch getrennt voneinander existieren können und man diesen abgespaltenen Zustand möglicherweise nicht nur unbewusst, sondern sogar bewusst herbeiführen und erleben kann, selbst wenn ein ungewollter Austritt sicherlich wesentlich häufiger vorkommen dürfte. Demzufolge erscheint es ganz und gar nicht abwegig, dass Thomas vielleicht wirklich nur die Astralerscheinung seiner Freundin beim ausgiebigen Betrachten des eigenen schlafenden Körpers gesehen hat. Auch hierbei könnte die optische Ähnlichkeit für diese Option sprechen, ebenfalls die starke Sensitivität und das stets ausgeprägte und tiefe Schlafverhalten seiner Partnerin.

Als letzte Option aus dem Bereich der paranormalen Erklärungsversuche bleibt natürlich noch die gute alte Geistererscheinung. Selbstverständlich muss auch diese Möglichkeit in Betracht gezogen werden. Es wäre also durchaus denkbar, dass Thomas einfach einen typischen Geist gesehen hat, wobei es sich aufgrund der optischen Ähnlichkeiten dann wohl vermutlich um einen verstorbenen Verwandten seiner Freundin gehandelt haben dürfte. Natürlich deckt sich dies ein wenig mit der Schutzengel-Erklärung, dennoch scheint es dabei Unterschiede zu geben. Während ein diesbezüglicher Engel in erster Linie zum sprichwörtlichen Schutz und zur Bewachung seines Zöglings da zu sein scheint, würde ein einfacher Geist wohl eher keine dieser genannten Funktionen aufweisen, zumindest nicht grundsätzlich oder durchgehend. Wesen dieser Art sind demnach mehr als gelegentliche Besucher aus einer Anderswelt oder aus dem Jenseits zu betrachten, vielleicht auch als Beobachter aus einer unbekannten Dimension oder als ortsgebundene Energieerscheinungen mit sporadischen Materialisierungseffekten. Geister werden daher häufiger gesehen, selbst in ganz normalen Alltagssituationen, zumeist ohne jegliche offensichtliche Funktion und teilweise auch ohne irgendeinen Bezug zu der anwesenden und bezeugenden Person.

Dennoch gibt es natürlich auch ausreichend dokumentierte Fälle über Sichtungen und Erlebnisse mit verstorbenen Angehörigen, die hin und wieder die lebenden Nachkommen zu besuchen scheinen. Warum und wieso, das bleibt dabei wohl die große Frage. Mitunter haben sie noch eine ungelöste Angelegenheit oder ihnen liegt nach wie vor etwas auf dem Herzen, was sie unbedingt abschließend loswerden wollen. Vielleicht können sie auch einfach den eigenen Tod noch nicht so richtig begreifen und annehmen und klammern sich daher so vehement an die Welt der Lebenden, vorzugsweise eben mit Fokus auf geliebte Familienangehörige. Oder wollen sie diesen Menschen selbst als Geist einfach nur weiterhin nah sein, ohne bestimmten Grund? Wenn, dann wäre unser Fall wohl eher in diese Kategorie zu packen. Völlig ausschließen lässt sich aber natürlich auch nicht, dass Schutzengel und personenbezogene Geistererscheinungen, zumindest wenn diese in Form von verstorbenen Verwandten auftreten, letztendlich sogar ein und dasselbe sein könnten. Da im Bereich der Parawissenschaften nichts eindeutig und endgültig ist, bleibt also auch hier ein großes Fragezeichen und bietet viel Platz für wilde Spekulationen.

Abschließend eint aber alle Optionen eine wichtige Voraussetzung: Thomas muss sich in jedem Fall in einer besonderen geistigen Situation befunden haben. Man nennt diesen Zustand zwischen Wach- und Schlafphase, in der wir sehr entspannt sind und sich das Bewusstsein schon ein wenig mit dem Unterbewusstsein vermischt hat, den Alpha-Zustand. In dieser außergewöhnlichen Phase scheinen wir besonders empfänglich für übersinnliche Wahrnehmungen zu sein. Nicht selten wird dabei der menschliche Verstand schon arg an seine Grenzen des Vorstellbaren geführt, teilweise sogar weit darüber hinaus.

Rationale Erklärungsversuche

Wenn man solcherlei Erlebnisberichte hört, denken die meisten Menschen unweigerlich zuerst an einen Traum oder eine Einbildung. Natürlich scheint dies auch in vielen Fällen die logischste Erklärung zu sein. Wenn wir träumen, befinden wir uns sprichwörtlich in einer anderen Welt. Eine Welt, in der unser Unterbewusstsein die Kontrolle übernommen hat. Unser eigentliches Bewusstsein, welches uns im Wachzustand lenken und denken lässt, tritt nun in den Hintergrund. Wilde Fantasien, verborgene Wünsche oder wirre Absurditäten – im Traum ist alles möglich. Meistens verschwinden die oftmals zusammenhangslosen Geschichten nach dem Aufwachen auch ganz schnell wieder, da diese lediglich im Kurzzeitgedächtnis abgelegt werden. Viele Traumforscher wollen zwar Bedeutungen in den nächtlichen Fantastereien erkennen, aber die wenigsten von uns nehmen dies als real hin. Für den Otto-Normalbürger sind diese Erlebnisse nichts weiter als ein nächtlicher Zeitvertreib des Gehirns oder die fantasievolle

Verarbeitung von tatsächlichen Ereignissen. Sobald man aufwacht, schaltet das Gehirn daher auch normalerweise recht schnell wieder auf Tagesbetrieb um. Das geschieht bei den meisten Menschen innerhalb kürzester Zeit, so dass es kaum Überschneidungen zwischen dem träumenden Unterbewusstsein und dem hellwachen Bewusstsein gibt. Besonders nach einer ausgiebigen und erholsamen Schlafphase finden wir recht zügig den Weg zurück in die Realität. Doch hin und wieder kommt es eben auch anders, wenn wir beispielsweise im Schlaf aufschrecken, unsanft geweckt werden, unter Drogeneinfluss stehen, noch nicht ausgeruht oder sogar krank sind. In diesen Momenten kann das Gehirn schon mal ein wenig länger für die Anpassung brauchen.

Infolgedessen kommt es mitunter zu Überschneidungen zwischen Traum und Realität. Man sieht dann plötzlich Dinge, die eigentlich gar nicht da sind, weil diese z. B. aus der eben noch erlebten Traumwelt mitgenommen worden sind. Zwar verblasst diese sogenannte Halluzination nach und nach, aber für einige Momente scheint sie sich tatsächlich im sichtbaren Umfeld des Erwachten zu befinden. In solchen Situationen fällt es den Betroffenen oft schwer, diese teils sehr real wirkenden Trugbilder einfach als Hirngespinste oder Traumreste abzutun. Kein Wunder, schließlich fühlen sich die jeweiligen zumeist völlig hellwach und als „Herr der eigenen Sinne“, auch wenn sie es in Wirklichkeit noch gar nicht waren. Verantwortlich für derlei intensive Halluzinationen nach einer Traumphase könnte auch ein in der Zirbeldrüse produzierter Stoff namens „DMT“ sein, welcher möglicherweise bei derlei Erfahrungen eine wichtige Rolle spielt. Bei südamerikanischen Naturvölkern wird zumindest schon lange ein DMT-haltiges Getränk namens „Ayahuasca“ konsumiert, durch welches man angeblich mit den Göttern und Geistern in Verbindung treten und spirituelle Erfahrungen machen kann.

Warum sich die Erscheinung von Thomas aber nun derartig lang und perfekt in die Realität einzubauen schien, ja fast schon mit dieser interagierte, bleibt dennoch ein Rätsel. Aber wie gesagt: Vielleicht hat der junge Mann auch nur mehr gesehen, als am Ende wirklich da war.

Sein Gehirn hat ihm sozusagen einfach nur einen kleinen Streich gespielt. Und da er gleich danach wieder eingeschlafen ist, kann natürlich auch nicht abschließend geklärt werden, ob die Gestalt nicht allmählich verschwunden wäre, wenn Thomas weiterhin wach geblieben und sogar aufgestanden wäre.

Es wurde nun viel darüber geschrieben, dass Thomas möglicherweise noch nicht völlig erwacht war und es daher einfach zu einer Halluzination aufgrund der Überschneidung zwischen Unterbewusstsein und Bewusstsein gekommen sein könnte. Doch was, wenn Thomas überhaupt nicht wach geworden ist, also noch nicht einmal teilweise. Wenn das ganze Erlebnis demnach lediglich Teil eines intensiven und sehr real wirkenden Traumes war, von dem Thomas am nächsten Tag nur dachte, es tatsächlich so erlebt zu haben. Jeder kennt das sicherlich: Irgendwann, vielleicht viele Jahre später, wenn Erlebnisse oft nur noch entfernte Erinnerungen sind, fällt es einem zunehmend schwerer, frühere, vielleicht sehr real wirkende Träume von ebenfalls weit zurückliegenden echten Erlebnissen zu unterscheiden. Man weiß dann manchmal nicht mehr so genau, ob die Erinnerung jetzt wirklich passiert ist oder man sich nur einbildet, es einst tatsächlich so erlebt zu haben. Das Gehirn macht ab einem bestimmten Moment keinen Unterschied mehr zwischen Fiktion und Realität. Ob es nun echt geschah oder nur die übrig gebliebenen Eindrücke eines ehemals intensiv erlebten Traumes waren, wird für uns dann immer schwerer zu unterscheiden, zumindest dann, wenn es sich um relativ realistisch anmutende Träumereien gehandelt hat.

Unter diesem Aspekt betrachtet, ist demnach nicht völlig auszuschließen, dass Thomas letztendlich gar nicht wirklich wach war, sondern er das lediglich geträumte Erlebnis einfach als absolut real in seinem Gedächtnis abgespeichert hat und somit bereits am nächsten Morgen nicht mehr sicher unterscheiden konnte, ob dies nun tatsächlich so geschehen ist oder nicht. Dennoch klammerte er sich selbstbewusst an seine Version und vertrat sie stets vehement, sogar bis heute, obwohl es sich inzwischen wirklich nur noch um eine verblasste Erinnerung mit fragwürdigem Wahrheitsgehalt handeln dürfte.

Ja, manchmal kann eine Lösung auch ganz einfach und unspektakulär sein, doch trifft dies für den vorliegenden Fall ebenso zu? Wer weiß, denn leider lässt sich das inzwischen nicht mehr abschließend eruieren und kann daher nur noch spekuliert werden.

Rote Augen in der Nacht

Sina lebte 2012 in Kiel und machte dort eine Ausbildung zur Altenpflegerin. Mit ihren 18 Jahren war sie bereits recht bodenständig und zielstrebig. Ihre Arbeiten erledigte sie daher stets gewissenhaft und sorgfältig, weshalb sie einen guten Ruf bei Kollegen und Vorgesetzten genoss. Auch bei den älteren und pflegebedürftigen Bewohnern der Einrichtung kam sie aufgrund ihrer freundlichen und hilfsbereiten Art sehr gut an. Sie liebte eben ihren Job und ging förmlich darin auf. Selbst an Tagen, an denen es einmal nicht so gut lief oder irgendetwas Unangenehmes passierte, versuchte sie, so gut es ging, die Stimmung aufrecht zu erhalten. Nur mit einer Sache kam sie nicht ganz so gut klar, und zwar mit dem unvermeidlichen Ableben der Bewohner. Sina wusste natürlich, dass diese Schattenseite des Berufes nun einmal dazu gehörte, kümmerte sie sich schließlich um teils recht alte und kranke Menschen, deren restliche Lebenserwartung mitunter nicht mehr all zu groß war. Dennoch versetzte ihr solch ein trauriger Sterbefall immer wieder einen kleinen Stich ins Herz. Natürlich versuchte sie anschließend, ihre daraus resultierende Gefühlslage so gut es ging zu verbergen, denn letztendlich wollte sie den anderen Anwesenden schließlich einen schönen und angenehmen Lebensabend bescheren, und da hatte der Tod vorerst nichts zu suchen, so präsent er auch dennoch stets war.

Das laufende Jahr 2012 verlief diesbezüglich bisher recht angenehm, denn glücklicherweise zählte die Pflegeeinrichtung bereits seit 5 Monaten keine neuen Sterbefälle mehr. Für Sina ein wahrer Segen, auch wenn es jederzeit wieder passieren konnte, das war ihr natürlich bewusst. Doch im Moment schob sie diesen Gedanken erst einmal so weit wie möglich weg, erfreute sich stattdessen lieber an den warmen und angenehmen Sommertagen. Nicht ahnend, was da schon bald auf sie zukommen sollte.

Da sie mit einer Kollegin den Dienst getauscht hatte, wartete an diesem besagten Sonntag eine Doppelschicht auf sie. Am Abend war die erste Hälfte bereits geschafft und die etwas unbeliebtere Nachtschicht konnte direkt folgen. Sina galt nicht unbedingt als Nachtschwärmer, dennoch erledigte sie auch zu dieser späten Stunde alle anfallenden Aufgaben mit viel Freude und Hingabe. Zwischendurch ein kleiner Small-Talk mit der zweiten anwesenden Pflegekraft und schon ging es munter weiter. Gegen 02.00 Uhr war das meiste allerdings geschafft, sämtliche Bewohner schliefen tief und fest und somit herrschte absolute Stille im Haus. Sina saß zu dieser Zeit gerade im Büro und gönnte sich einen leckeren Imbiss, als ihre Kollegin kurzerhand aufstand, um draußen vor dem Gebäude eine Zigarettenpause einzulegen. Sina selbst war überzeugte Nichtraucherin, daher blieb sie alleine zurück und hielt eisern die Stellung.

Doch auf einmal überkam sie das dumpfe Gefühl, als hätte sie soeben auf dem Gang vor dem Büro eine Bewegung wahrgenommen, so irgendwie aus dem Blickwinkel heraus. Zuerst dachte sie natürlich an ihre Kollegin oder vielleicht an einen herumirrenden Bewohner. Sie lauschte kurz, hörte aber nichts weiter. „Hallo!“, rief sie daraufhin, „Ist da wer?“, aber es folgte keine Antwort. Sie schien sich wohl geirrt zu haben und widmete sich daher wieder ihrem Snack. Doch plötzlich nahm sie erneut etwas wahr, ähnlich wie beim ersten Mal, als würde jemand vorbeihuschen. Hinzu kam, dass sie diesmal auch irgendeine Art von Geräusch vernommen hatte. Es klang wie ein sanftes Klacken, mehrmals schnell hintereinander. Sina stand auf und ging hinaus auf den Korridor. Sie schaute in alle Richtungen, konnte aber niemanden sehen. Zudem war es mucksmäuschenstill, nicht einmal ihr eigenes Atmen schien hörbar, als befände sie sich in einem schalldichten Raum. Auf einmal fühlte sich auch die Luft anders an, irgendwie kühler und erdrückender. Dann flackerten plötzlich die Deckenlichter, gingen sogar für einen Moment ganz aus. Sina erschrak. Sie fand die gesamte Situation richtiggehend unheimlich. Kurz darauf begannen die Lampen wieder zu leuchten, kurz bevor der nächste Schockmoment folgen sollte, denn direkt am Ende des Ganges, nur etwa 20 Meter von ihr entfernt, stand auf einmal ein großer schwarzer Hund und blickte sie aufmerksam mit seinen rot leuchtenden Augen an. Sina konnte es zuerst selbst nicht glauben, doch dieses Tier besaß tatsächlich zwei extrem rot leuchtende Augen.

Sie erschrak erneut und zuckte sofort ängstlich zurück, während ihr Herz förmlich zu rasen begann. Eigentlich mochte sie Hunde, aber dieses besondere Exemplar jagte ihr eine Heidenangst ein. Am liebsten wäre sie sofort ins Büro gestürmt und hätte die Tür verschlossen, doch irgendetwas zwang sie regelrecht hier zu bleiben. Dann drehte sich das Tier plötzlich weg und lief den rechten Flur hinunter. Sina löste sich ebenfalls aus ihrer Schockstarre und folgte ihm vorsichtig, war sie doch schließlich für die Einrichtung und all deren hilflose Bewohner verantwortlich. Die persönliche Furcht musste daher hinten anstehen. Zudem hatte der Hund bisher keinen sonderlich aggressiven Eindruck gemacht, auch wenn ihn dennoch irgendeine unheimliche Aura zu umgeben schien. Sina versuchte daher stets, einen gewissen Abstand zu ihm zu halten und beobachtete dabei jeden seiner Schritte ganz genau. Auch der Hund schien sie nach wie vor im Visier zu haben, denn er drehte sich immer wieder kurz zu ihr um, so als wolle er überprüfen, ob sie noch da ist. Außer den Geräuschen seiner laufenden Pfoten gab das Tier dabei keinerlei Laute von sich. Kein Knurren, kein Bellen, kein Hecheln, nichts. Doch besonders seltsam kam Sina vor, dass der Hund fast schon zielstrebig wirkte, so als wisse er ganz genau, wo er lang laufen müsste. Jedoch hatte sie ihn vorher noch nie hier gesehen, wie konnte er sich also so gut in diesem Haus auskennen, fragte sie sich verwundert.

Dann blieb er auf einmal abrupt stehen, mitten vor einem der Zimmer. Und plötzlich flackerten erneut die Deckenlampen, kurz bevor sich der schwarze Hund noch einmal zu Sina umdrehte und sie abermals mit seinen rot leuchtenden Augen fixierte. Als Nächstes betrat er das anvisierte Zimmer, dessen Tür seltsamerweise geöffnet war. Sina folgte ihm nun etwas schneller, da sie Angst um den darin lebenden Bewohner hatte. Besorgt stürmte sie in den Raum und schaltete schnurstracks das Licht an, doch der mysteriöse Hund war offenbar verschwunden. Sie suchte überall nach ihm, aber zwecklos, das Tier schien sich in Luft aufgelöst zu haben. Ungläubig schüttelte Sina den Kopf und zweifelte wahrlich an ihrem Verstand. Nichtsdestotrotz wollte sie noch fix nach dem schlafenden Zimmerinsassen schauen, da ihr dieser ältere Mann ganz besonders am Herzen lag, sie letztendlich sogar einen guten Freund in ihm sah.

Leider musste sie bei dieser Visite erschrocken feststellen, dass dieser liebenswerte Mensch inzwischen verstorben war, offensichtlich erst seit Kurzem, vielleicht sogar erst vor wenigen Sekunden, denn seine Haut fühlte sich noch ganz warm an. Er machte trotz seines plötzlichen Todes einen zufriedenen Eindruck, als wäre das Ganze sehr friedlich und sanft vonstattengegangen. Vermutlich auch deshalb, weil er im Moment des Ablebens wohl nicht alleine gewesen war, da sich Sina anscheinend schon im Zimmer befand und er sich dadurch noch einmal von ihr verabschieden konnte, was ihm sicherlich Trost und Frieden für seine unbekannte Reise schenkte. Was allerdings aus dem seltsamen schwarzen Hund geworden ist, woher er kam, was er wollte und wohin er anschließend verschwand, blieb für Sina bis heute ein großes Rätsel. Doch offenbar spielte er bei all dem eine wichtige Rolle, auch wenn ihr das Ganze nachher niemand glauben wollte. Dennoch ist sie weiterhin fest davon überzeugt, ihn, dessen rot leuchtende Augen sie wohl niemals vergessen wird, in jener besonderen Nacht tatsächlich gesehen zu haben.

Paranormale Erklärungsversuche:

Große schwarze Hunde, teilweise mit besagten rot leuchtenden Augen, gelten oftmals als Seelenbegleiter oder auch als Wächter der Unterwelt. Von Mythologie zu Mythologie und von Land zu Land unterscheiden sich dahingehend die Glaubenssätze und Behauptungen. So verbinden einige sie auch mit der Hexerei und der schwarzen Magie, lassen sie sogar als Werkzeuge des Teufels agieren, mit teils blutrünstigen und unbarmherzigen Ambitionen. Selbst als unheilvolle Dämonen kommen sie in manchen Kulturen vor, mit durch und durch bösartigen Wesenszügen.

Glücklicherweise gibt es auch ein paar anderslautende Legenden, die sie wiederum als freundliche Beschützer oder friedliche Weggefährten bezeichnen. Doch eins dürfte sie wohl alle einen, und zwar ihr unverkennbarer Bezug zum Jenseits bzw. zu anderen Welten und übersinnlichen Seins-Ebenen. Ob nun Anubis aus Ägypten oder Kerberos aus Griechenland – der Hund als übernatürliches Wesen scheint demnach ein weit zurückreichendes und allgemein verbreitetes Phänomen zu sein. Man findet entsprechende Überlieferungen und Erzählungen auf fast allen Teilen der Erde, doch besonders im englischen Volksglauben genießt der mysteriöse schwarze Hund eine lange Tradition, wobei es auch dort diverse Ausführungen mit unterschiedlichen Hintergründen geben soll. Immer wieder tauchen sie angeblich irgendwo in Großbritannien auf und verbreiten dabei Angst und Schrecken. Doch auch in Deutschland gibt es vergleichbare Vorfälle, vorzugsweise in Krankenhäusern oder in Pflege- und Altenheimen. Augenzeugen erleben dann zumeist den Schock ihres Lebens. Erscheinen sie, so wird dies eben oft mit Tod und Unglück in Verbindung gebracht, auch wenn nicht immer eine grundsätzlich negative Ursache dahinter stecken muss.

Im Fall von Sina hat die Sichtung des Hundes zwar ebenfalls das Ableben eines Heiminsassen zur Folge gehabt, doch geschah dies offensichtlich nicht auf bösartige Weise, sondern wohl eher in friedlich und gut gemeint wirkender Absicht. Das geisterhafte Tierwesen scheint demnach ein freundlich gesinnter Seelenführer für den sterbenden Mann gewesen zu sein, indem er dessen nahenden Tod durch sein Auftauchen zuerst ankündigte, bevor er ihn anschließend auf seinem langen Weg ins Jenseits begleitete. Für seine vorherige Offenbarung suchte er sich anscheinend gezielt Sina aus, damit diese ihm ins entsprechende Zimmer folgen und somit dem sterbenden Bewohner in dessen letzten Momenten beistehen konnte, damit er eben nicht völlig allein diesen Übergang vollziehen musste, sondern einen menschlichen Freund in seiner Nähe hatte. Nach dem Tod des älteren Herrn verschwand dann auch der mysteriöse Hund wieder und ließ neben der großen Trauer lediglich ein paar dicke Fragezeichen bei der jungen

Frau zurück. Warum das gerade ihr widerfuhr und wieso Derartiges in ähnlichen Situationen nicht wesentlich mehr Menschen geschieht, kann nur spekuliert werden.

Vielleicht war das Ganze als eine Art Abschiedsgeschenk für beide gedacht, da sie eine besondere Beziehung verband, selbst wenn es sich für Sina zuerst ein wenig erschreckend und dramatisch darstellte. Möglicherweise verfügte sie aber auch über gewisse geistige und spirituelle Voraussetzungen, von denen sie mitunter selbst nichts ahnte, die sie dennoch empfänglicher für derlei Phänomene machte. Oder es war alles einfach nur Zufall bzw. Schicksal. Auf jeden Fall durfte sie am Ende eine ganz besondere und außergewöhnliche Erfahrung machen, die sicherlich nur sehr wenige Menschen jemals erleben werden und die ihr vielleicht sogar ein wenig die Angst vor dem Tod zu nehmen vermochte.

Eine andere Theorie wäre, dass der Hund eine Art Projektion war, welche vom sterbenden Mann selbst ausging. Möglicherweise hatte sich die Seele dieses Herrn bereits vom physischen Körper getrennt und ließ anschließend speziell für Sina dieses tierische Trugbild entstehen. Da aber außer ihr den Hund mutmaßlich niemand weiter sah oder bemerkte, scheint es sich wohl eher um eine geistige Manifestation gehandelt zu haben, sprich: Nur Sina konnte das Phänomen wahrnehmen, vorzugsweise über ihr inneres Auge. Aber das ist nur eine vage Vermutung, da zu der Zeit offensichtlich keine weiteren Personen direkt anwesend waren, welche die Existenz des Hundes hätten eindeutig bestätigen oder widerlegen können. Mitunter könnte es sich also auch um eine real sichtbare Projektion gehandelt haben, die letztendlich von jedem anderen Menschen ebenso gesehen worden wäre. Leider lässt sich dieses Detail nicht abschließend klären. Doch ob nun für alle oder nur für Sina sichtbar, ganz egal, denn am Ende zählt nur, dass es sich hierbei nicht um einen echten und materiell existenten Hund gehandelt zu haben schien, sondern wohl eher um eine geistig erschaffene Abbildung, ein Hologramm sozusagen. Dieses diente vermutlich dem einzigen Zweck, Sina zielgerichtet und pünktlich in das

Zimmer des sterbenden Mannes zu führen, damit dieser sich von seiner lieb gewonnenen Pflegerin verabschieden und sie zudem auf sein Ableben aufmerksam machen konnte. Offensichtlich schien ihm das sehr wichtig gewesen zu sein, weshalb seine Seele dieses unfassbare Kunststück erst zu meistern vermochte, denn sicherlich ist das kein ganz so einfach zu bewerkstelligender Akt, sonst gäbe es derartige Phänomene bestimmt viel häufiger.

Möglicherweise war der Mann aber bereits zu Lebzeiten ein recht spiritueller und esoterisch veranlagter Mensch gewesen, was ihn wiederum erst zu dieser Seelen-Projektion befähigte. Doch unabhängig davon wählte er am Ende das Erscheinungsbild eines Hundes, da er offensichtlich von Sinas persönlicher Tierliebe wusste. Die außergewöhnliche, ja fast schon furchteinflößende Optik des Vierbeiners diente anscheinend dazu, die volle Aufmerksamkeit der jungen Pflegerin zu erhalten, damit diese ihm auch auf jeden Fall bis zum Schluss folgen würde. Erst als sie dann das entsprechende Zimmer betreten hatte, konnte die losgelöste Seele das erschaffene Trugbild wieder verschwinden lassen, damit sich Sina voll und ganz dem zurückgelassenen Körper des Mannes widmen und sich von ihm verabschieden konnte. Der große schwarze Hund mit den rot leuchtenden Augen war demnach nichts weiter als ein Bote oder ein Lockmittel, da der sterbende Mensch sich anders nicht mehr mitzuteilen vermochte.

All das ist natürlich nur eine Theorie, sicherlich auch ein wenig weit hergeholt, die sich dennoch so oder auch ähnlich zugetragen haben könnte. In der Welt des Paranormalen ist schließlich alles möglich.

Rationale Erklärungsversuche:

- Nähert man sich dem ganzen Vorfall aus rationaler Sichtweise, so dürfte die einfachste und logischste Erklärung wohl die sein, dass Sina lediglich einem echten Hund aus Fleisch und Blut begegnet ist. Von der Faktenlage her spricht auf jeden Fall einiges dafür, denn einen definitiven Beweis, dass das schwarze Tier ein paranormales Wesen war, scheint es letztendlich nicht zu geben. Zusammenfassend spielte sich das Ganze schließlich folgendermaßen ab: Zuerst sah sie aus dem Blickwinkel heraus Bewegungen im Gang, anschließend hörte sie Geräusche, die stark an Vierbeinerschritte erinnerten, kurz bevor sie einem absolut real wirkenden Hund gegenuberstand. Dieser schien sie daraufhin, nachdem sie so plötzlich und unerwartet aus dem Büro gekommen war, regelrecht anzustarren und zu mustern, so wie man es logischerweise auch von einem sichtlich überraschten Lebewesen in solch einer Situation erwarten würde.

Bis auf die angeblich rot leuchtenden Augen, die ebenso durch eine Reizung/Entzündung entstanden sein könnten oder auch nur einer optischen Täuschung unterlagen, z. B. durch Spiegelungen bzw. Reflexionen verursacht – vielleicht aufgrund der flackernden Deckenlampen, bei denen möglicherweise einfach nur eine technische Störung vorgelegen hatte – wirkte das Tier zumindest relativ normal und friedlich. Selbst als Sina ihm folgte, zeigte es keinerlei ungewöhnliche Verhaltensweisen, drehte sich sogar immer wieder zu ihr um, eben genauso wie es ein lebender Hund in solch einer Situation vermutlich auch machen würde. Dann ging er in das besagte Zimmer des sterbenden Mannes, was natürlich anfänglich sehr merkwürdig wirkt. Auch das die Tür zufälligerweise offen stand, mutet zuerst ungewöhnlich an, wofür es aber dennoch plausible Erklärungen geben dürfte, denn vielleicht wurde sie vorher einfach nicht richtig geschlossen, oder es war zwischenzeitlich noch jemand anderes darin gewesen, z. B. ein Mitbewohner etc. Letztendlich könnte sogar der Hund selbst die Tür geöffnet haben, zumindest wenn er wusste wie es funktioniert, was aber natürlich nicht unmöglich wäre. Als Sina ihm dann ins Zimmer folgte, war er angeblich spurlos verschwunden. Doch möglicherweise hatte er sich lediglich versteckt und ist in einem unbemerkten Moment wieder aus dem Raum geschlichen.

Aber warum ist er überhaupt in das Pflegeheim gekommen und dann auch noch zielstrebig in das Zimmer eines Mannes, der gerade im Sterben lag? Vielleicht, weil er dennoch schon einmal hier gewesen war, diesen älteren Herrn daher möglicherweise bereits kannte, wovon

Sina nur nichts wusste. Eventuell befand sich das Tier aber auch lediglich in der Nähe und spürte dabei den nahenden Tod des Insassen, da besonders Hunden ein starkes Feingefühl nachgesagt wird. Oder siegte am Ende einfach nur die blanke Neugier und der Vierbeiner nutzte lediglich seine Chance, als die andere Kollegin draußen zum Rauchen war und dadurch zufälligerweise die Eingangstür offen stand, um mühelos hineingehen zu können? War demnach alles reiner Zufall oder steckte dennoch eine gewisse Zielstrebigkeit dahinter? Hatte der Hund also bewusst das besagte Zimmer angesteuert oder einfach nur wahllos den nächstbesten geöffneten Raum betreten?

Es darf munter spekuliert werden, denn rational betrachtet scheint nur eine Sache sicher: Der Hund war wohl offensichtlich kein übernatürliches Wesen, sondern eher ein völlig normales Tier, wenn auch mit etwas ungewöhnlichen Verhaltensweisen und einer nicht ganz üblichen Optik. Ob das allerdings gleich als paranormal bezeichnet werden sollte? Sina empfand es zwar so, doch selbst ihre veränderte Wahrnehmung, welche sie angeblich während der ersten Begegnung verspürte, könnte ganz einfache Ursachen gehabt haben, in erster Linie gesundheitliche bzw. müdigkeits- oder situationsbedingte. Alles in allem erlebte sie vielleicht einfach nur eine mehr als ungewöhnliche Nacht mit relativ seltsamen, aber dennoch völlig erklärbaren Begebenheiten, deren tragisches Ende bestimmt sein Restliches dazu beitrug, um das Ganze in einem enorm mysteriösen und übersinnlichen Licht erscheinen zu lassen.

Letztendlich könnte sie sich den Hund auch einfach nur eingebildet bzw. geträumt haben, so abgedroschen diese Theorie auch klingen mag. Eine Nachtschicht ist mitunter sehr hart, besonders wenn diese auf eine bereits abgeleistete Schicht folgt, man also die doppelte Anzahl an Arbeitsstunden hat. Es wäre demnach nicht verwunderlich, wenn Sina bereits ein wenig müde bzw. nicht mehr ganz so leistungsfähig und wach war. Hinzu kommt, dass kurz vor ihrer Begegnung mit dem Hund, der größte Teil der Hauptaufgaben bereits erledigt schien und es demnach nun allgemein ein wenig ruhiger und entspannter zuging. Nachdem sie anschließend von ihrer rauchenden Kollegin auch noch alleine gelassen worden war, ihr daher jegliche Ablenkung und Unterhaltung fehlte, könnte sie schließlich in eine Art Dämmerzustand übergegangen sein, in welchem die Wahrnehmung sicherlich etwas getrübter und zudem anfälliger für Einbildungen wäre. Ob sie dabei nun teilweise sogar richtiggehend schlief und träumte, lässt sich natürlich nur schwer sagen. Mitunter war dem so oder sie befand sich eben lediglich in einer Zwischenstufe, zum Beispiel im sogenannten Alpha-Zustand, in welchem das Bewusstsein teilweise eingeschränkter und die Sinneseindrücke entsprechend veränderter reagieren. Ihre Beschreibungen bezüglich der kühler empfunden Luft, der geräuschloser wirkenden Umgebung sowie natürlich der außergewöhnlichen optischen Eindrücke könnten auf jeden Fall dafür sprechen. Hinzu kommt, dass sie sich außerdem in einer Art Schlafwandelprozess befunden haben dürfte, da sie offensichtlich durch die Pflegeeinrichtung gelaufen und am Ende im Zimmer des sterbenden Mannes angekommen war, wo sie dann schließlich vollständig erwachte.

Möglicherweise folgte sie dabei einer inneren Eingebung, die sie geradewegs in diesen besagten Raum führte, in welchem ihre Anwesenheit und ihr Beistand auch bitternötig schienen. Viele Menschen, denen Ähnliches widerfahren ist, glauben im Nachhinein fest daran, definitiv nicht geschlafen oder geträumt, sondern alles genau so erlebt zu haben. Die Unterscheidung zwischen Realität und Illusion fällt ihnen dabei oftmals enorm schwer und führt nicht selten zu regelrechten Glaubenskämpfen mit sich selbst. Auch Sina könnte es so ergangen sein, selbst wenn sich alles absolut echt für sie anfühlte. Unser Verstand ist eben ein wundersames Gebilde, welches so manch faszinierendes Kunststück auf Lager hat und uns damit immer wieder aufs Neue zu überraschen vermag, auch wenn wir dadurch hin und wieder an genau diesem zu zweifeln beginnen.

Eine schicksalhafte Autofahrt

Es war ein feuchter Herbstabend im Jahre 1995, als Bernd zusammen mit ein paar Freunden zu einer Party fahren wollte. Zu dem Zeitpunkt zählte er gerade einmal 20 Lenze und steckte daher noch voll in seiner jugendlichen Sturm-und-Drang-Phase. Partys, Mädchen, Alkohol und schnelle Autos bestimmten indes seine momentane Welt. Ob in der Innenstadt oder auf der Autobahn – kleinere Rennen mit Gleichgesinnten gehörten da schon fast zum guten Ton. Zwar zumeist im tolerierbaren Bereich, aber dennoch nicht immer völlig risikolos, schließlich wollte man seinem Kontrahenten ja die Stärke des eigenen Fahrzeugs demonstrieren. Glücklicherweise blieb dies für Bernd bisher immer folgenlos und so wagte er auch an besagtem Abend ein erneutes Duell mit seinen Kumpels.

Für dieses waghalsige Vorhaben nutzten die Freunde einfach die angrenzende Schnellstraße, da dies zudem der kürzeste Weg war, um auf die anvisierte Party zu gelangen. Hier herrschte zwar ein Tempolimit von 120 km/h, doch das interessierte die Jungs natürlich reichlich wenig und animierte eher zu mehr. Sie waren zu dieser Zeit mit einer Kolonne aus 5 Wagen unterwegs, einer angriffslustiger als der andere. Mit wilden Auffahrmanövern und kleineren Zwischenspurts pushten sie sich gegenseitig hoch. Bernd hatte irgendwann die Spitze übernommen und fuhr dann mit etwa 140 km/h vorne weg, dicht gefolgt von Kumpel Michael, der sich das natürlich nicht lange gefallen lassen wollte. Immer wieder kam er näher an Bernd heran, ein wahres Kräftemessen begann. Doch für diese pubertären Spielchen blieb nicht mehr allzu viel Zeit, da die zu nehmende Abfahrt bereits in einigen Kilometern Entfernung auf sie wartete. Für die Jungs allerdings kein Problem, denn die entsprechende rechte Abbiegespur war schließlich völlig frei, zumindest noch, denn plötzlich wollte ein vor ihnen fahrender LKW, der offensichtlich zu spät bemerkt hatte, dass er hier raus musste, ebenfalls auf diese Abfahrt wechseln. Damit hatten die Jungs natürlich nicht gerechnet. Zu allem Überfluss musste der LKW nun auch noch kräftig seine Geschwindigkeit reduzieren, damit er die scharfe Kurve, welche direkt nach der Ausfahrt folgte, ohne weitere Probleme meistern konnte. Dummerweise lag das Tempo des Lasters eh schon weit unter dem von Bernd und seinen Kumpels. Das Ganze kam daher mehr als überraschend. Und da sich die Jungs bereits sehr nah an dem plötzlich eingescherten und bremsenden Lastkraftwagen befanden, wurden diese ebenso zu einer abrupten und starken Vollbremsung gezwungen.

Bernd stieg also mit aller Kraft auf die Eisen, um so dem rasant näher kommenden LKW-Heck am Ende nicht ganz so nah zu kommen, was bei diesen nassen Straßenverhältnissen allerdings kein ganz so leichtes Unterfangen war. Im Spiegel erkannte er zudem bereits die anrückenden Lichter von Michaels Wagen, welcher aber irgendwie nicht so richtig langsamer zu werden schien, eher sogar schneller. In diesem Moment ging Bernd allerdings noch davon aus, dass Michael einfach nur ein wenig mit ihm spielen und ihn ärgern wollte. Er fand dies angesichts der brenzligen Situation zwar ein wenig blöd von seinem Kumpel, ließ dem Ganzen aber vorerst nicht allzu viel Bedeutung zukommen. Momentan hatte er sowieso keine Zeit, sich mit den Blödeleien seines Freundes auseinanderzusetzen, da er selbst nach wie vor damit beschäftigt war, sein Auto noch rechtzeitig vor den nahenden LKW-Rücklichtern herunter zu bremsen. Inzwischen befanden sich alle Autos auf der Ausfahrt und die scharfe Kurve kam immer näher. Doch trotz dieser offensichtlichen Gefahr schien es Michael nicht im Geringsten zu interessieren, dass es für seinen Kumpel nun bald keine Ausweich- und auch keine Überholmöglichkeit mehr gab, denn er raste unaufhörlich auf Bernds Wagen zu, inzwischen höchstens noch 20 Meter entfernt und stets näher kommend. Und obwohl Bernd nach wie vor dachte, dass sein Freund ihn lediglich ein wenig ärgern wolle, tat er plötzlich etwas, was er eigentlich sonst niemals getan hätte und sich bis heute auch immer noch nicht erklären kann, warum er es in der damaligen Situation trotzdem so gehandhabt hat, denn obgleich nur noch wenig Strecke übrig war, um schnell noch einmal von der Abfahrt runter auf die normale Schnellstraße wechseln zu können und anschließend wieder retour, machte er es geistesgegenwärtig dennoch.

Kurz bevor sein Freund also direkt an seinem Heck gewesen wäre, schwenkte er schlagartig nach links aus, verließ damit ganz kurz die Abfahrt, ließ Michael vorbeidüsen und wechselte danach sofort wieder darauf, wodurch er sich nun hinter seinem vor ihm fahrenden Kumpel einreihen musste. Das kratzte natürlich enorm an Bernds Ego. Hatte er seinen Freund dadurch schließlich gewinnen lassen. Zudem war die ganze Ausweichaktion auch nicht gerade ungefährlich gewesen und die Ausfahrt hätte er dadurch auch noch fast verpasst. Aber irgendetwas schien ihn unterbewusst zu dieser Handlung verleitet zu haben, auch wenn er das Ganze in diesem Moment noch in keinen logischen Zusammenhang bringen konnte.

Glücklicherweise hatte es die restliche Gruppe zwischenzeitlich ebenfalls geschafft, ihre extrem hohen Geschwindigkeiten entsprechend zu reduzieren, sodass alle ordentlich und gefahrlos hinter dem wesentlich langsameren LKW herfahren konnten. Alles schien also wieder OK und Bernd ließ die ganze Sache allmählich sacken, auch wenn ihn nach wie vor ärgerte, letztendlich den Kürzeren gegen Michael gezogen zu haben. Als die Karawane endlich an ihrem Ziel angekommen war, stürmte Bernd sogleich zu seinem Rivalen, um über das letzte Rennen zu diskutieren. Doch anstatt eines strahlenden Siegers empfing ihn ein sichtlich verängstigter und nervöser Zeitgenosse. Noch schlimmer schien es allerdings der Beifahrerin von Michael gegangen zu sein, die Bernd unaufhörlich mit wütenden Worten beschimpfte. Der junge Mann konnte das Verhalten seiner beiden Bekannten absolut nicht nachvollziehen, war er sich schließlich keines Fehlverhaltens bewusst.

„Na, wer von uns beiden hat jetzt vorhin wohl mehr Glück gehabt?“, fragte ihn plötzlich sein sichtlich aufgeregt wirkender Freund.

„Häh, warum?“, entgegnete Bernd ahnungslos.

Und dann erfuhr er die ganze schockierende Wahrheit. Michael hatte ihn gar nicht ärgern oder sich mit ihm messen wollen. Er fuhr ihm auch nicht absichtlich immer dichter auf. Nein, ganz anders.

Durch das abrupte und starke Abbremsen auf der Ausfahrt aufgrund des plötzlich auftauchenden und wesentlich langsameren LKWs blockierten auf einmal Michaels Reifen und der Wagen rutschte unkontrollierbar über die klitschnasse Straße, und zwar mitten auf Bernds Wagen zu. Hätte dieser also nicht jenen plötzlichen Geistesblitz gehabt, durch welchen er Michael - entgegen seiner üblichen Verhaltensweisen - gerade noch rechtzeitig ausweichen konnte, so wäre ihm dieser letztendlich mit über 100 Sachen voll hinten reingefahren. Dass es anschließend noch zu weiteren Karambolagen mit dem bereits sehr dichten LKW und den dahinter her rasenden Autos der anderen Kumpels gekommen wäre, kann wohl stark vermutet werden. Dieser Abend hätte also mutmaßlich mit einem Massenunfall und vielen Toten und Schwerverletzten enden können. Doch glücklicherweise war es nicht so gekommen, stattdessen konnte Michael nach dem Überholen von Bernd sein Auto wieder vollends kontrollieren und dank einer längeren Steigung, welche der kurvigen Ausfahrt folgte, auch noch rechtzeitig vor Erreichen des LKWs auf die benötigte Geschwindigkeit reduzieren.

Obwohl das gesamte Szenario zwischen dem Auftauchen des Lastwagens und dem riskanten Ausweichmanöver höchstens 10-20 Sekunden gedauert haben dürfte, hinterließ diese schicksalhafte Autofahrt dennoch tiefe Spuren bei Bernd, die ihn bis heute noch immer beschäftigen. Nach wie vor sucht er daher nach einer plausiblen Erklärung für sein damaliges Handeln, da es einfach so gar nicht zu seinem jugendlichen Naturell und seinen einstigen Verhaltensweisen von früher passte.

Paranormale Erklärungsversuche:

Sicherlich haben viele schon einmal etwas von „Präkognition" gehört, also dem zumeist unbewussten und spontanen Vorauswissen von zukünftigen Ereignissen. Tatsächlich scheint dies gar nicht mal so selten zu geschehen, sei es nun im wachen Alltag oder manchmal auch versteckt in Träumen. Meistens handelt es sich dabei um kleine, oft sehr subtile Vorahnungen, indem man z. B. plötzlich an jemanden denken muss, und kurze Zeit später klingelt das Telefon und die entsprechende Person befindet sich tatsächlich am anderen Ende des Apparates oder begegnet einem seltsamerweise auf einmal beim Einkaufen. Wenn es sich dabei um einen guten Freund oder einen Verwandten handelt, mit dem man sowieso häufiger Kontakt hat, scheint dies natürlich nicht außergewöhnlich und wird daher zumeist als purer Zufall abgetan. Hat man diesen Menschen allerdings schon Jahre nicht mehr gesehen oder gesprochen, so erhält diese plötzliche Vorahnung schon eine andere Würze. Doch kann einem so etwas nicht nur in Bezug auf Personen widerfahren, sondern ebenso mit Ereignissen.

Aus irgendeinem nicht ersichtlichen Grund denkt man z. B. auf einmal an eine bestimmte Sache, eine Handlung oder an einen gewissen Ablauf, manchmal sogar nur ganz kurz und fast schon unbewusst. Teilweise ist es auch lediglich ein komisches Gefühl, daher wird es oftmals gar nicht weiter beachtet und gleich wieder in die hintersten Ecken des Gehirns verschoben. Doch wenn genau dieses seltsame Gedankenspiel kurze Zeit später auf einmal pure Realität wird, erinnert man sich plötzlich doch wieder an diesen verdrängten Geistesblitz. Leicht verwundert sagt man sich daraufhin nicht selten: „Hab ich es doch gewusst!“

Wie gesagt, solange es sich lediglich um ein paar kleine und harmlose Vorkommnisse des Alltags handelt, misst man dem Ganzen meistens nicht allzu viel Bedeutung bei. Man sieht es dann eher als kleinen Spaß oder als Zufall an. Doch sobald es das eigene Leben betrifft oder die Zukunft massiv beeinflusst, verlieren diese seltsamen und unerwarteten Vorahnungen auf einmal ihren spaßigen und unterhaltsamen Charakter und werden zu einer echten paranormalen Begebenheit.

Bernd hatte z. B. keine ihm bewusste Zukunftsvision o.ä. gehabt, stattdessen vollführte er einfach eine ihm unerklärliche, aber dennoch lebensrettende Aktion, ganz ohne wirkliche Begründung. Erst später erfuhr er von seinem diesbezüglichen Glück. Demnach könnte seine präkognitive Vorahnung eher unterschwellig abgelaufen sein, mehr wie ein ungutes Gefühl oder ein plötzlich aufkeimender Drang, nun unverzüglich eine völlig unlogisch erscheinende Handlung zu vollziehen. Im Zuge dessen übernahm dann sein Unterbewusstsein kurzzeitig die Kontrolle, schaltete währenddessen für einen Moment das rationale Denken aus und ließ Bernd dieses waghalsige, aber mehr als notwendige Fahrmanöver vollziehen, um so sich selbst und viele andere Menschen vor dem sicheren Tod zu bewahren.

Präkognition muss also nicht immer unbedingt mit einer bewussten Vorahnung einhergehen, manchmal geschieht dieses Vorauswissen auch einfach nur unterbewusst, eher auf subtilerer Basis. Gelegentlich sind es eben direkte Bilder, Wörter oder Visionen und dann wieder nur leise Ahnungen oder seltsame Emotionen. Aber eines eint sie alle: Ihren offensichtlich zukunftsdeutenden Charakter. Daher sollten wir Menschen viel bewusster und genauer auf diese Eingebungen hören und ihnen mehr Beachtung schenken, denn am Ende könnten sie schließlich mehr als wichtig für das eigene weitere Leben sein.

Wie bereits bei einem vorhergehenden Fall muss auch bei diesem wieder an die Möglichkeit von Schutzengeln gedacht werden, denn natürlich könnte dies erneut eine echte Option sein. Schließlich sprechen doch viele Faktoren dafür. Sollten wir Menschen also tatsächlich unser Leben lang von sogenannten Schutzengeln begleitet und beschützt werden, bis eben der angedachte Zeitpunkt des Ablebens erreicht ist, so wäre Bernds Fall ein echtes Paradebeispiel für dieses Phänomen. Letztendlich hätte an diesem Abend aber nicht nur sein Schutzengel ganze Arbeit geleistet, sondern dann offensichtlich eine ganze Armada von ihnen, denn am Ende ging es schließlich um das Leben vieler Menschen, auch wenn Bernd dabei wohl eindeutig die wichtigste Rolle gespielt zu haben schien. Allerdings waren er und alle anderen Beteiligten wohl noch nicht für das Jenseits bestimmt gewesen, andernfalls wäre dieser schicksalhafte Abend vermutlich ganz anders ausgegangen.

Betrachtet man sich auf jeden Fall die Fakten, so klingt die ganze Schutzengel-Diskussion gar nicht einmal so abwegig. Allein das völlig irrational wirkende Ausweichmanöver von Bernd, welches so gar nicht zu seiner normalen Fahrweise passte und im ersten Moment auch gar keinen Sinn zu ergeben schien, da er zu diesem Zeitpunkt schließlich noch davon ausging, dass das dichte Auffahrmanöver seines Kumpels gewollt und nur als Blödelei gedacht war. Doch betrachtet man sich zusätzlich die anschließende Auflösung dieser waghalsig anmutenden Fahrt und die möglichen Folgen, die ansonsten daraus resultiert wären, kommt man um eine Schutzengel-Erklärung gar nicht mehr herum. Bernd hatte schließlich ein völlig unbewusstes, ja fast schon fremdgesteuertes und für ihn gänzlich unerklärliches Fahrmanöver hingelegt und dadurch offensichtlich viele Leben gerettet, in erster Linie sein eigenes, als hätte ihn irgendetwas oder irgendjemand zu dieser Aktion verleitet und somit seine schützende Hand über ihn und alle anderen Beteiligten gehalten. Man kann es natürlich auch Glück nennen, aber dieses Ereignis und die vielen kleinen Faktoren könnten ebenso für etwas völlig anderes sprechen. Für etwas oder jemand, der genau für solche Situationen bestimmt ist. Der dann eingreift, wenn das Leben des anvertrauten Schützlings in Gefahr zu sein scheint. Genau dann zeigt er sich nämlich: Der ganz persönliche Schutzengel.

Rationale Erklärungsversuche:

Wie ein paar Zeilen weiter oben bereits kurz angesprochen, könnte das gesamte Ereignis auch lediglich aus einer gehörigen Portion Glück bestanden haben. Manchmal passieren eben selbst die seltsamsten und unerklärlichsten Dinge ohne jeglichen paranormalen Bezug. Möglicherweise auch in dem hier vorliegenden Fall. Glück und Pech scheinen ständige Begleiter im Leben zu sein. Während der eine den dicken Lotto-Jackpot knackt, geht der andere mit Nichts nach Hause. Warum sollen demnach nicht auch Bernd und alle anderen Beteiligten einfach nur Riesenglück an diesem besagten Abend gehabt haben? Vorstellbar wäre es auf jeden Fall, denn das gesamte menschliche Dasein ist schließlich geprägt von täglichen Entscheidungen, die mal so und mal so ausgehen können. Es gibt immer und überall die Wahl zwischen „links und rechts“, „schwarz oder weiß“, „jetzt oder später“, „gut oder böse“ usw. Wofür man sich am Ende entscheidet, ist immer rein individuell und hängt auch sicherlich von vielen verschiedenen Faktoren ab. Selbst der Ausgang oder die Folgen der entsprechenden Wahl bleiben stets subjektiv und können selten mit „richtig oder falsch“ bewertet werden, da man eigentlich nie genau weiß, wie sich letztendlich die andere Alternative ausgewirkt hätte. Demzufolge kann auch nur darüber spekuliert werden, ob in solch einem Fall, wie Bernd ihn erlebt hat, nicht einfach nur eine persönlich getroffene Entscheidung den weiteren Verlauf der Geschehnisse gesteuert hat, und nicht irgendeine übernatürliche Macht.

Nüchtern betrachtet konnte Bernd schließlich beide klar und deutlich sehen, einerseits Michaels Auto dahinter und andererseits den LKW vor sich, und alle zwei rasant näher kommend. Selbst wenn er in dem Moment felsenfest dachte, sein Kumpel würde ihn mit dem dichten Auffahren lediglich ärgern wollen, könnte er dennoch eine mögliche Unfallgefahr in Erwägung gezogen haben, wenn auch nur unbewusst. Und genau dieser kleine, vielleicht völlig unauffällige Gedanke könnte ihn kurzerhand vor eine Wahl gestellt haben: Entweder auszuweichen, um den triumphierenden Kumpel vorbeizulassen oder auf der Spur zu bleiben, um Michael zu zeigen, wer der Chef im Haus ist. Im Nachhinein scheint er sich dann wohl glücklicherweise für die richtige Option entschieden zu haben, auch wenn natürlich keiner abschließend wissen kann, ob es am Ende bei der zweiten Variante nicht auch noch irgendwie glimpflich ausgegangen und es hierbei ebenfalls zu keinem Unfall gekommen wäre, zumindest zu keinem größeren. Darüber lässt sich allerdings nur spekulieren. Doch rein objektiv betrachtet dürfte Bernd sicherlich richtig gehandelt haben, nicht zuletzt dank Fortuna, die sich ganz offensichtlich an diesem Abend auf seiner Seite befand. Doch unabhängig von der letztendlichen Erklärung war und bleibt das Ganze trotzdem eine sprichwörtlich „schicksalhafte Autofahrt“.

Aus dem Nichts und wieder zurück

Paul lebte zu der Zeit in einem kleinen Vorort von Hamburg und befand sich mitten in seinen Abiturvorbereitungen. Um dem ganzen Stress ein wenig zu entkommen, entschied er sich an diesem schönen Sommertag im Jahre 1995, zu einem kleinen Entspannungsspaziergang. Frohen Mutes verließ er daraufhin sein Zuhause und steuerte geradewegs auf die nahe gelegene Parkanlage zu. Dort verbrachte er gerne seine freien Stunden, war es doch ein recht ruhiger und friedlich anmutender Ort. Und so schlenderte er bereits Minuten später durch die lang gezogenen Wege des historischen Parks. Ein wenig in Gedanken versunken, sah er auf einmal einen dunkel gekleideten und älter wirkenden Mann vor sich herlaufen. Dieser schien allerdings nicht mehr ganz so gut zu Fuß zu sein, hielt er sich doch schließlich bei jedem Schritt krampfhaft an seinem Gehstock fest. Daher kam Paul dem fremden Mann auch recht schnell näher, obwohl er selbst nicht gerade das größte Schritttempo an den Tag legte. Und so trennten die beiden bereits kurze Zeit später höchstens noch 20 Meter, woraufhin sich Paul schon einmal gedanklich auf ein baldiges Überholmanöver einstellte.

Bevor dieser Gedanke aber letztendlich in die Tat umgesetzt werden sollte, schaute er noch einmal kurz auf seine Armbanduhr, da er später noch so einiges für sein Abitur zu tun hatte. Die Zeit abgelesen, blickte er anschließend wieder nach vorne, um als Nächstes dem älteren Herrn auszuweichen, der sich Pauls Meinung nach inzwischen schon recht nah vor ihm befinden müsste. Doch zu diesem geplanten Ausweichmanöver sollte es niemals kommen, denn da gab es auf einmal niemanden mehr zum Überholen. Der dunkel bekleidete Mann war nämlich verschwunden, ganz plötzlich, von einer Sekunde auf die andere, einfach weg. Er schien sich sprichwörtlich in Luft aufgelöst zu haben. Sichtlich erschrocken und völlig ungläubig blieb Paul abrupt stehen und sah sich suchend um. Doch keine Spur mehr von dem Herrn, als wäre er niemals hier gewesen. Aber das konnte ja eigentlich gar nicht sein, hatte ihn Paul doch schließlich vor wenigen Augenblicken noch direkt vor sich gesehen. Wohin war er also zwischenzeitlich verschwunden, fragte er sich grübelnd. Es gab zudem keinerlei seitlich angelegte Nebenwege, Treppen oder sonstige Ausgänge. Nur einen lang gezogenen Weg mit Bäumen und Büschen rechts und links. Die offensichtlichen Gehprobleme des Mannes sprachen auch nicht unbedingt für einen plötzlich durchgeführten Hochgeschwindigkeitslauf, bei dem er vermutlich die Schallmauer hätte durchbrechen müssen, so kurz war schließlich die minimale Ablenkungszeit durch Pauls Blick auf die Uhr gewesen.

Man konnte es also drehen und wenden wie man wollte: Es gab einfach keine logische Erklärung für das blitzartige Verschwinden. Natürlich gingen Paul nun allerlei Gedanken durch den Kopf und die wildesten Szenarien wurden kreiert, doch nichts ergab wirklich Sinn. Hatte er sich diesen Menschen vielleicht nur eingebildet oder ihn lediglich übersehen, weil er gedanklich zu sehr abgelenkt war? Die Spannweite seiner Erklärungsversuche reichte also von irrational zu rational. Doch wie er es auch zu drehen und wenden versuchte – der ältere Herr blieb einfach weiterhin spurlos verschwunden.

Einen ähnlichen Vorfall erlebte Jasmin im Jahre 2010 in ihrer Heimatstadt Sonneberg. Auch sie wurde Zeugin eines vergleichbaren Phänomens, nur diesmal gab es die doppelte Portion. Bei ihr verschwand die betroffene Person nämlich nicht nur plötzlich, sondern tauchte zuerst einmal – wie aus dem Nichts – vor ihr auf.

Das Alles geschah an einem hellen Sonntagnachmittag, als Jasmin zusammen mit einer guten Freundin einen kleinen Stadtbummel unternahm. Gut gelaunt schlenderten die beiden Mädels die Fußgängerzone entlang, ständig auf der Suche nach den schönsten Schaufenstern. Obwohl das Wetter recht angenehm war, hielt sich die Anzahl der anwesenden Menschen dennoch in überschaubaren Grenzen. Nur wenige fanden an diesem Tag den Weg in die Innenstadt, was das ganze Umfeld recht übersichtlich gestaltete.

Auf einmal blieb Jasmins Freundin an einem Geschäft stehen und konnte sich kaum noch von den darin ausgestellten Kleidern loslösen. Jasmin hingegen zeigte nicht ganz so großes Interesse für diesen Laden. Sie wollte sich jetzt lieber ein wenig hinsetzen und ausruhen. Gleich gegenüber erblickte sie auch schon eine schöne Holzbank. Glücklicherweise war diese noch unbesetzt und momentan befand sich auch sonst niemand in unmittelbarer Nähe dazu. Die perfekte Sitzgelegenheit also, dachte sich Jasmin freudig. Schnell drehte sie sich noch einmal kurz zu ihrer Freundin, um dieser kurz Bescheid zu geben, bevor sie sich anschließend direkt in Richtung Parkbank aufmachen wollte. Doch bereits vor dem ersten Schritt stockte sie abrupt ab, verzog dabei erschrocken das Gesicht und starrte mit weit aufgerissenen Augen auf die nur einige Meter weit entfernt stehende Bank oder besser gesagt auf das, was sich plötzlich direkt davor befand. Wo nämlich vor wenigen Sekunden noch gähnende Leere herrschte, stand auf einmal eine völlig in schwarz gekleidete ältere Dame mit nach unten gerichtetem Blick. Auf ihrem Kopf trug sie einen altmodisch wirkenden Damenhut mit Gesichtsschleier und in ihren Händen hielt sie eine fest umklammerte Handtasche. Sie stand einfach nur da, völlig regungslos, als würde sie auf irgendetwas warten.

Alles wirkte so surreal und wollte optisch so gar nicht in das sonstige Gesamtbild passen. Jasmin wurde innerlich völlig aufgeregt, war ihr diese Frau schließlich vorher überhaupt nicht aufgefallen. Ihrer Meinung nach befand sich vor wenigen Sekunden definitiv noch kein Mensch im näheren Umkreis dieser Parkbank. Sie hatte sich ja extra deswegen umgesehen, um so vermeintlich ihre Ruhe beim Sitzen zu haben. Und diese außergewöhnliche Erscheinung wäre ihr mit Sicherheit aufgefallen, davon war Jasmin felsenfest überzeugt. Selbst jetzt befanden sich links und rechts noch immer keinerlei Menschen in unmittelbarer Nähe. Und auch hinter der Bank gab es weder Ein- noch Ausgänge, aus der sie vielleicht hätte zwischenzeitlich kommen können. Diese obskur anmutende Dame war einfach aus dem Nichts aufgetaucht und das innerhalb weniger Augenblicke, da schien sich Jasmin sicher. Ihrer Meinung nach ging das Ganze demnach nicht mit rechten Dingen zu. Und dann noch diese seltsame Optik.

Nein, hier stimmte etwas vorne und hinten nicht. Verängstigt schnappte sie daher nach ihrer Freundin, um dieser die ganze Sache zu erzählen und natürlich auch, um eine zusätzliche Zeugin für ihre mutmaßliche Geistersichtung zu bekommen. Doch aus dieser geplanten Aktion wurde leider nichts, denn als sich Jasmin nur wenige Augenblicke später zusammen mit ihrer Bekannten in Richtung Parkbank umdrehte, war die gruselig anmutende Dame, die noch vor wenigen Sekunden wie aus dem Nichts aufgetaucht zu sein schien, genauso schnell wieder in exakt solch einem Nichts verschwunden. Einfach weg, ohne jegliche Spuren zu hinterlassen, von einem Moment zum nächsten. Wie gekommen, so gegangen, unbemerkt und geräuschlos. Woher sie kam und wohin sie ging, wird wohl auf ewig ein Geheimnis bleiben und lässt Jasmin daher auch heute noch einen kalten Schauer den Rücken herunterlaufen.

Paranormale Erklärungsversuche:

Berichte über plötzlich auftauchende oder verschwindende Menschen hört man immer wieder. Selbst Gegenstände bleiben von derlei Phänomenen nicht verschont, denn auch hiervon gibt es genügend Fälle. Auf einmal fallen z. B. handgroße Steine von der Decke eines geschlossenen Zimmers kommend mitten auf den Fußboden, einfach so, wie aus dem Nichts. Teilweise verschwinden diese Objekte kurze Zeit später wieder, doch manchmal bleiben sie auch dauerhaft bestehen. Umgekehrt verhält es sich ähnlich. Wo vorher noch der eigene Schlüssel lag, herrscht urplötzlich gähnende Leere. Hin und wieder tauchen sie dann irgendwann vielleicht wieder auf, möglicherweise an genau der gleichen Stelle oder auch ganz woanders. Doch wo waren diese Gegenstände zwischenzeitlich? Eventuell an den gleichen Orten, wo auch die vielen verschwundenen Personen landen, von denen immer wieder berichtet wird. Plätze, die aber nicht nur für das Verschwinden von Menschen und Objekten verantwortlich zu sein scheinen, sondern ebenso für das plötzliche Auftauchen jener. Fremde Örtlichkeiten also, die zudem möglicherweise näher sind als man denkt.

Um es deutlich zu sagen: Vielleicht sprechen wir hier von Paralleluniversen und anderen Dimensionen, die eventuell direkt neben unserer eigenen Welt existieren, unsichtbar, aber real. Und vielleicht bilden sich eben hin und wieder Überlappungen o.ä. zwischen diesen verschiedenen Welten, ob nun sporadisch oder bewusst herbeigeführt. Durch diese sogenannten „Überlappungen" entsteht dann z. B. eine Art Tür oder Fenster, welche für einen kurzen oder auch längeren Zeitraum offen steht und währenddessen einen Übergang von der einen in die andere Dimension bildet. Geht oder sieht man nun durch diese Öffnung hindurch, kann man eben möglicherweise einen kleinen Ausflug in das benachbarte Paralleluniversum machen oder auch nur einen kurzen Blick erhaschen. Nicht auszuschließen, dass diese Stippvisite vielleicht sogar völlig sporadisch und ungewollt geschieht, da diese Durchgänge mitunter sogar unsichtbar wären und teilweise einfach irgendwo ohne jegliche Vorankündigung aufzutauchen scheinen.

In manchen Fällen bekommt die betroffene Person diesen kleinen Trip daher eventuell auch gar nicht weiter mit. Am Ende verläuft für das plötzlich auftauchende oder verschwindende Individuum alles völlig normal, es wähnt sich nach wie vor in der eigenen Welt. Ist es vielleicht ja auch. Durch die Überlappung sieht es dann möglicherweise nur so aus, als wäre der gesichtete Jemand auf einmal direkt vor oder neben einem. In Wirklichkeit aber befindet sich dieser immer noch an seinem eigentlichen Ursprungsort und läuft dort z. B. einen ähnlichen langen Park entlang (wie aus dem ersten Fall). Doch durch die Dimensionenüberschneidung erscheint dieser „Besucher" nun ebenso auf dem Parkweg der anderen Welt, wie so eine Art Projektion. Schließt sich diese Überlappung oder das Tor dann kurze Zeit später wieder, verschwinden die Sichtungen meistens genauso schnell, wie sie einst aufgetaucht waren und alles scheint wieder normal.

Ob es sich dann nur um eine Spiegelung gehandelt hat, die man gar nicht wirklich hätte anfassen können etc. oder ob diese Subjekte für diesen Zeitraum auch tatsächlich fest und greifbar gewesen wären, kann an dieser Stelle leider nicht beurteilt werden. Vermutlich verhält es sich einmal so und einmal so. In manchen Fällen handelt es sich vielleicht wirklich nur um eine sichtbar gewordene Überschneidung zweier Parallelwelten und bei anderen Vorkommnissen um einen echten, sporadisch auftretenden Dimensionaltunnel, durch den man eben tatsächlich hindurchgehen kann und somit auch völlig materiell in einer anderen Welt landet. Die vielen verschiedenen, aber doch irgendwie ähnlichen Berichte deuten zumindest in beide Richtungen und lassen somit alle zwei oder sogar noch mehr Möglichkeiten zu. Letztendlich ist und bleibt eben alles Theorie. Ein völlig unbekanntes Terrain also, wodurch einem die wildesten Spekulationen offen stehen und nichts unmöglich scheint.

Eins ist und bleibt aber Fakt: Jedes Jahr verschwinden unzählige Menschen auf der Erde, völlig spurlos und häufig ohne ersichtlichen Grund. Zumeist tauchen sie auch nie wieder auf, und wenn doch, dann berichten diese später oftmals von seltsamen Erlebnissen, unerklärlichen Erinnerungslücken oder unfassbaren Zeitanomalien. Ebenso gibt es unzählige Sichtungsfälle über plötzlich auftauchende Personen, die teilweise genauso schnell wieder verschwunden sind. Manchmal werden diese Erscheinungen als fremdartig oder unzeitgemäß beschrieben. Einfach nicht so ganz in diese Welt passend. Vielleicht deshalb, weil sie tatsächlich nicht in diese Welt gehören, aber manchmal dennoch ein ganz realer Bestandteil davon werden, wenn auch oft nur für eine relativ kurze Zeit. Doch hin und wieder sogar für immer, denn nur manchmal heißt es: „Aus dem Nichts und wieder zurück."

Viele werden bei den beschriebenen Fällen unweigerlich zuerst an Geister denken. Erscheint diese Erklärung zumindest aus paranormaler Sicht betrachtet auch vermutlich am logischsten.

Sicherlich erfüllen die beiden Erlebnisberichte viele Kriterien einer typischen Geistererscheinung. Da wären z. B.: plötzliches Auftauchen oder abruptes Verschwinden, seltsame oder befremdliche Verhaltensweisen, unmodernes oder gruseliges Gesamterscheinungsbild, keinerlei Interaktion mit vorhandenen Objekten oder Personen sowie das zumeist ungute, teilweise sogar ängstliche Gefühl der Augenzeugen während oder nach einer Sichtung. Besonders die alte Dame aus dem zweiten Fall erfüllt eigentlich alle Voraussetzungen, um ein waschechtes Gespenst gewesen zu sein. Aber warum tauchen solche Geistererscheinungen eigentlich immer wieder auf? Was wollen sie von uns Lebenden? Wieso gibt es so unzählig viele Berichte darüber, angefangen von Spukhäusern bis hin zu Kontakten mit verstorbenen Verwandten?

Vielleicht, weil uns das Jenseits näher ist, als wir denken? Vielleicht, weil Verstorbene noch so einiges zu erzählen haben? Vielleicht, weil Energien und Seelen nie wirklich fortgehen und immer Bestandteil unserer Welt bleiben? Vielleicht aber auch, weil der Tod nur eine andere Daseinsform ist, die unter bestimmten Voraussetzungen von uns lebenden Menschen gesehen und wahrgenommen werden kann. Manchmal sind diese Wesenheiten wohl offensichtlich selbst dafür verantwortlich, erscheinen demnach also gezielt irgendwo und irgendwem, doch hin und wieder geschieht es eben auch einfach nur so, rein zufällig, weil letztlich alle nötigen Voraussetzungen zusammengepasst haben. Und plötzlich wird ein unbeteiligter Mensch zum Zeugen einer paranormalen Begebenheit, ob er es nun will oder nicht, selbst wenn diese Personen vorher nicht das Geringste mit derartigen Themen am Hut hatten, sich oftmals noch nicht einmal ansatzweise für Paranormales interessierten. Anschließend ändert sich das allerdings häufig, denn nach einem persönlichen Erlebnis erwächst mitunter das Interesse daran und die größten Skeptiker mutieren auf einmal zu fanatischen Gläubigen. Dann wird mitunter plötzlich selbst geforscht und nach Antworten gesucht, während man verzweifelt auf ein erneutes Phänomen wartet, leider oftmals vergeblich, denn so etwas passiert schließlich nicht alle Tage und ganz besonders nicht dann, wenn man es am meisten will.

Grenzwissenschaftliche Forscher, die teilweise sogar ihr Geld damit verdienen, erleben z. B. eher seltener übersinnliche Dinge oder wenigstens nicht in dem gewünschten Ausmaß. Besonders unter Laborbedingungen oder beim Einsatz von speziellem technischem Equipment scheinen verwertbare und aussagekräftige Ergebnisse leider die

Ausnahme zu sein. Als würden sich das Jenseits und all die anderen angrenzenden Themenbereiche regelrecht vor einer Erforschung und möglichen Entlarvung verstecken. Zumindest wenn man den öffentlich zugänglichen Berichten und den bezahlten Meinungsmachern Glauben schenken will. Doch glücklicherweise ist dem nicht immer so, denn es existieren viele gute und beweiskräftige Foto- und Filmaufnahmen, auch von sogenannten Geistererscheinungen.

Oftmals bleibt es dennoch Glaubenssache, schließlich kann heutzutage alles gefälscht werden, aber zumindest scheinen Indizien für die Echtheit solcher Phänomene vorhanden zu sein. Vielleicht nicht unbedingt so, wie es sich ein waschechter „Geisterjäger" wünschen würde, aber zumindest der Anfang scheint gemacht. Die zunehmende Zahl an glaubwürdigen Erlebnisberichten, die stetig wachsende Anzahl interessierter Wissenschaftler sowie die technischen Weiterentwicklungen, um derartige Phänomene untersuchen zu können, wecken zumindest die Hoffnung, dass der Mensch irgendwann in naher Zukunft sogar das große unbekannte Jenseits und all die darin befindlichen Wesenheiten enträtseln oder der Lösung zumindest ein ganzes Stück näher kommen kann.

Rationale Erklärungsversuche:

Einbildung, bloße Einbildung. Dieses Wort muss man bei einer rationalen Erklärung wohl ganz groß schreiben. Ob man es nun mit Tagtraum, Fata-Morgana, Halluzination oder geistiger Verwirrtheit beschreiben will und ob diese Zustände nun durch Übermüdung, Unterzuckerung, Krankheit, Drogenkonsum oder einer zu lebhaften Fantasie entstanden sind, ganz egal. Denn eine Sache eint sie auf jeden Fall alle: Das Gesehene ist nicht real, es existiert nicht wirklich, sondern ist lediglich ein Konstrukt des Gehirns. Der vermeintliche Geist auf der Straße steht nicht wirklich vor einem. Es handelt sich nur um ein Trugbild, entstanden im eigenen Kopf, vergleichbar mit einem Traum in der Nacht, nur eben wesentlich realer wirkend, da man sich schließlich im Wachzustand und bei vermeintlich klarem Verstand befindet. In vielen dieser Fälle werden derlei Sichtungen oftmals auch ganz alleine gemacht, es gibt also kaum weitere Zeugen. Und sind doch einmal mehrere Personen anwesend, die Gleiches zur gleichen Zeit am gleichen Ort sehen, so müsste man am Ende noch Massensuggestionen oder Gruppenhypnose als mögliche Gründe einbringen.

Geistige Einbildungen finden sehr oft statt, zumeist aber nur in harmlosen und kleineren Bereichen. Wie gesagt: Letztendlich ist vermutlich jeder Traum im Schlaf eine Einbildung. Aber eben auch im Wachzustand erlebt man hin und wieder derartige Dinge. Wie oft meint man z. B. irgendetwas Seltsames gehört oder gesehen zu haben, nur um anschließend sagen zu können: „Hab ich mir wahrscheinlich nur eingebildet", selbst wenn man felsenfest von der Echtheit des Erlebten überzeugt war.

Unser Gehirn scheint uns also des Öfteren auf die Probe zu stellen und mit kleineren Fantastereien zu konfrontieren. Wie oben bereits erwähnt, gibt es dafür verschiedene Gründe und Auslöser. Und unter speziellen Voraussetzungen wirken diese Erlebnisse oder Sichtungen manchmal eben besonders real und können uns regelrecht ängstigen. Es wird in solchen Fällen extrem schwer für die Betroffenen, Realität von Fiktion zu unterscheiden. Und so sehr sich Außenstehende oder Spezialisten anschließend auch bemühen, oftmals wollen die Leidtragenden einfach nicht von ihrem unumstößlichen Glauben abrücken und sind nach wie vor felsenfest davon überzeugt, das Gesehene auch wirklich so erlebt zu haben. Mitunter begleitet es sie ihr ganzes restliches Leben. Einbildungen können also sehr starke und tiefe Eindrücke hinterlassen und sich auf alle Zeit mit dem Bewusstsein der Betroffenen vermischen und verbinden. Kein Wunder, schließlich kann einigen von ihnen letztendlich nur selten ein definitiver und endgültiger Gegenbeweis für Ihr Erlebnis geliefert werden, denn am Ende bleibt vieles dennoch bloße Spekulation, da selbst die moderne Wissenschaft oftmals nur Erklärungsansätze liefern kann. Ob man diese nun glauben will oder nicht, bleibt jedem selbst überlassen. Eins ist aber auf jeden Fall sicher: Das menschliche Gehirn ist ein riesiges Mysterium, ein wahres Wunderwerk der Evolution und vermutlich noch nicht einmal ansatzweise erforscht. Man kann daher nur erahnen, zu was es möglicherweise alles im Stande ist und welche Geheimnisse noch darin schlummern. Eine völlig real wirkende Einbildung dürfte daher wohl nur eine ganz kleine Facette des großen Ganzen sein, selbst wenn es sich dabei um etwas so Außergewöhnliches wie einen Geist handelt.

Die UFO-Sichtung

Michael war zum Zeitpunkt seiner Sichtung 45 Jahre alt und lebte in einer deutschen Kleinstadt. Da er selbst in der Luftfahrtbranche tätig war und sich auch ganz allgemein für Flugzeuge und deren Antriebe etc. interessierte, erhält sein Erlebnisbericht eine zusätzliche Würze.

Das Ganze geschah an einem sommerlichen Juli-Abend im Jahre 1995. Der Himmel war sternenklar und die Luft angenehm mild. Michael saß gemütlich auf seiner Terrasse und blickte verträumt nach oben. Auf einmal aber schreckte er auf. Ruckartig erhob er sich anschließend von seinem Stuhl und lief bis vor in den Garten. Nach wie vor starrte er dabei unentwegt gen Himmel, als würde er etwas mit seinen Blicken fokussieren. Doch was hatte seine Aufmerksamkeit so enorm erweckt? Diese Frage konnte man mit lediglich 3 Buchstaben beantworten, die da lauteten: UFO. Es handelte sich dabei um ein leuchtendes und blinkendes Objekt, welches mit seltsam anmutenden Zick-Zack-Bewegungen das nächtliche Firmament durchstreifte. Es sah scheibenförmig aus, dabei leicht metallisch wirkend. Rund herum schienen kleine Lichter zu verlaufen, die ein ständiges Wechselspiel vollführten. Insgesamt machte es den Anschein, als würde es sich die ganze Zeit über um die eigene Achse drehen oder zumindest Teile davon. Doch am Unglaublichsten fand Michael die ungewöhnlichen und spektakulären Flugeigenschaften.

Abgesehen von den bereits erwähnten Zick-Zack-Bewegungen und den damit einhergehenden, ständig abrupt wiederkehrenden Höhen- und Positionsveränderungen war es besonders die atemberaubende Geschwindigkeit, mit der dieses Objekt seine flugtechnischen Manöver auszuführen schien, die ihn gnadenlos fesselte. Immer wieder raste es in einem unfassbaren Tempo von rechts nach links, von links nach rechts und dann wieder von oben nach unten und umgekehrt. Manchmal stoppte es auch plötzlich und stand dann einfach nur sekundenlang regungslos in der Luft. Nach dieser kurzen Verschnaufpause dauerte es aber zumeist nicht lange, bevor die Scheibe erneut in einem

Affenzahn durchstartete und zur nächsten Flugshow ansetzte. Das Ganze passierte stets völlig abrupt und ohne irgendwelche hörbaren Geräusche. Flieh- und Trägheitskräfte schienen hier nicht zu existieren. Ein normaler menschlicher Pilot hatte mit derlei Flugmanövern auf jeden Fall große Probleme bekommen, da war sich Michael sicher. Seiner Erfahrung nach dürfte die Geschwindigkeit daher mindestens bei Mach-5 (also über 6.000 km/h) gelegen haben, was nach dem damaligen Stand der Dinge – zumindest technisch gesehen – eigentlich unmöglich war. Natürlich unterlag dies lediglich einer Schätzung und keiner fundierten Messung. Ebenso wie seine Angaben zur durchschnittlichen Flughöhe des gesichteten UFOs, die seiner Meinung nach bei etwa 4 – 5 Kilometern gelegen haben dürfte, was ebenfalls sehr ungewöhnlich gewesen wäre. Doch seine langjährige Luftfahrttätigkeit erlaubte ihm schon eine gewisse Objektivität und ein entsprechendes Einschätzungsvermögen. Auf jeden Fall war ihm Ähnliches noch nie zu Gesicht gekommen. Auch hatte er vorher noch nie etwas über ein derartig manövrierfähiges Flugzeug gehört oder gelesen. Natürlich werkelt und experimentiert das Militär ständig an irgendwelchen neuartigen Fluggeräten herum, das war ihm schon klar, dennoch überstieg das Gesehene alles bisher Vorstellbare.

Leider hatte Michael keine Kamera dabei und auch ein Fernglas war nicht griffbereit zur Stelle. Er wollte sich jetzt aber auch nicht von dieser faszinierenden Show loslösen, um entsprechendes Equipment zu holen, da sein Interesse viel zu groß war und zudem die Befürchtung bestand, das Objekt könnte ansonsten zwischenzeitlich verschwinden. Daher verzichtete er lieber auf diese kleinen Hilfs- und Aufzeichnungsgeräte und somit leider auch auf einen möglichen Beweis seiner Sichtung. Doch wer würde in solch einer Situation schon großartig anders handeln?

Völlig gebannt beobachtete er stattdessen weiter das Schauspiel am Himmel. Schätzungsweise verfolgte er das gesamte Szenario nun schon etwa 3 – 4 Minuten und das unbekannte Flugobjekt schien nicht müder zu werden. Doch auf einmal ging alles ganz schnell. Ohne Vorankündigung schoss das UFO urplötzlich nach oben weg und immer höher und höher, bis es irgendwann komplett verschwunden war. Dabei hinterließ es keinerlei sichtbare Kondensstreifen oder irgendwelche anderen Zeugnisse seiner Anwesenheit. Es verschwand einfach, von hier auf jetzt, vollkommen unauffällig und absolut mucksmäuschenstill. Nichts, aber auch nichts erinnerte jetzt noch irgendwie an die Existenz dieser ungewöhnlichen Sichtung. Das Einzige, was zurückblieb, war Michaels Erinnerung. Eine Erinnerung an eine mehr als faszinierende UFO-Sichtung, die ihn selbst heute, viele Jahre später noch immer stark zu beeindrucken vermag.

Paranormale Erklärungsversuche:

Wer an UFOs denkt, denkt zumeist auch unweigerlich sofort an Außerirdische. Diese beiden Komponenten gehören für einen Großteil der Menschen einfach zusammen. Kein Wunder, wird dieser Zusammenhang schließlich seit vielen Jahrzehnten medial gefördert. In unzähligen Filmen, Serien, Büchern, Hörspielen usw. besuchen uns außerirdische Lebensformen fast immer durch die Zuhilfenahme von Ufos. Meistens sind diese Fluggeräte scheiben bzw. untertassenförmig, hin und wieder sehen sie aber auch aus wie große Zigarren, sind dreieckig, kugelartig oder manchmal auch völlig anders. Doch fast immer erwartet man „kleine grüne Männchen" als Piloten und Insassen. Der außerirdische Ursprung diverser UFO-Sichtungen stellt daher also sicherlich die bekannteste Theorie bei dieser Thematik dar.

Als der US-Pilot Kenneth Arnold am 24. Juni 1947 einige unidentifizierbare Flugscheiben am Mount Rainier beobachtete, schien die Geburtsstunde für dieses Phänomen geschlagen zu haben. Ab diesem Zeitpunkt häuften sich die weltweiten Beobachtungen und der Begriff „Fliegende Untertasse" entstand. Natürlich gab es Ufos schon vorher, doch fristeten diese bis zu jenem Zeitpunkt noch ein Nischendasein. Spezielle Literatur, alte Fundstücke und noch ältere Kulturen zeugten zumindest schon wesentlich länger von Sichtungen und Kontakten mit fremdartigen Wesenheiten und deren seltsam anmutenden Fluggeräten. Forscher und Interessierte der Paläo-SETI oder Prä-Astronautik können ein Lied davon singen. Doch für die große Allgemeinheit gilt das Jahr 1947 als das thematisch Entscheidende. Nicht nur wegen Arnolds Berichten, sondern natürlich auch aufgrund des beruhmten Roswell-Absturzes aus dem gleichen Jahr. Was dort in New Mexico damals wirklich vom Himmel gestürzt ist und bis heute noch immer heiß und kontrovers diskutiert wird, soll an dieser Stelle nicht weiter beleuchtet oder kommentiert werden, da es hierzu bereits unzählige Bücher und Filme gibt. Doch nicht nur durch diese beiden genannten Medien (Bücher & Filme) sind UFOs und Außerirdische inzwischen kaum mehr aus unserer Gesellschaft wegzudenken. Ob als Spielzeug, in Form von Deko-Artikeln, auf Kleidung, durch Schmuck und Accessoires oder bei sonstigen Dingen des alltäglichen Lebens – Besucher aus dem All mitsamt ihren futuristischen Fortbewegungsmitteln sind heutzutage überall zu finden. Mal sind es dabei die netten und friedfertigen Freunde aus fernen Galaxien und ein anderes Mal die bösartigen und feindlich gesinnten Invasoren eines unbekannten Planeten.

Wie auch immer – Aliens und Ufos sind inzwischen ein fester Bestandteil unserer Gesellschaft geworden, wenn auch für den Großteil der Menschheit, eben nur aufgrund der florierenden Unterhaltungsindustrie. Doch für viele andere ist es eben mehr als das. Entweder, weil sie selbst Zeuge einer Sichtung, Begegnung oder Entführung geworden sind oder weil sie sich von Berufs wegen dafür interessieren bzw. es einfach ihr Hobby ist. Inzwischen scheint es auch kaum noch ernsthafte Forscher, Astronomen und Wissenschaftler zu geben, die Lebensformen auf anderen Planeten prinzipiell ausschließen und demnach für kategorisch unmöglich halten. Im Grunde genommen glaubt heutzutage irgendwie fast jeder von ihnen daran, oftmals aber dennoch auf unterschiedliche Weise. Der größte Streitpunkt scheint demnach gar nicht mehr so sehr die Existenz außerirdischen Lebens zu sein, sondern vielmehr die Frage, ob uns diese fremden Lebensformen auch erreichen und besuchen könnten, dies respektive vielleicht sogar bereits getan haben oder sogar immer noch tun. Da scheiden sich nämlich die Geister und die Meinungen gehen stark auseinander. Zudem bleibt ebenso strittig, ob diese vermeintlich hoch entwickelten Aliens dann überhaupt noch Fluggeräte zur Fortbewegung benötigen würden. Wenn Ja, dann könnten einige der gesichteten UFOs (Unidentifizierbare Flugobjekte) sicherlich außerirdischen Ursprungs sein. Das abrupte Auftauchen und Verschwinden mit den teils unfassbaren Manövrierfähigkeiten, das futuristische Aussehen, das seltsame und oftmals fremdartige Material und die vielen anderen unglaublichen Eigenschaften, welche oftmals von Zeugen beschrieben werden, deuten zumindest in diese Richtung.

Eine weitere Theorie, die immer wieder gerne in diese Diskussion eingebracht wird, beschäftigt sich mit der Option des Zeitreisephänomens. Vertreter dieser fantastisch anmutenden Möglichkeit verweisen gerne auf stetig voranschreitende Fortschritte in der Quantenphysik. In diesem Fachbereich wird sich unter anderem auch mit der Existenz von Reisen in Zukunft oder Vergangenheit beschäftigt. Die Forscher kommen diesen Rätseln auch ständig ein Stück näher. Man weiß z. B. schon seit Längerem, dass der Zeitablauf auch höhenabhängig ist. Umso weiter oben man sich also befindet, desto schneller vergeht die Zeit. Der Unterschied ist zwar nur minimal, aber er ist vorhanden. Wiederum vergeht die Zeit in einem sehr schnellen Flugzeug etwas langsamer als für die gemächlicher laufende Bevölkerung am Boden. Hierbei ist also die Geschwindigkeit entscheidend. Ebenso meist nur geringfügig messbar, da für einen größeren Effekt wesentlich höhere Geschwindigkeiten (z. B. Lichtgeschwindigkeit) nötig wären, was laut offizieller Meinung aber derzeit leider noch unmöglich scheint.

Die Wissenschaft schläft aber glücklicherweise nicht. Die Forschung erhält demnach stets neue Erkenntnisse und arbeitet daher unermüdlich auf diesem Gebiet weiter. Denkt man hierbei z. B. nur an den Teilchenbeschleuniger am Forschungszentrum CERN in Genf. Mit diesem gigantischen Gerät sollen sogar schon kleine schwarze Löcher erzeugt worden sein, die wiederum im Verdacht stehen, Zugänge zu möglichen anderen Galaxien oder Dimensionen bilden zu können oder eben sogar als Zeitreise-Wurmloch zu dienen.

Das wissenschaftliche Interesse an diesen Phänomenen scheint demnach riesengroß und schreitet unermüdlich voran. Wer weiß daher schon, was die Menschheit auf diesem Gebiet zukünftig zu leisten im Stande sein wird, wohin sich das Ganze demnach noch irgendwann entwickeln könnte. Wenn offiziell also jetzt schon kleinere Erfolge zu verzeichnen sind, was wird dann erst in einigen Jahren möglich sein. Und wie gesagt: Wir sprechen hier von offiziell, also von dem, was der Allgemeinheit preisgegeben wird und nicht von den inoffiziellen Errungenschaften, denn die könnten sich bereits auf ganz anderen, vielleicht völlig unglaublicheren und an reinste Fantasie grenzenden Stufen befinden. Der Wunsch des Menschen, Vergangenheit oder Zukunft sehen und besuchen zu können, war schon immer allgegenwärtig. Sollten es die technischen Möglichkeiten also tatsächlich irgendwann erlauben, so würden sich die Meisten sicherlich nicht zweimal bitten lassen und liebend gerne einen kleinen Abstecher in weit entfernte Zeitepochen unternehmen. Was liegt also näher als die Annahme, dass zukünftige, technisch viel weiter entwickelte Generationen eben genau dieser menschlichen Neugier schon seit vielen Jahren folgen und daher immer wieder in unserer Vergangenheit und Gegenwart auftauchen.

Möglicherweise verfolgen diese Zeitreisenden dabei einen bestimmten Zweck, nämlich der Unterrichtung und Belehrung der jeweils vorherrschenden Zivilisation. Würde ja auch Sinn ergeben, schließlich kommt es ihnen ja selbst zu gute. Vielleicht legen sie damit sogar den Grundstein für ihre eigenen zukünftigen Erkenntnisse und Errungenschaften. Vielleicht wären ohne diese vorzeitlichen Kontaktaufnahmen gar keine Zeitreisen für die kommenden Generationen möglich. Demnach waren eventuell viele der alten Götter und Lehrmeister einfach nur Besucher aus der Zukunft. Und vielleicht benutzten sie für ihre Reisen eben sogenannte UFOs, und tun dies auch heute noch. Möglicherweise als Schutz für den eigenen Organismus oder weil diese Fluggeräte sogar die eigentlichen Zeitmaschinen sind. Theorien und Spekulationen dazu gibt es viele. Die Wahrheit liegt sicherlich irgendwo in der Mitte. Doch vom logischen Verstand aus betrachtet, ist die Zeitreise-Theorie eine wahrhaft ernst zu nehmende Option im Bereich der UFO-Thematik. Unsere eigene Zukunft wird vielleicht eine Antwort darauf liefern.

Eine letzte Möglichkeit, das UFO-Thema vom paranormalen Standpunkt aus zu betrachten, wäre eine nicht ganz so weit verbreitete, aber dennoch sehr interessante Überlegung. Demnach gibt es die Theorie, dass viele der gesichteten Flugobjekte vielleicht gar nicht aus der Zukunft oder von fremden Planeten kommen, sondern eigentlich direkt von der Erde stammen, und zwar mitten aus dem Hier und Jetzt. Nur, dass diese „fliegenden Untertassen" nicht von normalen Menschen gesteuert werden, sondern von einer höher entwickelten Spezies, den vermeintlich eigentlichen Herrschern dieser Welt. Manche bezeichnen sie als Reptiloiden (also reptilienartige Wesen, teilweise unter einer menschlichen Hülle versteckt) als Illuminaten oder auch als Innerirdische. Besonders der letzte Begriff, also Innerirdische, scheint für die UFO-Thematik wichtig zu sein. Es gibt demnach Behauptungen, dass die Erde innen hohl ist oder zumindest hohle Bereiche hat, die wiederum von unbekannten, aber sehr hoch entwickelten Wesenheiten bewohnt wird. Obwohl die Erdoberfläche demnach nicht ihren eigentlichen Lebensraum darstellt, sollen sie dennoch mitten unter uns weilen und dabei das Weltgeschehen von allen Seiten aus lenken und kontrollieren. Nichtsdestotrotz scheinen sie den Großteil ihres Daseins nach wie vor im geschützteren Erdinneren zu verbringen, zumindest noch. Und als Fortbewegungsmittel, um eben diese kleineren Abstecher an die Oberfläche oder auch größere Reisen ins All etc. unternehmen zu können, sollen demnach die allseits bekannten UFOs dienen.

Berichte über unbekannte Flugobjekte, die urplötzlich mitten aus dem Meer oder aus Vulkanen geschossen kamen, gibt es zumindest immer wieder. Auch die zunehmende Anzahl an seltsamen und unerklärlichen Brummgeräuschen, die irgendwie von unten zu kommen scheinen, sprechen teilweise ebenso für eine zweite Welt unter unseren Füßen. Ganz abwegig wäre es demnach nicht. Folgt man zumindest den Behauptungen der Paläontologie und lässt die Saurier als erste ernst zu nehmende Erdenbewohner gelten, so macht es zumindest Sinn, dass sich möglicherweise gewisse reptiloide Rassen eher und demnach auch bereits viel weiter entwickelt haben als die angeblich erst viel später auftauchenden Menschen. Reptilien hatten dann auf jeden Fall viel mehr Zeit für ihre persönliche Evolution. Weiterhin klingt es nicht ganz unlogisch, dass ein Leben innerhalb der Erde wesentlich sicherer und angenehmer wäre. Dort unten ist man zumindest nicht den ganzen Naturkatastrophen, Sonneneruptionen, Meteoriteneinschlägen und sonstigen Unwägbarkeiten ausgesetzt. So fantastisch das Ganze also auch klingen mag, ganz von der Hand zu weisen, ist diese Theorie dennoch nicht, eher im Gegenteil. Vielleicht sollte man bei der UFO-Thematik daher gar nicht so weit wegschauen, z. B. in die Zukunft oder auf andere Planeten, sondern viel mehr vor die eigene Haustür blicken, denn möglicherweise liegt des Rätsels Lösung wesentlich näher, als man gemeinhin glaubt.

Rationale Erklärungsversuche:

- Auch für den ersten rationalen Erklärungsversuch braucht man sich gar nicht so weit von der Erde zu entfernen, denn hierbei spielt das Militär eine ganz wichtige Rolle.

Dass das Militär im Verborgenen schon immer an neuen und besseren Waffen und sonstigen Technologien geforscht hat, sollte nicht sonderlich verwundern und ist demnach auch kein großes Geheimnis. Macht natürlich auch Sinn, schließlich möchte man sich von anderen Ländern, insbesondere von potenziellen Feinden, nicht vorschnell in die eigenen Karten schauen lassen. Der aktuelle Stand der Entwicklung soll demnach gut gehütet und getarnt bleiben, um sich eben besonders in kriegerischen Ausnahmesituationen einen klaren Vorteil verschaffen zu können. Wüsste der jeweilige Gegner schon vorher von den waffentechnischen Möglichkeiten, könnte dies den Ausgang der Auseinandersetzung entscheidend beeinflussen und verändern. Absolutes Stillschweigen hat daher oberste Priorität, egal um welches Land es dabei geht. Und dabei dreht es sich nicht nur um Bomben, Raketen und sonstige Tötungsmaschinerie, sondern eben auch um schnellere und bessere Flugmaschinen. Vermutlich stehen derlei Entwicklungen sogar noch weiter oben in der „Top Secret“ Skala, abhängig natürlich von den jeweiligen Neuerungen und Fähigkeiten der entsprechenden Gerätschaften. Selbst im 2. Weltkrieg wurde eifrig an allerlei zukunftsorientierten Fluggeräten getüftelt, die oftmals sogar damals schon frappierende Ähnlichkeiten zu manch modernen UFOs aufwiesen. Die typische scheibenartige Form scheint demnach schon immer recht interessant und vorteilhaft gewesen zu sein. Betrachtet man sich zumindest viele der heutigen Sichtungen, haben Forschungen und Weiterentwicklungen in diese Richtung wohl niemals aufgehört.

Was da also wirklich so alles im Geheimen passiert und wie weit die Fortschritte im Bereich der militärischen Kriegsführung zwischenzeitlich gediehen sind, kann wohl nur erahnt und vermutet werden. Dass das Militär natürlich ständig daran arbeitet, ihre Fluggeräte zukunftsträchtiger und überlegener zu machen, steht wohl außer Frage. Das diese neuartigen Prototypen anschließend auch irgendwo in freier Wildbahn getestet und geflogen werden müssen, sollte ebenfalls klar sein. Wenn dann ein nichts ahnender Zivilbürger zufälligerweise Zeuge eines solchen Testfluges wird, kann es schon einmal schnell zu Fehlinterpretationen oder wilden Fantastereien kommen. Bei sporadischen Sichtungen von Stealth-Tarnkappenbombern z. B., kam es seit eh und je zu allerlei wilden Behauptungen unter der Bevölkerung, da diese Flieger ihrer Zeit, optisch und technisch gesehen schon immer ein wenig voraus waren. Wer weiß daher schon, über was für futuristische Himmelsgeschosse das Militär noch so verfügt und wie weit die technischen Möglichkeiten inzwischen gehen. Beobachtungen von unidentifizierbaren fliegenden Objekten gehen also sicherlich sehr oft auf das Konto des Militärs. Vielleicht ist demnach auch Michael einfach nur Zeuge eines solchen Testfluges geworden, selbst wenn er sich aufgrund seiner beruflichen Kenntnisse als recht gut informiert ansah. Woher und von wem diese hypermoderne Technik dann allerdings stammt, ist wiederum eine ganz andere Frage. Da überschneiden sich dann rationale und paranormale Erklärungen möglicherweise.

Neben der vorher beschriebenen Möglichkeit gibt es logischerweise noch viele weitere natürliche und rationale Erklärungsansätze für die immer wieder gesichteten Himmelserscheinungen, gerne auch UFOs genannt. Zu nennen wären hierbei z. B. folgende vermeintliche Übeltäter: Heißluft- und Wetterballons, seltsam anmutende Wolkenformationen, vorbeifliegende Meteore, erdnahe Planeten, aufgeladene Kugelblitze, die durch Sonnenlicht-Reflexionen entstehenden Iridium-Flares, die wunderschönen Polarlichter, neumodische Drohnen und Modellflug-UFOs, die besonders in Wald- und Sumpfgebieten auftretenden Irrlichter, die regelmäßig vorbeifliegende ISS oder die allseits beliebten Skybeamer.

Doch von all diesen möglichen Verursachern können zumindest im vorliegenden Fall wohl nur zwei davon ernsthaft infrage kommen.

Zum einen wären da die ferngesteuerten Drohnen und Modellflug-UFOs und zum anderen Skybeamer. Besonders Letzteres wird hin und wieder mit etwas Übernatürlichem verwechselt. Die sogenannten Himmelsstrahler, auch als Skytracker bezeichnet, werden meistens bei Festivals, Partys, Discos oder sonstigen Großveranstaltungen eingesetzt. Diese starken Scheinwerfer projizieren dann einzelne oder mehrere helle Lichtstrahlen gen Himmel und lassen diese mitunter wild umher tanzen. Inzwischen gibt es schon sehr ausgefallene und technisch extrem ausgereifte Geräte, die teilweise recht auffällige Leuchtformationen bilden. Durch ihre zudem manchmal sehr zügigen und abrupten Positionsveränderungen kann daher bei so manch ahnungslosem Beobachter sicherlich schnell einmal der Eindruck eines fliegenden UFOs entstehen. Natürlich spielen hierbei entsprechende Wetterverhältnisse auch eine große Rolle. Trüberes, nebliges oder wolkenreiches Wetter begünstigen das Ganze auf jeden Fall, da der Ursprungsstrahl dann nicht mehr so deutlich zu erkennen ist und häufig nur noch vereinzelte Lichter zu sehen sind. Treffen diese Lichtreflexionen zudem noch auf die Unterseite einer Wolke, wo sie mitunter eine Scheibenform bilden können, würde die Verwechslungsgefahr erst richtig perfekt werden. Traut man Michael aber eine gewisse Fachkenntnis zu, sollte ihn ein Himmelsstrahler wohl nicht unbedingt täuschen können, zumindest nicht unter normalen Umständen.

Anders verhält es sich sicherlich mit einer ferngesteuerten Drohne oder einem Modellflug-UFO. Zwar waren diese 1995 noch nicht ganz so fortschrittlich, besonders im privaten Bereich, dennoch verfügten sie auch damals bereits über enorme Flugeigenschaften. Natürlich können sie letztendlich nicht wirklich so schnell und hoch geflogen sein, wie von Michael dargelegt, aber diese Angaben beruhten schließlich nur auf einer Schätzung und könnten demnach auch völlig fehlinterpretiert worden sein. Besonders in der Nacht kann man sich diesbezüglich sicherlich leicht täuschen lassen. Kommen dann noch der eigene Wunsch nach etwas Außergewöhnlichem und die blühende Fantasie mit ins Spiel, wird aus einem harmlosen Spielzeug ganz schnell ein fremdartiges und außerirdisches Fluggerät.

Eine körperlose Reise

Oliver lebte 2012 in einem Münchner Vorort zusammen mit Frau und Sohn. Zu diesem Zeitpunkt war er gerade 40 Jahre alt und arbeitete als selbstständiger Kaufmann.

Schon des Öfteren hatte er das Gefühl, irgendwie intensiver zu träumen oder zumindest den Schlafzustand manchmal als wesentlich real wirkender wahrzunehmen als üblicherweise. Bei diesen Gelegenheiten überkam ihn nicht selten der starke Eindruck, teils wach und teils schlafend zu sein, so als würde er sich einerseits in und andererseits außerhalb seines Bettes befinden. Letztendlich war es aber bisher nichts weiter als ein Gefühl, dass er natürlich nicht sonderlich ernst nahm und es am nächsten Tag auch meistens gleich wieder verdrängte. Doch eines Nachts sollte sich dieses Gefühl mehr als bestätigen und zudem tief in sein Gedächtnis einbrennen.

Kurz nachdem er dachte, eingeschlafen zu sein, überkamen ihn plötzlich wieder diese bekannten Emotionen, nur diesmal noch viel stärker. Er wusste nicht, ob er nun schon träumte oder teilweise doch noch wach war, denn er fühlte sich irgendwie dazwischen. Erneut durchdrang ihn diese spürbare Leichtigkeit, begleitet von einer angenehm warmen und freundlichen Atmosphäre. Dann öffnete er die Augen. Doch was er nun zu sehen bekam, jagte ihn einerseits einen großen Schrecken ein, kam ihm aber andererseits auch völlig friedlich vor. Er oder zumindest sein Geist befand sich nämlich nicht mehr in seinem Bett, sondern schien etwa 2 Meter darüber zu schweben. Zu allem Überfluss lag sein Körper dennoch mitten auf seiner Matratze. Er sah sich also selbst schlafend da unten, obwohl er doch eigentlich im wachen Zustand hier oben weilte. Aber es gab keinen Zweifel: Das da auf dem Bett war er und das schwebende Wesen, durch dessen Augen er soeben blickte, war ebenfalls er. Das Alles fühlte sich so real und greifbar für ihn an, obwohl es doch eigentlich nicht sein konnte. Glücklicherweise verwirrte ihn das gesamte Szenario anscheinend so sehr, dass dieser Zustand auch nicht lange anhielt und er mit einem Mal zurück in seinen schlafenden Körper fuhr, um gleich anschließend panisch hochzuschrecken. Mit weit aufgerissenen Augen saß er nun senkrecht in seinem Bett und schnappte vehement nach Luft. Ängstlich kontrollierte er Arme, Beine und Gesicht, ob denn auch noch alles da sei, so verwirrt schien er. „Was ist mir da gerade eben nur widerfahren?“, fragte er sich sichtlich aufgebracht. An Schlaf war in dieser Nacht auf jeden Fall nicht mehr zu denken, zu sehr hatte ihn dieses Erlebnis aufgewühlt.

Natürlich begann er anschließend ein wenig zu recherchieren und nach Antworten zu suchen. Zufälligerweise sah er dann eine paranormale Sendung im TV, in der es um genau solche Vorfälle ging. Dort nannten es die Experten „Astral-Reisen“. Ein Begriff, welchen er zuvor noch nie gehört hatte. Mit diesem neuen Wissen kaufte er sich anschließend ein paar entsprechende Bücher und verschlang diese regelrecht. Und umso mehr er sich mit diesem Thema beschäftigte und entsprechende Zeugenberichte las, desto deutlicher erkannte er sich und sein eigenes Erlebnis darin wieder. Er schien die Lösung tatsächlich gefunden zu haben. Doch besonders interessant fand er die Möglichkeit, diesen außerkörperlichen Zustand auch bewusst herbeiführen zu können. Bisher hatte er es in dieser Form ja schließlich nur einmal erlebt und das absolut ungewollt. Aber nun hatte er eine Anleitung gefunden, um diesen Prozess willentlich durchführen zu können, und das wollte er natürlich auch so schnell wie möglich ausprobieren, schließlich war er neugierig und zudem noch völlig versessen darauf, diesen außergewöhnlichen Zustand noch einmal erleben zu dürfen. Der Reiz am Unbekannten war einfach zu groß. Also suchte er sich einen ruhigen und angenehmen Abend aus, an dem ihn auch wirklich niemand stören konnte, studierte anschließend noch einmal ganz genau die beschriebene Vorgehensweise aus einem entsprechenden Sachbuch und machte sich dann an den ersten Versuch einer selbst herbeigeführten OOBE (Out-of-Body-Experience), wie man Astral-Reisen auch nennt.

Als er anschließend auf dem Wohnzimmerboden lag, die Augen fest verschlossen und einfach immer tiefer in die absolute Schwärze einzudringen versuchte, verspürte er tatsächlich die ersten beschriebenen Anzeichen. Seine Arme und Beine fühlten sich auf einmal so leicht an und wollten regelrecht nach oben steigen. Zudem überkamen ihn erste Vibrationen, die nach und nach immer stärker zu werden drohten. Es schien also wirklich bald soweit zu sein, zumindest sprachen diese anfänglichen Merkmale - laut den Darstellungen aus seinen Büchern - für einen mutmaßlich baldigen Körperaustritt. Doch offensichtlich war er viel zu aufgeregt und dachte einfach noch zu intensiv darüber nach, denn irgendwie konnte er sich nicht vollends fallen lassen und seinen grübelnden Kopf dabei komplett ausschalten. Möglicherweise hatte er auch einfach noch zu viel Angst vor dem Unbekannten, obwohl es ja eigentlich gar nicht so unbekannt für ihn war, zumindest wenn man seinen ersten ungewollten Kurz-Austritt von damals mit einbezog. Auf jeden Fall kam er an diesem Abend nicht weiter und musste das Experiment dann erst einmal beenden.

Doch am nächsten Tag sollte bereits der zweite Versuch starten. Diesmal meditierte er vorher sogar noch eine Runde, um so seinen Verstand vielleicht ein wenig freier zu bekommen. Es schien zu funktionieren, denn diesmal konnte er tatsächlich schon ein ganzes Stückchen weiter vordringen, selbst wenn der eigentliche Körperaustritt nach wie vor nicht gelingen wollte. Verständlicherweise ärgerte er sich ein wenig darüber. Dennoch ließ er sich nicht entmutigen und plante schon seinen nächsten Anlauf.

Wieder war alles gut vorbereitet, die Raumtemperatur angenehm warm, das Licht herunter gedimmt, eine störungsfreie Umgebung geschaffen und körperlich sowie seelisch schien alles bestens. Oliver wollte es daher nun wissen und konzentrierte sich mit aller Macht auf die Trennung von Körper und Geist. Die ersten Anzeichen zeigten sich, doch das kannte er ja bereits von den vorhergehenden Versuchen. Aber diesmal fühlte es sich dennoch ein wenig intensiver an, als würden sich Wirklichkeit und Fantasie allmählich vermischen. Als wäre er schlafend, aber gleichzeitig wach. Sein gesamter Körper vibrierte und seine Sinneswahrnehmungen schienen plötzlich anders zu sein, irgendwie verstärkter und fokussierter. Und dann passierte es tatsächlich. Mit einem Mal glitt er langsam aus seinem physischen Leib heraus, zumindest fühlte es sich exakt so an. Seiner Meinung nach waren seine Augen nach wie vor geschlossen, dennoch konnte er plötzlich sehen, wenn auch irgendwie abstrakter. Er hatte das Gefühl zu schweben und sah die Zimmerdecke auch immer näher kommen. Dann drehte er sich in der Luft um und blickte von oben auf seinen am Boden liegenden Körper herunter. Natürlich erschrak er im ersten Moment leicht, aber trotzdem machte es ihm keine richtige Angst. Schließlich wirkte alles so friedlich und still. Seine Gedanken waren auch plötzlich ganz anders, viel losgelöster von den sonst so irdischen Problemen und Belanglosigkeiten. Irgendwie war er zwar noch existent und irgendwie auch er selbst, schien sich dessen sogar bewusst, aber dennoch fühlte es sich völlig fremd an, als hätten sich Persönlichkeit, Wahrnehmung und Charakter schlagartig verändert.

Für Oliver wirkte auf einmal alles so klar, so völlig vorurteilsfrei und einfach nur großartig. Sorgen, Ängste und Wut existierten hingegen nicht mehr. Die Emotionen und Eindrücke waren unbeschreiblich. Er fühlte sich absolut wohl und so unsagbar frei. Alles ergab plötzlich einen Sinn und war dennoch so unwichtig. Die Welt wirkte in dem Moment so groß und unendlich, aber trotzdem so erreichbar und nah, als gehöre alles irgendwie zusammen. Zudem überkam ihn der starke Eindruck, als wäre er völlig losgelöst von Raum und Zeit, da Sekunden anscheinend ganz anders, mal schneller und mal langsamer zu verlaufen schienen und auch Farben und Formen teilweise nicht so aussahen wie normalerweise. Nicht, dass es ihn irgendwie verwirrte oder ängstigte, es fiel ihm einfach nur auf, selbst wenn es absolut belanglos war. Alles in allem empfand er diese außerkörperliche Erfahrung einfach nur als wunderschön und faszinierend. Teilweise erinnerte ihn das Ganze schon ein wenig an sein erstes Erlebnis dieser Art, nur jetzt war er offensichtlich noch wach und schien auch nach wie vor die Kontrolle über sich zu haben, zumindest kam es ihm so vor. Eigentlich wollte er diesen Zustand überhaupt nicht mehr verlassen, als zu bereichernd empfand er es. Doch die deutlich sichtbare Silberschnur, die seinen physischen und seinen geistigen Körper verband, zeigte ihm unmissverständlich, dass es auch noch ein normales Leben auf der Erde gab und er irgendwann dahin zurückkehren musste. Und kaum hatte er diesen Gedanken auch nur ansatzweise geformt, schreckt er plötzlich hoch und fand sich erneut auf dem Wohnzimmerboden liegend. Er war zurückgekehrt von einer Sekunde auf die nächste. „Was für eine Wahnsinnserfahrung", dachte er, nachdem er sich von seiner anfänglichen Aufregung ein wenig erholt zu haben schien. Ungeachtet dessen, was auch immer zukünftig andere darüber denken mögen und wie sehr sie ihn deswegen auch zu verurteilen oder auszugrenzen versuchen würden, stand für ihn eindeutig ab diesem Tag fest: Er hatte seinen Körper verlassen und eine waschechte Astralreise erlebt und das völlig bewusst herbeigeführt. Daher war ihm nun absolut klar, dass Körper und Geist zwar zusammengehörten, aber dennoch getrennt voneinander existieren konnten. Eine Erkenntnis, die ihn irgendwie glücklicher und zufriedener machte und zudem um einiges reicher, zumindest in spiritueller Hinsicht.

Paranormale Erklärungsversuche:

Das Thema der Astral-Reisen wurde ja bereits in einem vorhergehenden Fall angesprochen (Der nächtliche Besucher). Doch der große Unterschied zwischen diesen beiden Vorfällen liegt darin, dass es diesmal die betroffene Person selbst war, die eine angebliche OOBE erlebt hat und diese nicht nur, wie in dem älteren Erlebnisbericht beschrieben, den möglichen Astral-Körper einer anderen Person sah. Das ist natürlich besonders interessant, da Oliver zudem noch die gesamten Eindrücke und Emotionen wiedergeben kann, die ihn während seiner außerkörperlichen Erfahrung begegnet sind und überkommen haben. Man erhält also einen waschechten Reisebericht aus erster Hand. Besonders seine Ausführungen, dass er den gesamten Ausflug als wunderschön, friedlich und faszinierend empfand und er diesen Zustand am liebsten gar nicht mehr verlassen hätte, decken sich interessanterweise mit vie-len Nahtod-Berichten. Häufig empfanden Betroffene diesen körperlosen Trip ebenfalls als sehr bereichernd und schön und wären daher zu gerne in dieser fremden Welt geblieben. Manchmal waren wiederbelebte Menschen sogar regelrecht enttäuscht darüber, dass sie diesen jenseitigen Ort wieder verlassen und zurück ins normale Leben mussten. Das hing nicht selten damit zusammen, dass sie angeblich verstorbene Verwandte und Freunde während ihrer vermeintlichen Jenseitsreise trafen, die sie nun wieder zurücklassen mussten. Die Existenz als reine Geistform, wenn auch nur vorübergehend, scheint demnach für viele Betroffene eine durchweg positive und sehr lehrreiche Erfahrung gewesen zu sein, die ihnen oftmals auch die Angst vor dem eigenen Tod zu nehmen vermochte.

Menschen aus reicheren und vermeintlich aufgeklärteren Industriestaaten nehmen derlei Behauptungen nur sehr ungern und skeptisch zur Kenntnis und wollen damit eigentlich gar nichts weiter zu tun haben. Es passt einfach nicht so recht in ihr vorgefertigtes und rational ausgelegtes Standardleben. Auch wenn paranormale Themen für viele sehr interessant klingen, werden diese dennoch sehr gerne in der Luft zerrissen und der Lächerlichkeit preisgegeben, besonders durch die starke Beeinflussung der allgemein konsumierten Medien und schulwissenschaftlichen Einrichtungen. Ganz anders in Gegenden, in denen noch alte Traditionen und Kulturen gepflegt werden, wie z. B. im asiatischen und afrikanischen Raum. Aber auch bei sonstigen indigenen Volksstämmen oder den amerikanischen Ureinwohnern werden übersinnliche Begebenheiten völlig anders behandelt. Unter diesen naturverbundenen Menschen gilt es als absolut normal, dass die Seele bzw. der Geist auch gut und gerne ohne feststofflichen Körper existieren kann. Bei gelegentlichen Reisen, besonders im Schlafzustand oder in Trance, erkundet die feinstoffliche Existenzform dann friedlich und frei ihr näheres Umfeld oder sogar weit entferntere Orte und andere Dimensionen. Häufig trifft dieser Astral-Leib dann eben auch auf ihm bekannte Verstorbene oder geistige Führer, die angeblich gerne mit Rat und Tat zur Seite stehen. Die beschriebene Silberschnur, die wie bereits erwähnt, den physischen und den astralen Körper verbindet, dient dabei zur Orientierung bzw. als Nachweis, dass man noch lebendig ist. Bei vollends verstorbenen Menschen scheint diese vermeintliche Lebens-Schnur nicht mehr vorhanden zu sein. In dem Fall ist die Verbindung wohl endgültig gekappt und es gibt offensichtlich kein Zurück mehr. Dann dürfte das Jenseits oder welcher Ort auch immer, das neue zukünftige Zuhause werden.

Es gibt unzählige Erlebnisberichte über angebliche OOBEs. Vieles deckt sich untereinander und einiges auch nicht. Dennoch sieht es ganz danach aus, als würde es so etwas wie einen Geist oder eine Seele tatsächlich geben, welche dann nach dem physischen Tod den Körper in feinstofflicher Form verlässt und woanders hin wandert. Vielleicht sogar in einen neuen Leib, sprich Reinkarnation und somit neu geboren wird. Doch was auch immer nach dem Ableben mit einem passiert, augenscheinlich kann man bereits zu Lebzeiten einen kleinen Einblick erhalten und bewusst oder unbewusst die feststoffliche Körperform zumindest für eine kurze Dauer verlassen und auf Reisen gehen. Genauer gesagt: Auf eine Astral-Reise.

Rationale Erklärungsversuche:

Olivers Erläuterungen, dass er schon immer etwas intensiver geträumt bzw. seine Traumerlebnisse häufig als sehr real wirkend erlebt hat, sprechen stark für „luzides Träumen“. Bei diesem Phänomen ist sich die betroffene Person seines derzeitigen Zustands meist völlig bewusst. Sie weiß also, dass sie schläft und träumt. Zudem nimmt dieser Mensch die nächtlichen Fantasiereisen als sehr echt war und kann diese sogar eigenständig steuern. Dadurch übernimmt man also nicht nur die passive Rolle, wie sonst üblich, sondern kann aktiv tätig werden und die Handlung bzw. sich selbst in die gewünschte Richtung lenken. Durch diese Einflussnahme sind natürlich die wildesten und faszinierendsten Dinge möglich. Alles, was man schon immer einmal erleben, durchleben und erkunden wollte, scheint plötzlich erreichbar. Zudem kann man sich nach dem Aufwachen auch wesentlich besser an diese bewussten und steuerbaren Träume erinnern. Teilweise sogar so gut, als wäre es einem wirklich passiert. Ebenso empfindet man Emotionen häufig viel intensiver, was natürlich nicht immer von Vorteil sein dürfte, besonders bei traurigen, verwirrenden oder angsteinflößenden Alpträumen. Doch genau die soll man mit luzidem Träumen sogar besser in den Griff bekommen können. Insgesamt birgt das Ganze demnach sehr viele Chancen, aber natürlich auch einige Risiken, z. B. bei Personen mit psychischen Störungen. Dennoch ist es eine sehr spannende und faszinierende Sache, die sicherlich viele Leute gerne einmal selbst erleben würden. Laut einiger wissenschaftlicher Studien scheinen aber wohl leider nicht alle Menschen dazu in der Lage zu sein, auf jeden Fall nicht automatisch.

Anscheinend kann man aber lernen, es wenigstens hin und wieder erleben zu dürfen. Diesbezügliche Kurse und Bücher gibt es auf jeden Fall ausreichend. Und genau hier greift auch wieder Olivers Fall. Auch er hatte sich entsprechende Literatur besorgt und die angebliche Fähigkeit des Astral-Reisens daraus erlernt. Da er vorher schon ähnliche Erfahrungen gemacht hatte, schien er körperlich und geistig gut dafür geeignet zu sein, solch eine vermeintliche OOBE, sprich einen luziden Traum in solch einer Intensität durchführen und erleben zu können. Was sich also für ihn wie eine echte außerkörperliche Erfahrung angefühlt hat, war vielleicht nichts anderes als Klarträumen, wie man dieses nächtliche Phänomen auch nennt. Auf jeden Fall spricht einiges dafür, zumindest von rationaler Seite aus betrachtet.

Natürlich kann alles auch einfach nur Einbildung oder eine Halluzination gewesen sein. Möglicherweise hat sich Oliver in einer Art Halbschlaf befunden, in der sich das Bewusstsein und das Unterbewusstsein die Wahrnehmung teilen. Für den Betroffenen wird es dann mitunter schwer, zwischen Realität und Fantasie zu unterscheiden, da er sich einerseits bereits in der Traumwelt, aber andererseits noch im Wachzustand befindet. Auch diese Option wurde schon in „Der nächtliche Besucher“ angesprochen, zumindest in ähnlicher Form. Eine unvollständige oder noch nicht vollends eingeleitete Schlafphase scheint eben sehr häufig der Grund für Wahrnehmungsstörungen, Trugbilder, Traumüberschneidungen oder Einbildungen zu sein. Diese auch als Alpha-Zustand bezeichnete Phase lässt derlei Fantasiegebilde mitunter wesentlich intensiver und realistischer erscheinen, was bei Betroffenen nicht selten zu paranormalen Verwechslungen führen kann. Beschäftigt man sich zudem noch davor ausgiebig mit entsprechender Literatur oder ist allgemein schon etwas spiritueller veranlagt, wird die Erwartungshaltung natürlich bereits in eine gewisse Richtung gelenkt und jede rationale Option völlig ausgeblendet. Der jeweilige Mensch möchte dann einfach ein übersinnliches Phänomen erleben. Er steigert sich anschließend so sehr in diesen Wunsch hinein, dass alles, aber auch wirklich alles als paranormal abgetan wird und somit kaum noch Platz für normale Lösungsansätze bleibt. Es werden regelrecht Scheuklappen aufgesetzt.

Auch Oliver war durch sein einstiges Traumerlebnis stark vorgeprägt und wurde durch die gesehene TV-Sendung und die sachbezogenen Bücher sehr schnell und sehr massiv in diese ganze Astral-Reise-Thematik hineingezogen, in der er sich schlussendlich irgendwie verlaufen haben könnte. Sein maßloser Wunsch, dieses Phänomen vollständig zu ergründen und dabei selbst einmal bewusst zu erleben, hat sich möglicherweise so fest in sein Gehirn gebrannt, dass er es am Ende auch tatsächlich erlebt hat. Auf jeden Fall glaubt er das bis heute. Der Gedanke, dass es sich vielleicht doch nur um eine Sinnestäuschung bzw. einen Traum oder eine Einbildung gehandelt haben könnte, kam ihm dabei eigentlich nie in den Sinn. Daran sieht man möglicherweise wieder einmal, wie mächtig unsere Vorstellungskraft doch sein kann und wie echt sich derlei Fantasiekonstrukte, hervorgerufen durch eine vermeintliche Halbschlafphase für Betroffene doch anfühlen können und was sie manchmal sogar für einen bleibenden Eindruck zu hinterlassen im Stande sind, selbst viele Jahre später.

Gefangen in der Zeitanomalie

Es war ein sonniger Freitagnachmittag, ca. 14.30 Uhr, als Ute von einem Geschäftstermin kommend die Autofahrt nach Hause antrat. Noch lag ein weiter Weg vor ihr, etwa 300 km hauptsächlich über Landstraßen und durch kleinere Ortschaften. Sie stellte sich daher abseits der stressigen Autobahnen auf eine gemütliche und entspannte Heimreise ein. Ihr Ziel war eine kleine Stadt im Ruhrgebiet, welche sie laut ihren Planungen in etwa 4 – 5 Stunden erreicht haben sollte.

Nachdem sie bereits die ersten 100 km geschafft hatte und die Uhr in ihrem Auto eine 16.05 anzeigte, fiel ihr plötzlich ein Licht am Himmel auf. Interessiert beobachtete die 37-jährige Frau, wie diese seltsame Lichtquelle immer größer und größer zu werden schien. Plötzlich zischte es einmal richtig laut und ein greller Blitz blendete daraufhin ihre Augen. Erschrocken stieg Ute mit voller Wucht auf die Eisen und brachte den Wagen zum Stillstand. Dann sah sie sich fragend um, denn mysteriöserweise regnete es auf einmal und alles um sie herum war plötzlich ganz dunkel, als ob es bereits mitten in der Nacht wäre. Ute war sichtlich überrascht, schien vor wenigen Augenblicken schließlich noch die sommerliche Nachmittagssonne. Wolken gab es vorher auch noch keine. „Woher kommt also auf einmal dieser plötzliche Umschwung mit dem vielen Regen?“, fragte sie sich grübelnd. Die gesamte Wetterlage schien sich schlagartig verschlechtert zu haben. Selbst die Temperatur fiel spürbar ab. Es wirkte so, als hätte jemand an einem meteorologischen Hebel gezogen und damit die gesamten klimatischen Bedingungen abrupt auf den Kopf gestellt.

Das Ganze war letztendlich so unfassbar schnell vonstattengegangen, dass Ute noch nicht einmal die geöffneten Seitenfenster rechtzeitig schließen konnte. Auch der Scheibenwischer musste nun mit Hochdruck arbeiten, um das bereits stark mit Wasser bedeckte Glas wieder freizubekommen. Doch am schlimmsten empfand sie die plötzliche Kälte, welche sie sofort mit voll aufgedrehter Heizung zu bekämpfen versuchte. Eine völlig abstruse und seltsame Atmosphäre entstand, während um sie herum dieses dunkle, verregnete und eisige Gewitter tobte. Und das Ganze schien kein bisschen besser werden zu wollen, eher sogar schlechter. Mit voller Wucht peitschten Wind und Wasser gegen ihren Wagen und die regelmäßig einsetzenden Donnergeräusche sowie die ständig zischenden Blitze ließen sie immer wieder erschrocken zusammenzucken. Eine so krasse und bedrohlich wirkende Schlechtwetterfront hatte sie vorher noch nie erlebt, besonders nicht so schnell und unangekündigt auftauchend. Wo vor wenigen Momenten schließlich noch strahlender Sonnenschein herrschte, dominierte nun ein Unwetter par excellence. Selbst nach einigen Minuten änderte sich dieses Szenario nicht, was leider keine Hoffnung auf Besserung machte. Als wären Ute und ihr Auto regelrecht gefangen in diesem mysteriösen Gewitter. Sie war zwar kein Meteorologe, aber normal wirkte das Ganze dennoch nicht auf sie. „Wo sind der Sommer und die Sonne nur so plötzlich hin verschwunden?“, fragte sie sich daher grübelnd. Doch als auch noch das Radio zu spinnen begann und nur noch Rausch- und Knackgeräusche von sich gab, bildeten sich immer größere Fragezeichen im Kopf der Frau. Doch so schnell schien das Rätsel keine Lösung zu offenbaren.

Nichtsdestotrotz wollte sie nun endlich weiterfahren, schließlich wartete ihre Familie zu Hause. Doch plötzlich, als sie den Wagen gerade eben wieder langsam in Bewegung gesetzt hatte, zischte erneut ein besonders heller und intensiver Blitz wie aus den Nichts auf, welcher alles in einen grellen Lichtkegel zu hüllen vermochte, dabei ein lautes Geräusch von sich gab und anschließend genauso schnell wieder verschwand. Ute erschrak wieder fast zu Tode und trat abermals auf die Bremse. Das Auto kam erneut zum Stehen. Panisch schnappte sie nach Luft und sah sich suchend um. Dabei musste sie zu Ihrem Erstaunen feststellen, dass die Sonne auf einmal wieder überall schien, es zudem stetig wärmer wurde, keine Wolken mehr am Himmel standen, kein Regen mehr fiel und auch sonst wieder alles angenehm und sommerlich wirkte, genauso wie es eigentlich schon die ganze Zeit über hätte sein sollen. Das Unwetter schien spurlos verschwunden, ebenso schnell, wie es vorher aufgetaucht war. Sie konnte es kaum glauben und zweifelte bereits an ihrem Verstand. Doch kurz darauf sollte sie noch mehr ins Grübeln kommen, denn fast schon unbewusst sah sie anschließend erneut auf die Uhr am Armaturenbrett. Zu ihrem Erstaunen zeigte die Zahlenkombination nun 18.10 an, was aber eigentlich nicht sein konnte. Sie kontrollierte das Ganze durch einen Blick auf ihre Armbanduhr, aber auch diese bestätigte die besagte Zeit. Angeblich waren also zwischenzeitlich etwa 2 Stunden vergangen, obwohl dieses ganze Wetterphänomen ihrer Meinung nach höchstens 2 – 3 Minuten gedauert hatte. Doch selbst die etwas tiefer stehende Sonne widersprach dieser persönlichen Einschätzung und zeugte demnach eher von einer vorgerückteren Abendzeit.

Ute schwor dennoch felsenfest, dass es vor wenigen Augenblicken erst kurz nach 16.00 Uhr gewesen war, dahingehend schien sie sich absolut sicher. Schließlich stimmte das auch eher mit dem Rest überein, wie z. B. dem Ende ihres letzten Termins, dem anschließenden Abfahrtszeitpunkt oder den bereits gefahrenen Kilometern bzw. der zurückgelegten Strecke. Selbst die Tatsache, dass sie noch gar keinen Hunger verspürte, was zu dieser späten Stunde eher ungewöhnlich anmutete, sprach eigentlich gegen den Sonnenstand und die angezeigte Zahl auf dem Innenraum-Display. Eigentlich passte also alles eher zu ihrer Einschätzung, nur eben die tatsächliche Uhrzeit nicht, die dennoch groß und breit vor ihr aufleuchtete. Die Verwirrung war mehr als riesig und eine zunehmende Angst machte sich breit. Ute wollte daher jetzt nur noch eins: So schnell wie möglich weg von hier und auf direktem Wege nach Hause. Zwar zitterte und schwitzte sie am ganzen Körper, schien also nicht unbedingt in der Lage zu fahren, doch das spielte momentan keine Rolle für sie. Mit voller Wucht trat sie auf das Gaspedal und düste gen Heimat. Ob nun knapp 2 Stunden oder vielleicht doch nur 2 – 3 Minuten. Ihrer Meinung nach war sie dennoch – so oder so – viel zu lange eine Gefangene dieser ungewöhnlichen Zeitanomalie gewesen.

Paranormale Erklärungsversuche:

Ob nun Multiversen, Parallelwelten, interdimensionale Ebenen oder einfach nur „andere Dimensionen“ – Begrifflichkeiten gibt es viele. Letztendlich beschreiben sie aber alle in etwa das Gleiche, nämlich fremde und zumeist unsichtbare Orte, die offensichtlich direkt neben unserer eigenen Welt existieren. Inzwischen wird diese Theorie sogar immer weniger angezweifelt. Selbst erfahrene Wissenschaftler und Physiker halten die Existenz von Paralleluniversen für möglich, da auch ständig neue Hinweise und Indizien hinzukommen. Letztendlich scheint es nur noch eine Frage der Zeit zu sein, bis man das Ganze endgültig beweisen und somit als „real vorhanden“ deklarieren kann. Doch derzeit hält es die breite Öffentlichkeit noch immer für reine Science-Fiction, sogar für etwas absolut Unmögliches, da einfach zu unfassbar.

Die Vorstellung, dass um uns herum noch unendlich viele andere Welten existieren könnten, womöglich sogar identische Kopien unserer eigenen Welt, übersteigt einfach alles bisher da gewesene. Verständlicherweise macht es natürlich auch ein wenig Angst, denn sich letztendlich ausmalen zu müssen, man selbst sei gar nicht so einzigartig wie bisher angenommen, sondern lebe stattdessen noch in unzähligen anderen Paralleldimensionen ein ähnliches Dasein mutet schon ordentlich verschreckend an. Der abstruse Gedanke, man würde sich möglicherweise nur bei kleineren Details wie z. B. der Optik, der Stimme, dem persönliche Umfeld, den Vorlieben, dem Namen oder den persönlichen Wünschen und Zielen von seinen unzähligen Kopien unterscheiden, lässt so manchem das Blut in den Adern gefrieren. Doch vielleicht sind die Unterschiede auch teilweise viel größer und diese vermeintlichen Doppelgänger führen demnach ein gänzlich anderes Leben, eventuell hervorgerufen durch winzige Änderungen im Alltag oder durch abweichende Entscheidungen in existenziellen und richtungsweisenden Situationen. Wer weiß, vielleicht lebt man dadurch ja für immer, zumindest irgendeine Version von einem. Es kann aber natürlich auch ganz anders sein, und diese sogenannten

Nachbarorte samt ihrer Bewohner sehen völlig anders aus, und nichts dort ähnelt uns und unserer Erde.

Prinzipiell scheint alles möglich, denn leider kann man diese fremden Welten nicht sehen, spüren oder auf sonstigem Wege wahrnehmen, zumindest sieht es derzeit ganz danach aus. Vermutlich existieren diese Paralleluniversen auf einer anderen Schwingungsebene oder Frequenz und sind daher zumeist unsichtbar, obwohl sie sich möglicherweise direkt neben einem befinden. Zum Greifen nahe sozusagen. Doch hin und wieder kommt es offensichtlich dennoch zu kleineren Überlappungen, Rissen oder Öffnungen. Und plötzlich wird das Fremdartige sichtbar und kann mitunter sogar betreten werden, wenn auch oftmals unfreiwillig. Ob dies nun sporadisch passiert oder vielleicht sogar fremdgesteuert, lässt sich dabei allerdings nur schwer sagen. Nichtsdestotrotz entsteht dadurch für eine gewisse Zeitspanne eine direkte Verbindung. Und in genau solch eine mysteriöse Verbindung könnte möglicherweise auch Ute gestolpert sein, weshalb sie sich plötzlich in einer völlig anderen Wetterlage befand. Das schöne Klima aus ihrer eigenen Welt war zwar nach wie vor an der gleichen Stelle vorhanden, wurde aber durch das ungemütliche Gewitter des Paralleluniversums überdeckt, welches sich ebenfalls an dieser Stelle befand, nur eben auf einer anderen dimensionalen Ebene. Und in genau dieser fremden Dimension steckte Ute für einen kurzen Moment fest und nahm daher logischerweise die dort vorherrschenden Klimabedingungen wahr. Erst als sie diese Parallelwelt wieder verlassen hatte und zurück in ihrer eigenen Dimension war, erlebte sie wieder das altbekannte und vertraute sommerliche Wetter. Die grellen Blitze, die das Ganze jeweils anfangen und enden ließen, fungierten dabei eventuell als vermeintliche Pforten-Öffner und Tür-Schließer. Alles schien im Großen und Ganzen gleich. Nur eben das Wetter nicht, was zumindest die Multiversum-Theorie stützen könnte. Auch der anschließende Zeitunterschied könnte für diese Option sprechen, da Zeit in einer anderen Dimension womöglich auch völlig anders verlaufen würde als hier. Und die Funktionsstörungen des Radios?

Selbst das würde Sinn ergeben, denn vermutlich würde es dort tatsächlich nicht richtig laufen. Woher sollten schließlich auch die benötigten Frequenzen und Sender kommen? Unsere eigenen Radiostationen gibt es ja dort wahrscheinlich nicht, zumindest vielleicht nicht in exakt der gleichen Art. Aber wer weiß das schon. So fantastisch das Alles auch klingen mag, ganz von der Hand weisen sollte man diese Möglichkeit auf jeden Fall nicht. Vielleicht wird die Zukunft eine Antwort darauf liefern. Wir sollten auf jeden Fall gespannt darauf sein.

Apropos „Zukunft". Ein weiterer Erklärungsansatz wäre möglicherweise genau dort zu finden, denn vielleicht hatte Ute einfach einen kleinen Zeitsprung gemacht, samt ihrem Fahrzeug.

Das Phänomen „Zeitreisen" ist nichts Neues, erfreut es sich doch bereits einer langen Geschichte. Besonders in Filmen, Serien und Romanen wird das Publikum gerne einmal in eine frühe Zukunft oder eine ferne Vergangenheit entführt. Durch fantastisch anmutende Kulissen werden dadurch Welten und Vorstellungen erschaffen, wie die Erde und der Mensch z. B. später einmal aussehen und leben könnten. Oftmals geschieht das Ganze durch futuristische Zeitmaschinen oder künstlich erschaffene Portale. Doch benötigt man für so eine Reise tatsächlich derartig hochentwickelte Gerätschaften oder wäre es nicht auch auf natürlichem Wege möglich? Diese Frage stellen sich interessierte Wissenschaftler und Forscher schon sehr lange, und vielleicht sind sie der Antwort schon wesentlich näher, als der breiten Öffentlichkeit bekannt ist. Sachbücher über geheime Zeitexperimente und dergleichen gibt es auf jeden Fall „en masse". Bei einem vorhergehenden Fall wurde ja bereits auf diesen Bereich eingegangen.

Doch was, wenn solche sogenannten „Wurmlöcher" sporadisch und völlig unkontrolliert auftreten können, also wann und wo immer sie auch wollen. Einmal hier und einmal da, absolut nicht vorhersehbar, zumindest für den ahnungslosen Bürger nicht. Dann könnte es theoretisch jeden treffen, ganz urplötzlich. Man denkt an nichts Böses, geht einfach so seiner Wege, und blitzartig stolpert man ahnungslos in einen derartigen Tunnel. Vielleicht geht dieser Trip auch manchmal ganz schnell und man merkt kaum etwas davon, weil man innerhalb von Sekundenbruchteilen wieder herausgetreten ist. Doch möglicherweise, zumindest hin und wieder dauert der Ausflug auch ein wenig länger und offenbart sich zudem als wesentlich prägnanter und effektreicher. Das Erleben einer waschechten Zeitreise mit all ihren Konsequenzen wird in solch einem Fall deutlich verwirrender und lebensverändernder. Bei Ute war es möglicherweise so. Sie hat ganz offensichtlich 2 Stunden in gefühlten 2 – 3 Minuten einfach mal so übersprungen. Und nicht nur das, schließlich hat sie zudem noch ein seltsames Wetterphänomen erlebt. Doch wie passen eigentlich diese klimatischen Extreme zu der Zeitreise-Theorie? Vielleicht herrscht in diesen Übergängen einfach grundsätzlich solch eine gewittrige und stürmische Wetterlage, möglicherweise aufgrund der starken Energiebündelungen bzw. Entladungen o.ä. Und da Ute direkt nach dem vermeintlichen Übertritt auf die Bremse getreten ist und anhielt, steckte sie mitunter in diesem gewitterartigen Übergang fest und kam erst nach dem Weiterfahren wieder heraus. Andernfalls wäre es eventuell schneller gegangen, vielleicht sogar ohne größeren Zeitverlust.

Es kann aber auch sein, dass es an besagter Stelle – innerhalb der beiden übersprungenen Stunden – tatsächlich zu einem kleinen Gewitter gekommen ist, welches Ute eben nur kurz und abrupt erlebt hat und das nach ihrem Austritt direkt wieder verschwunden war, da bereits in der Vergangenheit liegend. Sie hat das Unwetter, wie schon erwähnt, eben teilweise übersprungen und sich erst wieder an besagtem Ort oder besser gesagt, in besagter Zeit eingefunden, als das Wasser bereits getrocknet und alles wieder sonnig, wolkenlos und angenehm war.

Was es letztendlich mit dem Wetterphänomen tatsächlich auf sich hatte, scheint wohl derzeit ein ungelöstes Rätsel zu bleiben. Genauso wie die von ihr beobachteten Blitze, die wiederum als Begleiterscheinungen für das Auftauchen und Verschwinden des Wurmloch-Portals interpretiert werden könnten. Leider ist das ganze Zeitreisethema viel zu komplex und kompliziert und bietet zudem enormes Potential für wilde Spekulationen und allerlei fantastisch anmutende Theorien. Was am Ende aber wirklich hinter all dem steckt und ob es die eine große Antwort überhaupt gibt, darüber lässt sich momentan wohl nur streiten. Als „paranormaler Erklärungsversuch" taugt dieses Phänomen dennoch allemal.

👽 Die letzte Möglichkeit, die bei derartigen Vorfällen und Erlebnisberichten immer wieder gerne herhalten muss, befasst sich mit dem besonders heiklen Themengebiet der „Alien-Entführungen". Selbst unerschrockene und aufgeschlossene Menschen zucken bei diesem Bereich zusammen. Kaum einer wagt sich damit an die Öffentlichkeit, geschweige denn als Betroffener. Zu groß die Angst vor Ausgrenzung und Verspottung. Vermeintliche Opfer oder auch nur interessierte Forscher werden leider sehr gerne in die hintersten Ecken der Verschwörungstheorien verschoben und am Ende sogar mit der Besuchsempfehlung eines „guten Psychiaters" verhöhnt. Kein Wunder also, dass sich nur wenige Mutige aus ihrem Versteck trauen und ihre unfassbaren Geschichten erzählen. Glücklicherweise kommt es weltweit dennoch immer häufiger zu derartigen Offenbarungen, wodurch die breite Allgemeinheit ihre Augen nicht mehr ganz so erfolgreich davor verschließen kann. Nichtsdestotrotz sollte man auch ein wenig Verständnis für diese allseits ablehnende Haltung aufbringen, denn letztendlich ist es einfach nur die große Angst der Menschen vor dieser vermeintlich übermächtigen und fremden Bedrohung aus dem All, die zu jener Engstirnigkeit und zu derartigen Scheuklappen führt. Trotzdem gibt es diese Fälle, und zwar mehr als genug. Ob wir nun wollen oder nicht, wir müssen uns dieser Thematik einfach stellen, denn Verschweigen hilft nicht weiter.

Sollte also tatsächlich auch Ute ein Entführungsopfer geworden sein, so wäre sie leider nur eines von vielen. Objektiv betrachtet würde ihr Erlebnis auf jeden Fall recht gut in das Schema passen. Besonders der nicht nachvollziehbare, von ihr aber eindeutig bezeugte Zeitverlust spricht stark dafür. Auch die seltsamen Blitze, die jeweils kurz vor- und nachher aus dem Nichts auftauchten, sind zumindest als Indizien zu deuten, da viele andere Entführungszeugen Ähnliches berichtet haben. Möglicherweise fungieren diese grellen Lichtblitze als eine Art „psychischer Marker“, durch welche die sogenannte „Paralyse“, also eine körperliche und oftmals auch geistige Komplett-Lähmung, blitzartig herbeigeführt und auch wieder beendet werden kann.

Und das folgende Szenario mit dem Wetter war eventuell nichts weiter als eine induzierte Halluzination, ein suggerierter traumähnlicher Zustand also, um das Ganze für Ute irgendwie nachvollziehbarer und logischer zu gestalten. Auszuschließen ist aber auch nicht, dass diese unwetterartigen Szenarien von Ute selbst ausgingen. Es sich demnach um eine Art „Schutzmechanismus“ ihres Gehirns gehandelt hat, um so das ganze traumatische Erlebnis irgendwie besser verarbeiten, ja sogar regelrecht verbergen und verdrängen zu können. Das starke Gewitter stand demzufolge also nur stellvertretend für die äußerst negative Erfahrung der Entführung. Doch möglicherweise trifft auch keine der beiden genannten Optionen zu und die gesehenen Bilder waren am Ende wirklich nichts weiter als ein bloßer Traum, während sich die narkotisierte und schlafende Frau in den Fängen dieser fremden Macht befand. Als Ute dann zurück in ihr Auto gebracht worden war und nach 2 Stunden wieder erwachte, erneut eingeleitet durch einen grellen Blitz, schien auf jeden Fall nicht mehr viel von dem schlechten Wetter übrig geblieben zu sein. Ihren Worten nach wirkte alles auf einmal wieder ganz normal, als hätte es dieses Gewitter niemals gegeben. Kaum etwas erinnerte noch an das vermeintliche Klimawunder, nur das die Uhr eben plötzlich auf 18.00 stand, obwohl es eigentlich erst kurz nach 16.00 Uhr gewesen sein dürfte, zumindest Utes Meinung nach.

Ein klassischer Fall der sogenannten „verlorenen Zeit“, wie sie in der Alien-Entführungs-Debatte häufiger vorkommt.

Abschließend wäre noch das Radio zu erwähnen, welches schließlich zwischenzeitlich zu spinnen begonnen hatte. Auch dieses Phänomen einer nicht mehr funktionstüchtigen Elektronik wird oftmals im Zusammenhang mit vermeintlichen Fällen dieser Art genannt.

Das Thema der „Alien Abductions“ könnte demnach eine echte Option für den hier vorliegenden Erlebnisbericht darstellen, so unglaublich es auch klingen mag.

Rationale Erklärungsversuche:

Nachdem nun mehrere paranormale Erklärungsansätze geliefert wurden, bietet auch die Bandbreite an rationalen Möglichkeiten so einiges. Obwohl es Betroffene natürlich nicht so gerne hören, sollte man den gesundheitlichen Aspekt dennoch nicht unerwähnt lassen. Schließlich gibt es Krankheiten oder zumindest kurzzeitig medizinisch relevante Befindlichkeiten, die den geschilderten Fall erklären könnten, wenn auch oftmals nur in Teilen, denn in der Gesamtheit werden alle aufgeführten Merkwürdigkeiten wohl eher nicht komplett zu einer einzigen medizinischen Indikation passen. Doch letztendlich ist auch nicht klar, was davon wirklich so geschehen ist und was vielleicht nur hinzugedichtet bzw. fehlinterpretiert oder falsch wahrgenommen worden sein könnte. Es soll jetzt auch nicht zu genau darauf eingegangen werden, doch eine kurze Erwähnung ist es allemal wert.

Utes Erlebnisse könnten z. B. durch Ohnmacht, Migräne (auch Augenmigräne), einen Schlaganfall, Kreislaufprobleme oder sogar durch Epilepsie hervorgerufen worden sein. Diese Auflistung erhebt sicherlich keinen Anspruch auf Vollständigkeit und ließe sich von medizinisch geschulten Menschen sicherlich sinnvoll fortführen oder sogar widerlegen. Prinzipiell bieten viele vermeintlich paranormale Begebenheiten einen Nährboden für allerlei medizinische Erklärungsansätze. Doch halte ich es, wie im Vorwort bereits erwähnt, grundsätzlich für falsch, immer gleich mit der großen Gesundheitskeule um sich zu schlagen, ob nun im physischen oder auch psychischen Bereich, denn wenn man unbedingt will, kann man natürlich allerhand damit erklären und abschließen. Dieser Weg wäre allerdings viel zu einfach und engstirnig gedacht und ähnelt manchmal mehr einer gezielten Verdrängungs- und Vertuschungstaktik. Nichtsdestotrotz könnten die angesprochenen Erlebnisse des vorliegenden Falles auch mit vermeintlichen Ursachen aus dem Gesundheitsbereich interpretiert werden. Schaut man sich die beschriebenen Abläufe, Ereignisse und Symptome an, wären einige der oben genannten Beschwerden und Krankheitsbilder wenigstens teilweise möglich.

Utes außergewöhnlicher Nachmittag ließe sich demnach in vielerlei Hinsicht sicherlich auch medizinisch erklären. Zumindest haben vermutlich einige Menschen Ähnliches erlebt, bei denen anschließend ein gesundheitlicher Auslöser diagnostiziert worden ist. Ganz abwegig erscheint diese Option daher wohl nicht und sollte deswegen absolut in Betracht gezogen werden.

Ein weiterer Ansatz wäre der allgemein gefürchtete und wirklich auch sehr gefährliche Sekundenschlaf. Man hört schließlich immer wieder davon und wie schnell und unvorbereitet es theoretisch jeden von uns erwischen kann. Man fährt gemütlich und nichts ahnend vor sich hin, die Strecke ist lang und monoton und plötzlich knickt man weg, meistens eben nur für ein paar Sekunden. Doch genau diese kurze Zeitspanne kann schon ausreichen, um die Kontrolle über das Fahrzeug zu verlieren und einen anschließenden Unfall zu bauen, nicht selten mit dramatischem Ausgang. Oft spielen Übermüdung, das Wetter, eine Fahrt zu später Stunde, Alkohol und falsche Ernährung sowie Krankheit, Langeweile oder auch nur ein gedankliches Abdriften, eine entscheidende Rolle. Leider passiert es manchmal ohne große Vorwarnung, teilweise sogar völlig abrupt. Daher sollte man bereits auf die ersten Müdigkeitsanzeichen reagieren und so schnell wie möglich rechts an die Seite fahren und anhalten. Ein kurzes Nickerchen oder auch nur ein ausgedehntes Ausruhen reichen zumeist völlig aus und man ist anschließend wieder fit für die Weiterfahrt. Moderne Autos haben sogar eingebaute Schutzmaßnahmen gegen den fiesen Sekundenschlaf, was zukünftig sicherlich viele Unfälle verhindern dürfte.

Möglicherweise ist Ute ebenfalls Opfer einer solch ungewollten Müdigkeitsattacke geworden. Vielleicht ist sie also einfach urplötzlich eingeschlafen, einige Voraussetzungen waren ja vorhanden, ohne den Übergang richtig bemerkt zu haben. In dem Fall scheint ihr das Glück aber mehr als hold gewesen zu sein, denn das Fahrzeug ist offensichtlich unbeschadet zum Stehen gekommen. Daher ging die ganze Sache auch recht glimpflich für Ute aus und bescherte ihr lediglich ein paar seltsame Träume, viele Angst-Schweißperlen und einige Fragezeichen, denn sollte es sich bei ihrem Erlebnis tatsächlich um einen plötzlich eingetretenen Sekundenschlaf gehandelt haben, so scheint es ihr auch nach dem Aufwachen absolut nicht bewusst gewesen zu sein. Womöglich fühlte sich das Ganze so realistisch für sie an, und die Übergänge waren so fließend, dass sie einfach nicht wahrhaben wollte oder konnte, dass sie lediglich geschlafen und alles nur geträumt hatte.

Wenn es sich dennoch so verhalten hat, dann scheint sich nach dem eigentlichen Sekundenschlaf wohl ganz offensichtlich noch eine weitere, diesmal wesentlich tiefere und ausgiebigere Ruhephase angeschlossen zu haben, die, wie es die Uhr später bestätigte, wohl knappe 2 Stunden gedauert haben dürfte. Als sie dann plötzlich wieder erwachte, vermutlich aufgeschreckt durch das Gewitter und die Blitze aus ihrem Traum, war sie augenscheinlich so verwirrt über diese abstrakte Situation, dass sie Realität und Fantasie nicht mehr voneinander trennen konnte, denn manchmal – unter bestimmten Voraussetzungen – können Menschen den Unterschied zwischen Wach- und Schlafzustand einfach nicht erkennen, was dann leider zu den genannten Verwirrungen und Fehlinterpretationen führen kann.

Möglicherweise blockierte sie sich anschließend auch selbst gegen die Wahrheit und blendete jegliche Logik gekonnt aus. Vielleicht also wieder einmal so eine Art Schutzmechanismus des Gehirns, um das erschreckende Erlebnis eines unkontrollierten Sekundenschlafs irgendwie zu überdecken. Spekulieren kann man viel, doch wie auch immer es zu Utes vermeintlichen Wahrnehmungsstörungen im Falle einer tatsächlichen Müdigkeitsattacke gekommen sein mag, kann wohl abschließend nur schwer geklärt werden. In jedem Fall sollte man die Thematik ernst nehmen und als Erklärungsansatz für den vorliegenden Fall absolut in Betracht ziehen.

👽 Die letzte Option beschäftigt sich mit der Möglichkeit, dass es sich bei dem ganzen Vorfall um nichts weiter als eine harmlose Verkettung von ganz normalen Ereignissen und Zufällen gehandelt haben könnte. Eventuell befand sich Ute nämlich lediglich in einem selbst induzierten tiefen hypnotischen Trancezustand. Etwas also, was uns Menschen täglich mehrmals widerfährt, mal stärker und mal schwächer. Manchmal nur für Sekunden oder Minuten, doch hin und wieder sogar für Stunden. Immer dann, wenn man mit seinen Gedanken abdriftet, z. B. in Tagträumen oder sich voll und ganz auf eine Sache fokussiert, dabei die umliegende Außenwelt teilweise komplett ausblendet und nur noch unbewusst wahrnimmt, befindet man sich in diesem besonderen Zustand. Dies kann z. B. durch einen spannenden Film, ein packendes Buch, verträumte Gedanken oder eben auch durch eine monotone Autofahrt geschehen. Bei Kindern ist es besonders oft und intensiv zu beobachten. Wenn die sich einmal auf etwas fokussieren und konzentrieren, kann man teilweise direkt neben ihnen stehen und sie mehrmals laut ansprechen, ohne auch nur die geringste Reaktion von ihnen zu erhalten. Sie sind dann einfach völlig in ihre derzeitige Beschäftigung vertieft und registrieren um sich herum nichts mehr. Nachdem die jeweilige Person dann irgendwann wieder zurück aus diesem tranceartigen Zustand ist, ob nun durch eigene Beendigung oder weil sie durch starke äußere Einflüsse herausgerissen wurde, wundert sich diese nicht selten über das, was währenddessen so alles um sie herum geschehen ist, wie viel Zeit teilweise vergangen ist oder wo sie sich inzwischen befindet, z. B. während einer Autofahrt. Oftmals braucht es auch noch ein paar Augenblicke, bis dieser Mensch wieder voll und ganz bei sich ist, zumindest bei sehr tiefen und langwierigen Zuständen.

Vielleicht hatte sich Ute genau in solch einer verträumten Trance befunden, und das sogar über mehrere Stunden hinweg. Hinzu kommt, dass es möglicherweise tatsächlich ein kurzes lokales Gewitter auf ihrer Strecke gegeben hat und sie erst durch einen grellen und lauten Blitz urplötzlich aus genau diesem Tagtraum wieder herausgerissen wurde. Verständlicherweise war sie daraufhin ziemlich konfus und erschrocken, schließlich hatte sie den zwischenzeitlich eingetretenen Wetterumschwung gar nicht so recht wahrgenommen und mitgekriegt. In ihrer Erinnerung schien als Letztes die Sonne und es war angenehm warm, was außerhalb des kleinen Gewitters, welches sich möglicherweise nur in einem begrenzten Radius befand, mitunter auch immer noch so verhielt. Diese in ihren Augen abrupt eingetretene Wetterveränderung dürfte sie recht stark verwirrt haben, besonders, als sich das schauerartige Gewitter ihrer Auffassung nach genauso schnell wieder verzog. Doch diese Fehleinschätzung könnte einfach als Nachwirkung der langen und tiefen Trance gesehen werden. Als Betroffener kann man diesen Umstand natürlich nur schwer begreifen und kaum logisch nachvollziehen. Ute schien es auf jeden Fall ziemlich durcheinandergebracht zu haben. Als anschließend noch der Blick auf die Uhrzeit erfolgte, intensivierte sich diese Verwirrung natürlich noch mehr. Panik machte sich daraufhin breit, was dieses Gesamtpaket zu einer gefährlichen Mischung werden ließ, wodurch ihre Wahrnehmung sowie ihr logisches Auffassungsvermögen ein wenig ad acta gelegt wurden. Sie entwarf lieber ein mystisches und unerklärliches Konstrukt und gab dem rationalen Denken gar keine Chance mehr. Stattdessen trat sie angsterfüllt auf das Gaspedal und suchte schnellstens das Weite.

Im Nachhinein kann demnach nur schwer gesagt werden, ob das Auto z. B. wirklich von außen nass war und sich tatsächlich ein Gewitter in der Nähe befand. Ute konnte dies leider weder bestätigen noch widerlegen, zu aufgeregt war sie in der damaligen Situation. Doch schaut man sich dennoch diese letzte Erklärungsmöglichkeit einmal genauer an, so erscheint das Ganze als eine recht logisch wirkende und nachvollziehbare Option, zumindest aus rationaler Sicht betrachtet.

Der Aura-Kurs

Sven interessierte sich schon seit Längerem für die Teilnahme an einem Aura-Kurs. Angeblich soll man dort lernen, die Aura von anderen Menschen zu sehen und positiv zu beeinflussen bzw. Störungen und Ungleichgewichte darin zu erkennen, um diese anschließend auf energetische Weise beseitigen oder reparieren zu können. Dies soll wohl einen angenehmen und wohltuenden Einfluss auf das Leben des jeweils Betroffenen haben. Und genau so etwas wollte Sven ebenfalls erlernen, einerseits für sich selbst, aber natürlich auch, um anderen helfen zu können. Zufälligerweise gab es in seiner Heimatstadt Köln genau solch ein Kurs-Angebot. Das gesamte Seminar sollte sich über ein komplettes Wochenende erstrecken. Die Gebühr war zwar auch nicht ganz ohne, dennoch gab es für Sven nun kein Zurück mehr. Er hatte Blut geleckt und wollte jetzt unbedingt an solch einem Kurs teilnehmen. Kurzerhand meldete er sich daher für den nächstmöglichen Termin an und schon kurze Zeit später war es dann endlich soweit.

Frohen Mutes begab er sich an besagtem Samstag zu den zugehörigen Seminarräumen. Kaum angekommen, wurde er auch schon freundlich von der Kursleiterin und all den anderen Teilnehmern empfangen. Es herrschte eine insgesamt sehr angenehme und harmonische Atmosphäre. Nach einigen Informationen folgten ein paar vorbereitende Experimente, von denen eines besonders interessant auf Sven wirkte, denn abgesehen von der eigentlichen Aura-Arbeit, die später folgte, sollte diese prägende Demonstration sein bisheriges Weltbild gehörig ins Schwanken bringen, und zwar im wahrsten Sinne des Wortes.

Nichtsahnend wurden die Teilnehmer zuvor in zwei gleich große Gruppen aufgeteilt, jeweils etwa 5 Personen. Svens Gruppe sollte sich anschließend nebeneinander aufstellen und daraufhin die Augen schließen. Das andere Team sowie die Kursleiterin befanden sich währenddessen hinter ihnen. Nun folgte absolute Stille. Sven und seine Leute sollten einfach nur regungslos stehen bleiben und nichts weiter tun. Keiner von ihnen kannte natürlich den Grund dafür, was die Sekunden zu einer Ewigkeit werden ließen. Sven versuchte sich daher mit kleineren Gedankenspielereien abzulenken und sich dennoch so wenig wie möglich zu bewegen. Doch komischerweise fiel ihm genau das zunehmend schwerer. So sehr er sich auch bemühte, sein gesamter Körper wollte einfach nicht mehr ganz so ruhig bleiben, wie er es gerne gehabt hätte. Er fühlte sich langsam wie auf einem leicht schaukelnden Schiff, da er sich ständig mit kleineren Gleichgewichtsproblemen konfrontiert sah, die sogar zunehmend stärker wurden. Sven hatte nun ernsthaft Schwierigkeiten damit, diese andauernden körperlichen Schwankungen zu verbergen. Immer wieder hatte er das unangenehme Gefühl, leicht nach vorne und dann wieder nach hinten zu kippen. Er musste sich richtiggehend auf einen festen Stand konzentrieren, leider zumeist nur mit mäßigem Erfolg.

Zu diesem Zeitpunkt schob er das Ganze noch auf eine vorübergehende Schwächephase, vielleicht ein kleiner Anflug von Hunger, Durst oder was auch immer. Selbst die drückende und warme Luft sowie die Höhe des Stockwerkes, in dem sich alle befanden, mussten zwischenzeitlich als Begründung herhalten. Doch irgendwie klang nichts davon wirklich plausibel, denn eigentlich war das Haus viel zu niedrig, selbst wenn man wirklich sehr empfindlich auf Höhe reagieren würde, was ihm dann allerdings schon vorher hätte auffallen müssen. Besonders hungrig und kraftlos fühlte er sich ebenfalls nicht und auch das Raumklima schien für sommerliche Verhältnisse ganz OK. Erklärungsversuche gab es also viele, aber keine wollte Sven so richtig einleuchten. Wohl oder übel musste er diese leicht schwummrig anmutende Phase einfach so unauffällig wie möglich überstehen, schließlich wollte er nicht als totaler Schlaffi rüberkommen. Daher lautete seine Devise: „Augen zu und durch!"

Glücklicherweise erfolgte irgendwann die Erlösung und Svens Gruppe konnte das Experiment beenden. Endlich durften sie sich wieder frei bewegen. Erleichtert darüber stellte Sven zudem noch eine sofortige Verbesserung seiner vorhergehenden Gleichgewichtsstörungen fest. Kurze Zeit später waren sie sogar plötzlich komplett verschwunden. Zwar wunderte er sich ein wenig darüber, machte sich dann aber erst einmal keine weiteren Gedanken mehr dazu. Doch dann folgte das Gespräch zu dem eben abgelaufenen Experiment. Die Kursleiterin wollte sogleich von Svens Gruppe wissen, wie sie die ganze Sache empfunden haben und was ihnen aufgefallen war. Sven antwortete als erster und kam dabei nicht umhin, auch die kleineren Schwankungen und Standprobleme zu erwähnen. Seltsamerweise hatten es die anderen Gruppenmitglieder ebenso empfunden, auch sie bestätigten ähnliche Gleichgewichtsstörungen.

Komischerweise schien das die Kursleiterin sowie die Teilnehmer der zweiten Gruppe nicht sonderlich zu verwundern, fast so, als hätten sie genau diese Aussagen erwartet. Und dann folgte die Auflösung, die für alle anderen mehr als unglaublich wirkte. Während nämlich Svens Team einfach nur da stand, positionierten sich die Personen der anderen Mannschaft in einem Abstand von etwa 2 Metern direkt hinter ihnen. Dabei erfolgte die Einweisung ohne jegliche Worte, nur durch Gesten der Kursleiterin. Als Nächstes sollten die Mitglieder dieser zweiten Einheit ihre Arme leicht angewinkelt anheben, dabei Handflächen offen nach vorne gerichtet und diese dann immer wieder gleichmäßig und ruhig in Richtung Svens Gruppe bewegen. Es entstand also eine Art Drücken und Ziehen, nur eben in der Luft ausgeführt und ohne wirklichen Widerstand, so als würde man etwas von sich wegstoßen und anschließend wieder zu sich zurückziehen.

Seltsamerweise fand dies offensichtlich in absolutem Einklang mit den tatsächlich gespürten Schwankungen der ersten Testgruppe statt. Jeder von ihnen wurde also faktisch von der jeweils hinter sich stehenden Person bewegt, einfach nur durch bloße Handbewegungen in der Luft, und das aus knapp 2 Metern Entfernung. Eine wahrlich übersinnliche Erfahrung. Der Zweck dahinter war ja auch, letztendlich zu demonstrieren, dass unsichtbare Energien wahrhaftig existieren und man diese auch tatsächlich bewegen und wahrnehmen kann. Und diese Erkenntnis wurde den Kursteilnehmern nun unmissverständlich klar, so unfassbar es im ersten Moment auf sie alle zu wirken schien. Doch damit war der Grundstein für einen erfolgreichen Fortgang des restlichen Aura-Kurses mehr als gelegt, denn nun hatten auch die letzten Zweifler ihre Skepsis abgelegt und konnten sich somit voll und ganz auf den eigentlichen Sinn des Seminars einlassen. Sven war auf jeden Fall nun restlos von der Existenz solcher paranormalen Kräfte überzeugt.

Paranormale Erklärungsversuche:

Welcher paranormale Erklärungsversuch könnte näher liegen als jener, dass es derartige unsichtbare Energien einfach gibt. Und dass eine Aura, die jede organische Lebensform umgibt und dabei in verschiedenen Farben den jeweiligen Zustand des betreffenden Lebewesens anzeigt und unter bestimmten Voraussetzungen auch gesehen, ja sogar verändert und bewegt werden kann, ebenso existiert. In der fernöstlichen und asiatischen Kultur z. B., spielen derlei Energien eine wichtige Rolle, sogar in medizinischer Hinsicht. Man denke nur an die TCM (Traditionelle Chinesische Medizin), die z. B. in China zu einer häufig angewendeten Standardbehandlung gehört, und das mit großem Erfolg. Auch dort wird viel mit Energiefluss und den Körper-Chakren gearbeitet. Von einigen westlichen Industriestaaten zwar nach wie vor belächelt, erfreuen sich diese alternativen Heilmethoden dennoch einer stetig größer werdenden Beliebtheit, selbst in unseren Gefilden. Man denke nur an Akupunktur oder Akupressur. Selbst anerkannte Mediziner nehmen diese beiden Behandlungsmethoden inzwischen gerne in ihr Repertoire mit auf.

Die Welt nähert sich diesen Themen also immer mehr an, auch wenn die Skepsis in der Bevölkerung nach wie vor überwiegt. Warum aber sollten derlei Energien nicht existieren? Viele Menschen, die sich diesem Bereich offen und unvoreingenommen genähert haben, sprechen von interessanten Erfahrungen und beeindruckenden Erlebnissen, wie eben auch Sven aus beschriebenem Fall. Letztendlich gibt es eine Vielzahl von Möglichkeiten, um derartige unsichtbare Energien zu spüren, zu erfahren oder einfach erst einmal kennenzulernen. Sei es nun beim Yoga, beim Tai-Chi, beim Qi-Gong, beim Reiki, bei einem Aura-Kurs oder eben bei einer einfachen Akupunktur-Behandlung. Überall hat man inzwischen die Möglichkeit, sich selbst von der realen Existenz eines eigenen Energiekörpers zu überzeugen. Sollte ein solcher also tatsächlich vorhanden sein, so ließe sich Energie in jeglicher Form und Farbe zukünftig nur noch schwer leugnen. Dann müsste man sie immer und überall anerkennen und es demnach auch für möglich halten, sie am Ende sogar sehen, bewegen und verändern zu können, denn dann wäre sie ein Teil des normalen Lebens, wenn nicht sogar der Ursprung davon. Selbst solch paranormale Phänomene wie Psychokinese/Telekinese oder Telepathie müssten im Zuge dessen ernsthafter betrachtet und in Erwägung gezogen werden, da hierbei offensichtlich ebenso mit gedanklich erzeugter Energie gearbeitet wird bzw. vorhandene Energieströme manipuliert und bewegt werden können.

Vieles, was bisher als unerklärlich oder unlogisch galt, würde auf einmal Realität werden und manch wissenschaftlich Fundiertes wiederum plötzlich ad absurdum geführt. Doch die Welt dreht sich ständig weiter und mit ihr auch das Wissen, welches manchmal sogar komplett neu bewertet und umgeschrieben werden muss. Vielleicht auch im Bereich der unsichtbaren Energien und Energiekörper, wenn diese denn wirklich existieren sollten. Doch die Chancen stehen nicht schlecht, eher sogar sehr gut. Sven schien es zumindest am eigenen Leib erfahren zu haben, was ihn auf jeden Fall restlos davon überzeugt hat.

Rationale Erklärungsversuche:

In beschriebenem Fall könnten natürlich verschiedene Faktoren zusammengekommen sein, die anschließend zu den genannten Gleichgewichtsproblemen führten. Wie Sven bereits selbst angemerkt hatte, zog er einen möglichen Nahrungsmangel, drückende Luftverhältnisse oder auch die höher gelegenen Seminarräume in Betracht. Möglich wären alle Faktoren, doch warum betraf es komischerweise alle Teilnehmer aus Svens Gruppe gleichsam und das auch noch zur selben Zeit? Und warum verschwand das Gefühl schlagartig, nachdem das Experiment beendet war? In anderen Einzelfällen also sicherlich vertretbare Erklärungen, aber im vorliegenden Fall wohl eher nicht zutreffend. Bei Sven und den anderen Kursteilnehmern sollte man demnach eher von Einbildung oder einer übersteigerten Wahrnehmung sprechen, womöglich hervorgerufen durch eine gewisse Erwartungshaltung. Jeder Besucher eines solchen Kurses geht schließlich mit einer bestimmten Hoffnung, Aussicht oder Absicht dahin. Im Prinzip ersehnt man sich ja förmlich irgendeine besondere Erfahrung oder irgendein übersinnliches Erlebnis zu machen. Daher ist man in dieser Zeit natürlich wesentlich sensibler und hellhöriger.

Selbst wenn man den Ablauf nicht kennt, weiß man ja, dass jedes Experiment und jede Aktion einen bestimmten Aha-Effekt bei den Teilnehmern auslösen soll. Demnach interpretiert man möglicherweise oftmals zu viel in manche Dinge hinein. Das gilt aber nicht nur für irgendwelche esoterischen oder alternativen Kurse und Seminare, auch in vielen anderen Ausnahmesituationen spielt einem das eigene Gehirn schon gerne einmal Streiche, was nicht selten dazu führt, dass harmlose und völlig rational erklärbare Ereignisse auf einmal ganz anders wahrgenommen werden. Vorkommnisse, denen man vorher kaum Interesse geschenkt hätte, erfahren plötzlich eine wesentlich stärkere Aufmerksamkeit. Man startet sozusagen eine Neubewertung und beginnt die Dinge aus anderen Blickwinkeln zu betrachten. Der Bereich des Übernatürlichen rückt dabei immer mehr in den Fokus, was die Akzeptanz von paranormalen Themen zusehends anwachsen lässt. Auf einmal sind es halt keine kleinen Feuchtigkeitstropfen auf dem eigenen Auge mehr, die wie bunte Punkte durch den Raum springen, sondern nun sind es eben Orbs aus einer fremden Dimension. Und das Knarren der alten Holzkonstruktion wird kurzerhand als Klopfzeichen eines Verstorbenen interpretiert. Die Wahrnehmung ist einfach nicht mehr die gleiche. Möglicherweise auch in Svens Fall. Vielleicht hat diese besondere und zudem noch sehr spannende Situation des Kurses dazu geführt, dass er einfach viel mehr auf sich, seinen Körper und das gesamte Umfeld geachtet hat als üblicherweise. Die kleineren Schwankungen, mutmaßlich ausgelöst durch das bloße und ahnungslose Herumstehen über mehrere Minuten hinweg, in denen die Konzentration der Probanden demnach recht hoch gewesen sein dürfte, wurden im Zuge dessen – situationsbedingt – einfach wesentlich stärker beachtet und viel bewusster wahrgenommen.

Da sich Sven zudem als erster nach dem Experiment zu Wort gemeldet hatte und dabei seine entsprechenden Erfahrungen kundgab, könnte dies möglicherweise die restlichen Kursteilnehmer in ihrer eigenen Wahrnehmung und rückwirkenden Betrachtungsweise beeinflusst haben. Ein sogenannter Herdenzwang setzte ein und plötzlich hatte jeder das Gefühl, ähnliches während des Experiments empfunden und erlebt zu haben. Eine Art Massensuggestion, von den Teilnehmern allerdings völlig unbewusst, aber sehr effektiv selbst herbeigeführt. Im Endeffekt also bloße Einbildung, unterstützt durch verschiedene kleinere Faktoren. Die Kursleiterin wusste vermutlich aus Erfahrung, was Teilnehmer üblicherweise bei dieser Versuchsanordnung empfinden und von sich geben würden und nutzte dies dann entsprechend für ihr Seminar. Auf jeden Fall wäre dies sicherlich eine gute und erfolgversprechende Methode, um einen reibungslosen und kritikfreien Fortgang der Veranstaltung zu sichern.

👽 Wenn mehrere Personen eng nebeneinanderstehen und alle zur gleichen Zeit die vorher beschriebenen Handbewegungen ausführen, könnte es möglicherweise schon zu einer spürbar stärkeren Luftbewegung kommen, die dann vielleicht auch von etwas weiter weg platzierten Menschen wahrzunehmen wäre. Sven und seine Gruppe hatten zudem eine gewisse Erwartungshaltung, während sie sich mit geschlossenen Augen nur wenige Meter von dieser „menschlichen Windmaschine“ entfernt aufhielten. Hinzu kam, dass alle 5 Probanden ebenfalls recht dicht nebeneinander positioniert waren. Der erzeugte Luftzug hatte demnach kaum Ausweichmöglichkeiten. Er musste unweigerlich auf die Gruppe treffen. In solch einer gebündelten Form und in solch einer besonderen Ausnahmesituation ist es auf jeden Fall denkbar, dass lediglich die aufgewirbelten und gezielt nach vorne gedrückten Luftströme für die Gleichgewichtsstörungen bei Sven und seinen Mitstreitern verantwortlich waren. Natürlich sprechen wir hier nicht von einem „Hurrikan", auch wenn diese Extremform natürlich gut verdeutlicht, wie kräftig und zerstörerisch einfache Luft unter bestimmten Voraussetzungen werden kann. Von derartigen Ausuferungen sind wir im vorliegenden Fall natürlich meilenweit entfernt.

Dennoch dürfte selbst hier eine gewisse Menge an räumlichem Wind entstanden sein. Unter normalen Umständen vielleicht kaum zu registrieren, da es einen vermutlich auch nicht sonderlich interessieren würde, aber in Momenten der verstärkten Aufmerksamkeit, so wie z. B. während des Aurakurs-Experiments, sicherlich trotzdem körperlich spürbar. Wahrscheinlich empfanden es die Probanden zwar als wesentlich intensiver und kraftvoller, als es am Ende tatsächlich war, hierbei spielen dann offensichtlich wieder die Punkte der vorhergehenden Erklärungsoption eine wichtige Rolle, doch steht wohl außer Frage, dass eine gewisse Winderzeugung bei diesem Versuch dennoch stattgefunden haben dürfte. Die genannten Gleichgewichtsprobleme könnten daher eindeutig davon stammen. In dem Fall hätte es Sven mit nichts weiter als ganz banaler „heißer Luft" zu tun gehabt.

Und dann rückwärts durch die Wand

Simon lebte zur Zeit seines Erlebnisses in Gütersloh zusammen mit seinen Eltern und dem kleinen Bruder. Er ging noch zur Schule, hatte gerade erst seinen 16. Geburtstag gefeiert, sah der Zukunft aber eigentlich eher skeptisch und unmotiviert entgegen. Irgendwie fehlte ihm der innere Antrieb, und die ständigen Streitigkeiten zwischen Vater und Mutter machten das Ganze nicht wirklich einfacher. Oftmals verzog er sich schon etwas früher in sein Bett, grübelte dann dort noch über allerlei bewegende und für ihn existenziell wichtige Dinge nach. Dabei kamen ihm nicht selten recht frustrierende und teilweise sogar leicht deprimiert wirkende Gedanken. Immer wieder stellte er sich in diesen Momenten die Frage nach dem Sinn des Lebens und wie es bei ihm wohl weitergehen solle. Selbst esoterische Themen wurden nicht ausgelassen, da er schon länger eine gewisse Affinität dafür entwickelt hatte. Doch obgleich seines großen Interesses daran sollte ihm der nachfolgend beschriebene Vorfall ganz besonders in Erinnerung verbleiben und sein bisheriges Leben gehörig durcheinanderwirbeln.

Es war Sonntag, etwa 18.00 Uhr, als sich Simon wieder einmal etwas früher als üblich zu Bett begeben wollte. Ein erneuter Zwist seiner Eltern schien wohl der Hauptgrund gewesen zu sein, denn besonders müde war er eigentlich noch nicht. Doch diese ewigen Auseinandersetzungen nervten ihn einfach maßlos. Unter seiner Decke fühlte er sich wenigstens ein bisschen beschützt und konnte dadurch etwas Abstand zu dem ganzen Chaos finden. Wütend und frustriert wühlte er sich unter sein Kissen und verschaffte sich so seine wohl verdiente Ruhe, auch wenn die lauten Schreie seiner Eltern nach wie vor in abgedämpfter Form zu hören waren. Nun lag er also da, dachte erneut über sich und sein Leben nach und hatte die Schnauze einfach nur noch gestrichen voll.

Doch auf einmal, als er gerade in irgendwelchen Gedanken versunken schien, vernahm er ein leises Flüstern, als wenn jemand seinen Namen gesagt hätte, zumindest wirkte es so auf ihn. Sofort stoppten all seine bisherigen Gedankenspielereien und selbst die Atmung hielt er für einen kurzen Moment inne. Mit spitzen Ohren lauschte er so in die Weite seines abgedunkelten Zimmers. Und dann hörte er es erneut: „Simon“, hauchte es ein zweites Mal durch den Raum, ganz sanft, aber dennoch wahrnehmbar. Simon durchfuhr ein kalter Schauer und ein leichtes Zittern machte sich breit. „Wer oder was spricht da nur mit mir?“, fragte er sich ängstlich. Seine Eltern konnten es auf jeden Fall nicht gewesen sein, da war er sich sicher. Er traute sich kaum Luft zu schnappen, geschweige denn zu bewegen. Also blieb er vorerst lieber weiter unter Kopfkissen und Decke versteckt. Doch seine Hoffnung, das alles wäre bloße Einbildung und es würde sicherlich nicht noch einmal passieren, entpuppte sich bereits wenige Sekunden später als reines Luftschloss, denn da war es plötzlich wieder, und abermals schwebte sein geflüsterter Name durch die Luft, mitten in seine aufmerksam lauschenden Ohren. Es gab keinen Zweifel mehr, irgendjemand befand sich mit ihm in diesem Zimmer. Simon lief nun der pure Angstschweiß die Stirn herunter und sein Herz raste förmlich. Die aufsteigende Panik war kaum noch zu kontrollieren, doch irgendetwas musste er tun. Und obwohl es ihn innerlich fast zerriss, entschied er sich dennoch für die mutigste aller Optionen, und zwar der direkten Konfrontation mit dem Unbekannten.

Langsam, aber zielorientiert zog er nach und nach das Kissen von seinem Kopf herunter und richtete sich anschließend allmählich in seinem Bett auf. Dann sah er sich um, doch wirklich lange musste er nicht nach der flüsternden Ursprungsquelle suchen, denn diese befand sich letztendlich mitten am Fußende seines Bettgestells. Es handelte sich um eine große und dunkle Gestalt, die einfach nur regungslos da stand und ihn anstarrte. Simon erschrak fast zu Tode. Mit weit aufgerissenen Augen blickte er angstvoll in das Antlitz dieser mysteriösen Wesenheit, während sein gesamter Körper wie versteinert wirkte. Nicht die kleinste Bewegung ging von Simon aus, als wäre er zu einer Salzsäule erstarrt. Die fremde Gestalt zeigte ebenfalls keinerlei Regung, auch sie wirkte wie angewurzelt. Durch die schummrigen Lichtverhältnisse konnte Simon leider nicht sehr viel erkennen, auch wenn sich seine Augen allmählich an die Dunkelheit zu gewöhnen schienen. Nach und nach wurde so das Bild immer klarer, doch für eine vollständige Identifizierung reichte es dennoch nicht. Trotzdem ausreichend, um zumindest das Gröbste ausmachen zu können. Es schien sich um eine knapp 1,80 Meter große, männliche Wesenheit zu handeln. Der Körper wirkte sportlich, aber schlank. Die Kleidung bezeichnete Simon als recht normal, zumindest nichts Außergewöhnliches. Insgesamt also irgendwie menschlich anmutend, dennoch mit fremdartigen und angsteinflößenden Zügen. Nach einigen Augenblicken fasste sich Simon ein Herz, auch wenn dieses wie verrückt pochte, und sprach die Gestalt mit zittriger Stimme an: „Wer bist Du? Was machst Du hier?“, doch leider kam keine Antwort. Noch einmal wiederholte Simon seine Fragen, aber auch diesmal folgte keinerlei Reaktion. Die Situation nahm dadurch immer bedrohlichere und verstörendere Züge an. Am liebsten wäre er einfach aus dem Zimmer gerannt oder hätte laut nach seinen Eltern gerufen. Doch irgendwie ging das nicht. Eine innere Kraft hinderte ihn offensichtlich daran. Vielleicht glaubte Simon aber auch selbst noch nicht so recht an diese ganze Konstellation, wägte sich eher in einer Halluzination, einem Hirngespinst, selbst wenn es noch so real wirkte. „Was willst Du von mir?“, fragte Simon erneut, während der pure Angstschweiß bereits aus jeder Pore seines Körpers lief. Doch wie zuvor folgte auch diesmal keine Antwort und keinerlei Regung. Inzwischen waren sicherlich schon einige Minuten vergangen und die übersinnlich anmutende Atmosphäre schien kein Ende nehmen zu wollen. Doch dann, wie von einer Tarantel gestochen, setzte sich die seltsame Gestalt auf einmal in Bewegung. Ohne sichtbare Schritte oder sonstige körperliche Unterstützung glitt das Wesen einfach rückwärts vom Bett weg, mitten auf die hinterste Ecke des Zimmers zu. Es sah so aus, als würde sich die Wesenheit auf einem Fließband befinden, welches sie in einem gleichmäßigen Tempo wegwärts zog. Und plötzlich, als dieses menschenartige Ding an einer etwas besser beleuchteten Stelle vorbeikam, konnte Simon für einen ganz kurzen Moment das Gesicht dieses unbekannten Etwas erkennen, zumindest teilweise. Doch dieser flüchtige Anblick reichte völlig aus, um dem jungen Mann einen zusätzlichen, vielleicht sogar noch wesentlich größeren Schrecken als vorher einzujagen, denn auch wenn er es eigentlich selbst kaum glauben konnte, kam es ihm trotzdem so vor, als hätte er für diesen einen Augenblick mitten in einen Spiegel geschaut, wenn auch in einen Spiegel aus der Zukunft, denn Simon bezeichnete zwar die Optik des Wesens als ihm sehr ähnlich sehend, aber dennoch wesentlich älter. Wie eine spätere Version von sich selbst. Geschockt stockte ihm erneut der Atem. An seinem Verstand zweifelnd sah er dem mysteriösen Wesen noch einen Moment nach, bevor dieses einfach rückwärts durch die Wand verschwand, so als wäre es das Normalste der Welt. Ungläubig sprang Simon sofort von seinem Bett auf und rannte zur Tür. Nachdem er von dort aus das Licht eingeschaltet hatte, inspizierte er alles ganz genau. Doch er fand nichts, nicht die kleinste Spur, als hätte das Ganze niemals stattgefunden. Die Wesenheit schien aus dem Nichts gekommen und genau dorthin auch wieder verschwunden zu sein. Doch warum sah es ihm so ähnlich und warum kannte es seinen Namen? Und überhaupt: Warum war es eigentlich hier gewesen und was wollte es letztendlich von ihm? All diese Fragen schossen Simon nun durch den Kopf. Doch eine Antwort darauf blieb ihm diese dunkle, wenn auch vertraut anmutende Gestalt, leider bis heute schuldig.

Paranormale Erklärungsversuche:

👽 Das plötzliche und lautlose Auftauchen, die Fokussierung auf Simon, die gleitartige Fortbewegungsart, das unerklärliche Verschwinden durch die feste Wand, fast wie bei einer Dematerialisierung oder einem Portal, zudem noch die allgemein menschliche Optik, die relativ normal wirkende Stimme und natürlich das markant ähnlich aussehende Gesicht – all das könnte für einen Besucher aus der Zukunft sprechen, genauer gesagt: Für die zukünftige ältere Version von Simon selbst.

Möglicherweise wird die Menschheit in nicht allzu ferner Zeit in der Lage sein, problemlos Reisen in Vergangenheit oder Zukunft zu vollziehen. Vielleicht wird diese Technik dann auch kein Privileg der

Mächtigen und Reichen mehr sein, sondern steht jeder Person zur Verfügung. In einem vorhergehenden Fall wurde ja bereits auf dieses Thema eingegangen. Sollte das Zeitreisen also wirklich irgendwann einmal das Licht der Öffentlichkeit erblicken und anschließend zur Normalität für jedermann geworden sein, vergleichbar mit einem Kinobesuch oder einem Kurztrip nach Italien, wäre sicherlich nicht undenkbar, dass die Menschen der Zukunft natürlich auch kleinere Abstecher in ihre eigene Vergangenheit unternehmen würden. Gut vorstellbar, dass solch eine riskante Persönlichkeitsstudie zwar eigentlich ein verbotenes Tabu in dieser Zeit darstellen würde, schließlich könnte eine derartige Konfrontation mit dem „eigenen ich“ zu unvorhersehbaren Konsequenzen und Auswirkungen führen, dennoch käme es bestimmt immer wieder zu Missachtungen dieses Gesetzes. Zu groß dürfte sicherlich die Neugier bei einigen sein und zu groß letztendlich auch der Reiz, vielleicht auf diese Weise einige Fehler aus der Vergangenheit korrigieren zu können.

Es kann aber natürlich auch sein, dass spezielle Besuche dieser Art teilweise sogar gezielt eingeleitet und durchgeführt werden, um damit z. B. wichtige Weichen für die gesamte Menschheit zu stellen oder gravierende Entwicklungen zu lenken. Wer weiß: Vielleicht spielt Simon ja noch eine große und entscheidende Rolle in der Zukunft und wurde deshalb von seinem späteren Pendant aufgesucht, denn eventuell trägt dieser kleine und mysteriöse Gastauftritt, auch wenn eigentlich gar nichts weiter gesprochen, gezeigt oder sonst wie vorgefallen ist, zu einer wichtigen Entwicklung der Zukunft bei, sozusagen als Einleitung für künftige Geschehnisse. Sicherlich nicht völlig abwegig, denn gänzlich unbeeindruckt hat Simon die ganze Sache auf jeden Fall nicht gelassen, und eine Antwort darauf sucht er letztendlich auch noch immer. Wäre einfach nur irgendjemand durch die Zeit geschickt worden, hätte es sicherlich nicht diesen starken und langwierigen Eindruck bei ihm hinterlassen. Dann wäre es von ihm bestimmt recht schnell als Geistererscheinung o.ä. abgetan worden. Aber nachdem Simon augenscheinlich sich selbst gesehen hat, nur eben in einer älteren Ausgabe, nimmt das Ganze schon wesentlich prägnantere und interessantere

Züge an. Am Ende ging es der Wesenheit vielleicht wirklich nur darum, irgendwie von dem Jungen wahrgenommen und gesehen zu werden, denn nachdem es mehrmals seinen Namen gerufen hatte, bis dieser endlich darauf reagierte, verschwand die Gestalt schließlich recht schnell und wortlos wieder, und das auch noch durch einen beeindruckenden, aber dennoch recht subtilen Abgang, nämlich rückwärts gleitend durch die Wand oder anders gesagt: Rückwärts gleitend durch das Zeitreiseportal.

Eine weitere Möglichkeit widmet sich erneut dem Phänomen der Multiversums-Theorie, da der aktuelle Erlebnisbericht ebenso recht gut in dieses Spektrum passen würde. Denn sollte es parallele Welten direkt neben uns tatsächlich geben und wären diese zum größten Teil auch noch exakte Kopien von unserer eigenen Welt, so könnte dies tatsächlich eine ernst zu nehmende Erklärungsoption darstellen. Dann gäbe es schließlich unzählige Doppelgänger von einem selbst. Einige vielleicht schon etwas älter, die anderen jünger und manche gleichaltrig. Alles könnte ein wenig anders oder fast identisch sein. Nichts müsste letztendlich den gleichen Gesetzmäßigkeiten folgen. Diese Paralleldimensionen könnten sich daher auf technisch völlig unterschiedlichen Levels befinden.

Das jeweilige Entwicklungsstadium, welches durch abweichende Entscheidungen und Entdeckungen oder durch sonstige anders verlaufene Vorfälle beeinflusst worden sein könnte, würde diesbezüglich sicherlich ausschlaggebend dafür sein. Sollte es derlei evolutionäre Differenzen zwischen den einzelnen Universen also tatsächlich geben und das technologische Know-how wäre demnach bei einigen vielleicht schon wesentlich fortgeschrittener als bei uns, was sie möglicherweise dazu befähigen könnte, bewusst die Dimensionen wechseln zu können, so erscheint es zumindest nicht abwegig, dass diese außergewöhnliche Technik auch genau dafür verwendet werden würde. Hätten wir selbst bereits diese Möglichkeiten, täten wir es sicherlich genauso und würden demnach ebenso von Parallelwelt zu Parallelwelt springen. Allein schon die bloße Vorstellung bringt einen ja förmlich zum

Träumen und Schwärmen. Was man damit alles erleben und sehen könnte, einfach unfassbar. Und wenn man einmal ganz ehrlich zu sich selbst ist: Würde einen das Besuchen der eigenen Doppelgänger nicht ebenfalls am meisten daran reizen? Vermutlich schon, und genau deswegen klingt es auch absolut plausibel, dass Pendants von uns, die zudem bereits über diese technischen Möglichkeiten verfügen, es genauso spannend finden könnten und deshalb ihre fremdartigen Doubles gelegentlich mit einer kleinen Stippvisite überraschen. Mutmaßlich zwar meistens unbemerkt und heimlich, aber manchmal vielleicht auch so, wie in Simons Fall geschehen.

Doch warum diesmal so auffällig? Eventuell war es eine Art Experiment oder eine Verhaltensstudie. Möglicherweise sogar eine subtile Form der Kontaktaufnahme oder ein erster Versuch von Wissensvermittlung. Keine Ahnung, vielleicht hat sich Simons Doppelgänger auch einfach nur einen kleinen Spaß erlaubt oder seine technische Überlegenheit damit demonstrieren wollen. Was am Ende wirklich hinter diesem mysteriösen Besuch gesteckt haben könnte, wird höchstens die ferne Zukunft klären, wenn überhaupt. Doch was auch immer da draußen noch für große Geheimnisse und Rätsel auf uns Menschen warten mögen, eines scheint absolut klar: Wir sind sicherlich nicht die Spitze der Evolution und in vielerlei Hinsicht bestimmt noch ziemlich rückständig, teilweise vielleicht sogar richtiggehend unterentwickelt. Wir sollten uns daher absolut bewusst darüber sein, dass es noch viel zu entdecken und zu entschlüsseln gibt und das andere Lebensformen sowie fremdartige Wesenheiten viele dieser Mysterien möglicherweise bereits geknackt haben und uns daher um einiges voraus sein könnten. Doch sollten wir dies nicht als Gefahr oder Entmutigung ansehen, sondern lieber als Inspiration und Ansporn, damit wir eines Tages vielleicht genauso weit kommen und z. B. ebenso unsere Doppelgänger aus anderen Dimensionen besuchen können.

Am Ende wäre noch die klassischste aller Optionen zu nennen: Die gute alte Geistererscheinung, denn natürlich wäre dies auch beim vorliegenden Fall ein plausibler Erklärungsansatz, verfügt der Erlebnisbericht schließlich über einige ganz typische Merkmale.

Zu nennen wären hierbei z. B.:

- Das plötzliche und lautlose Auftauchen aus dem Nichts.
- Die menschenartige, aber dennoch fremd wirkende Optik.
- Die gespenstisch und leicht gehaucht klingende Stimme.
- Das zuerst völlig regungslos und apathisch wirkende Verharren.
- Die schwebe- und gleitartige Fortbewegungsmethode.
- Das spurlose Verschwinden durch feste Materie.

Besonders die beiden letzten Punkte sind sehr interessant, da sie tatsächlich häufiger berichtet werden. Nicht selten erzählen Zeugen, dass die gesichtete Geistererscheinung mitten durch den Raum geglitten und anschließend einfach durch die Wand oder die geschlossene Tür verschwunden sei, oft sogar rückwärts. Da fragt man sich schon, warum sich die Gespenster nicht einfach direkt auf der Stelle in Luft auflösen, wenn sie denn „abdampfen“ wollen, sondern stattdessen erst noch eine majestätische Schwebeeinlage zum Besten geben, kurz bevor sie sich scheinbar völlig mühelos durch dichtes und hartes Material hindurchbewegen.

Oftmals wird in diesem Zusammenhang auch von dunklen und kaum zu identifizierbaren Gestalten gesprochen, die anscheinend gerne auf diese spektakuläre Art des Abgangs zurückgreifen. Ein Sachverhalt auf jeden Fall, der den betroffenen Augenzeugen zumeist besonders stark in Erinnerung verbleibt, zu markant und ungewöhnlich stellt sich diese gruselige Verabschiedung wohl für die meisten dar, besonders wenn man sich gerade zur Ruhe begeben wollte oder sogar schon im Bett lag. Theoretisch kann so etwas zwar in jedem Raum und zu jeder Tageszeit geschehen, doch das Schlafzimmer am Abend oder in der Nacht scheint offensichtlich bevorzugt zu sein. Und ganz ehrlich: Wer möchte schon auf diese Art und Weise um seine nächtliche Erholung gebracht werden? Da bekommt man anschließend sicherlich kein Auge mehr zu, auch wenn die meisten Fälle völlig friedlich und ungefährlich vonstattenzugehen scheinen. Teilweise vielleicht deshalb, weil die Besuche von verstorbenen Verwandten oder Freunden stammen könnten, die einem sicherlich nichts Böses antun wollen, ganz im Gegenteil. Viele Augenzeugen erkennen sogar oftmals ganz deutlich ihre einstigen Angehörigen in den jeweiligen Geistererscheinungen wieder. Auch Simon berichtete schließlich von der vermeintlichen Ähnlichkeit zu sich selbst, was demnach ebenso für einen früheren Verwandten sprechen könnte, vielleicht ein dahingeschiedener Onkel, Großvater etc. Spukerscheinungen sind zumeist Orts- oder personenbezogen. In Simons Fall dürfte daher wohl ganz klar die zweite Option vorliegen. Der Geist hatte sich schließlich nicht nur intensiv auf den jungen Mann konzentriert und fokussiert, sondern ihn sogar mehrmals direkt mit seinem Namen angesprochen. Der mysteriöse Besucher kannte ihn also und kam demnach eindeutig wegen ihm, aus welchem Grund auch immer. Die Gestalt wollte auf jeden Fall auf sich aufmerksam machen, so viel steht fest. Ob es sich dabei einfach nur um eine belanglose Kontaktaufnahme, eine harmlose Stippvisite aus dem Jenseits oder doch eher um ein Ereignis mit beutendem Hintergrund gehandelt hat, kann wohl letztendlich nur erahnt werden.

Eine abschließende Beurteilung wird es so eher nicht geben, zumindest nicht bei einem einmaligen Vorfall dieser Art, ohne klare Hinweise oder Zielvorgaben. Manchmal bezwecken Geister schon etwas mit ihren Besuchen, wollen z. B. unerledigte oder belastende Dinge abschließen oder auf Wichtiges bzw. Zukünftiges hinweisen. Dann werden allerdings teilweise deutlichere Zeichen gesetzt oder es schließen sich noch weitere Gastauftritte an, oftmals sogar so lange, bis die Sache letztendlich erledigt oder aufgearbeitet ist. Da aber Sinn und Zweck dieser Erscheinungen dennoch häufig im Dunkeln vergraben bleiben, endet solch ein lösungsorientierter Spuk mitunter nie oder verschwindet trotzdem irgendwann von selbst. Wahrscheinlich verläuft die Logik im Reich der Toten einfach absolut konträr zu unserer eigenen Welt und ist daher nur selten in Einklang zu bringen. Die eigentlichen und tatsächlichen Beweggründe derartiger Spuk- und Geistererscheinungen entziehen sich daher womöglich oftmals völlig unserer rationalen Weltanschauung und übersteigen am Ende nicht selten unseren derzeitig menschlichen Verstand. Die Suche nach einer plausiblen Erklärung gleicht daher manchmal eher einer Sisyphusarbeit ohne Aussicht auf eine zufriedenstellende Lösung.

Sollte Simon also tatsächlich von einem Geist besucht worden sein, so geschah es augenscheinlich nur ein einziges Mal und offensichtlich grundlos. Und wenn doch etwas mehr dahintersteckte, dann war es anscheinend so gut getarnt, dass Simon den Sinn bis heute noch nicht erkennen konnte. Doch was nicht ist, kann ja noch werden.

Rationale Erklärungsversuche:

Die logischste Erklärung aus rationaler Sicht: Simon hat das Ganze einfach nur geträumt, Punkt aus.

Er lag bereits im Bett, hatte Gesicht und Körper unter Kissen und Decke gezogen, der Raum war dunkel und die Tür verschlossen. Die besten Voraussetzungen zum Schlafen.

Oft passiert es ganz schnell und ungewollt, von einer Sekunde auf die nächste. Sobald sich nämlich der menschliche Körper in die horizontale Position begibt, sich also hinlegt, entsteht zumeist automatisch der Impuls, früher oder später einzuschlafen. Passen zudem noch die genannten Rahmenbedingungen, wird eine lang anhaltende Gegenwehr unweigerlich scheitern und das Land der Träume öffnet allmählich seine riesigen Pforten. Und plötzlich hört und sieht man unfassbare Dinge: Monster, Aliens, fremde Dimensionen, aber auch das Traumauto oder die hübsche Nachbarin werden auf einmal zum Greifen nah und fühlen sich unglaublich realistisch an. Erst wenn irgendwann der Wecker klingelt, wird einem die nächtliche Täuschung bewusst. Schnell vergisst man anschließend die Träume wieder, dem Kurzzeitgedächtnis sei Dank, selbst wenn sie noch so fantastisch und echt gewirkt haben. Nur wenn man sich direkt nach dem Aufwachen intensiv mit dem geträumten Erlebnis befasst, falls es nicht schon bereits verschwunden ist, es sich vielleicht sogar in ein Traum-Tagebuch schreibt, kann man sich mitunter noch nach vielen Jahren daran erinnern. Manchmal brennt es sich dadurch sogar so tief in unser Gedächtnis ein, dass Traum und Realität irgendwann verschmelzen und man sich später tatsächlich die Frage stellen muss: „Hab ich das damals nur geträumt oder habe ich es vielleicht wirklich erlebt?“

Bei Simon ist diesbezüglich besonders interessant zu erwähnen, dass er angeblich sah, wie sich die dunkle Gestalt plötzlich gleitend wegbewegte, um anschließend einfach durch die Wand zu verschwinden. Dieses Phänomen wird häufiger von Betroffenen erzählt. Im Klartext bedeutet dies, dass die Erscheinung auf einmal anfängt, sich langsam aber sicher zu entfernen und letztendlich in Luft aufzulösen. Das Gesehene entschwindet also zunehmend aus dem Blickfeld, bis es die Augen irgendwann überhaupt nicht mehr wahrnehmen können. Doch so magisch es im ersten Moment auch klingen mag, so banal stellt sich die wahrscheinliche Erklärung dafür dar, denn möglicherweise ist es nichts weiter als ein verbliebener Eindruck des letzten Traums, ein sogenanntes Nachbild, welches noch einen Moment verharrt, kurz bevor es schließlich völlig verblasst und vergeht.

Die Erklärung wäre also eher im optischen Bereich zu suchen. Diese vermeintlichen Phantombilder erlebt man öfters, und zwar im normalen Wachzustand. Allein wenn man längere Zeit auf etwas recht Unbewegliches im Fernseher schaut, z. B. auf die Nachrichtensprecherin oder wenn man sich intensiv auf das Gemälde einer Kunstausstellung konzentriert, kann man diesen Effekt erleben. Schaut man nämlich anschließend weg, vielleicht auf eine weiße Wand o.ä., wird man bemerken, wie die „eingebrannte“ Schattierung bzw. der Umriss des Letztgesehenen noch für einige Momente an der neuen Stelle zu erkennen ist. Am einfachsten geht dies bei einem Blick in helles Licht. Die folgenden Lichtpunkte und Flecken, welche man danach noch einige Zeit mit sich herumträgt, kennt sicherlich jeder von uns.

Möglicherweise ist Simon also einfach nur eingeschlafen, hatte daraufhin einen aufwühlenden Traum von einer dunklen und ihm ähnlich sehenden Gestalt, wachte infolgedessen panisch auf, erlebte nun die Auswirkungen eines recht realistisch wirkenden Nachbildes, welches dann aber allmählich zu verschwinden begann und somit nach und nach aus seiner Wahrnehmung herausglitt, bis es sich am Ende sprichwörtlich in Luft auflöste.

Eine insgesamt sehr einfache, aber dennoch logische Erklärung.

Obwohl die vorher genannte Option bereits sehr plausibel und einleuchtend geklungen hat, sollte dennoch kurz eine Weitere angesprochen werden, da diese ebenso nicht auszuschließen wäre, denn vielleicht handelte es sich bei Simons Erlebnis auch nur um eine Halluzination, ein Trugbild sozusagen. Natürlich weist dies gewisse Ähnlichkeiten zum ersten Erklärungsversuch auf, dennoch verhält es sich ein wenig anders. Was vorher noch durch Schlaf und Traum verursacht worden war, wäre hierbei nun im Wachzustand zu suchen. Gewisse Voraussetzungen für solch eine lebhafte und realistisch wirkende Halluzination scheinen zumindest vorhanden gewesen zu sein. Simon war zu dem Zeitpunkt ein allgemein eher negativ eingestellter Mensch mit einem leichten Hang zu depressiven Episoden. Er sah wenig Sinn in seinem bisherigen Leben und schien dabei extrem genervt und seelisch belastet durch die ständigen Streitigkeiten seiner Eltern. Hinzu kam sein starkes Interesse an esoterischen und paranormalen Themen, was sicherlich als Verstärker für derlei Erfahrungen dienen kann. Dieser Mix aus emotionalen und übersinnlich veranlagten Voraussetzungen kann mitunter dazu führen, dass Wahrnehmung und Fantasie ein wenig aus dem Ruder laufen und einem das Gehirn daraufhin etwas vorgaukelt, was aber eigentlich nicht da ist.

An besagtem Abend befand sich Simon anscheinend wieder einmal in einer besonders aufgewühlten und traurigen Ausnahmesituation. Verzweifelt und genervt verzog er sich daher zu früher Stunde in sein Bett und wollte einfach nichts mehr von all dem mitbekommen. Vielleicht flüchtete er sich daraufhin in eine selbst induzierte Wahnvorstellung, deren Ursprung er sich aber nicht bewusst war. Durch das Zusammenspiel verschiedener Faktoren, die offensichtlich eine günstige Grundlage zu schaffen im Stande waren, sah und hörte er plötzlich

Dinge, die aber letztendlich nur seiner Fantasie zu entsprangen schienen. Wer weiß, möglicherweise spielte selbst der Lichteinfall von außen eine wichtige Rolle. Lichtspiegelungen und daraus resultierende Schattierungen können manchmal so einiges entstehen lassen, besonders in einem abgedunkelten Raum. Steigert man sich anschließend ordentlich in das Ganze hinein, dann steht die Tür für allerlei Sinnestäuschungen weit offen. Simon brachte an diesem Abend auf jeden Fall so einiges an Voraussetzungen dafür mit. Doch was er letztendlich wirklich sah und was nicht, lässt natürlich viel Spielraum für allerlei Interpretationen und Spekulationen, deren Verifizierung allerdings mehr als schwer sein dürfte. Sollte es sich am Ende aber tatsächlich nur um bloße Einbildung, sprich um lediglich ein paar sehr real anmutende Halluzinationen gehandelt haben, so brannten sich diese dennoch sehr prägnant in Simons Verstand ein und scheinen dort selbst heute noch immer leise vor sich hinzu köcheln.

Dem Fremden ausgeliefert

Walter war bereits ein wenig in die Jahre gekommen, als er verwitwet in einer kleinen Wohnung in Oberfranken lebte. In seiner Freizeit widmete er sich gerne dem Lesen von Sachbüchern und dem Schreiben von Kurzgeschichten. Er führte sogar ein Tagebuch, in das er alles Erlebte penibel eintrug. Sprache und Rhetorik waren einfach sein Ding. Seine berufliche Laufbahn als Deutsch-Lehrer hatte er dennoch bereits vor einigen Jahren gegen das Pensionärs-Dasein eingetauscht. Prinzipiell konnte man ihn also völlig ungeniert als ausreichend gebildet und bodenständig bezeichnen. Wäre da nicht diese eine Sache, die ihn fast schon ein halbes Leben lang begleitete, in den letzten Jahren aber wieder an Intensität zugenommen hatte.

Schon als Jugendlicher, so sagt Walter, wären einige Nächte etwas seltsamer verlaufen als die meisten anderen. Geplagt von furchtbaren Träumen über kleine Wesen, welche ihn im Schlaf mitnehmen, um anschließend unangenehme Untersuchungen und Experimente an ihm vorzunehmen, wachte er danach stets schweißgebadet und völlig aufgelöst auf. Diese nächtlichen Torturen fühlten sich jedes Mal so unfassbar realistisch an, dass Walter irgendwann an deren Echtheit zu glauben begann, selbst wenn er es vom gesunden Menschenverstand her betrachtet, eigentlich nicht wahrhaben wollte. Doch am Ende betraf es schließlich nicht nur die vermeintlichen Träume, denn manchmal kamen auch noch einige körperliche Auffälligkeiten hinzu, wie etwa leichte Rötungen, Schwellungen oder kleine Einstichwunden. Wenn er diese dann am nächsten Tag an sich entdeckte, war er fast immer der Meinung, dass sie sich ziemlich exakt an den Körperstellen befanden, an denen sich laut seiner Erinnerung, die fremden Entführer in seinen vorausgegangenen Träumen zu schaffen gemacht hatten.

Als junger Mensch machte er sich noch nicht allzu große Gedanken darüber, tat es eher als Zufall und Einbildung ab und schenkte diesen vermeintlichen Alpträumen daher keine allzu große Bedeutung. Glücklicherweise ließ das Ganze mit den Jahren nach und erfolgte nur noch sporadisch, bis es irgendwann gar nicht mehr auftrat, zumindest konnte er sich an keine weiteren Vorfälle aus seiner anschließenden Erwachsenenphase erinnern. Erst viele Jahre später begann alles von Neuem. Zu einer Zeit, als er gerade Witwer geworden war und seine berufliche Laufbahn beendet hatte. Eigentlich wollte er jetzt sein Pensionärs-Dasein genießen, auch wenn ihn das plötzliche Alleinsein ein wenig belastete. Dennoch schien ihn der Lebensmut nicht gänzlich verlassen zu haben. Er widmete sich daher emsig seinen beiden Hobbys, dem Lesen und Schreiben. Zudem war er ein recht geselliger Mensch und frönte daher nicht selten den gesellschaftlichen Ereignissen seiner näheren Umgebung und Nachbarschaft. Eigentlich schien soweit alles OK, bis es plötzlich wieder anfing, das längst vergessene Trauma seiner Jugend.

Alles begann an einem späten Sonntagabend, als sich Walter müde und erschöpft zur Ruhe begeben wollte, da er einen ausgiebigen Wandertag hinter sich hatte. Nachdem er zu Bett gegangen war, schnappte er sich noch schnell sein Tagebuch, ergänzte die aktuelle Seite und schaltete anschließend die Nachttischlampe aus. Er schlief offensichtlich recht schnell ein, so vermutete es Walter auf jeden Fall, denn schon kurze Zeit später begannen auf einmal wieder diese verrückten Träume, die er eigentlich schon seit geraumer Zeit ad acta gelegt hatte. Erneut tauchten dabei diese seltsamen kleinen Wesen auf, standen zuerst nur beobachtend um sein Bett herum, bevor sie auf einmal gemeinsam nach ihm griffen.

Wie auch früher schon, konnte sich Walter auch diesmal nicht bewegen oder irgendeinen Laut von sich geben. Dennoch sah er alles ganz genau, denn seine Augen waren die gesamte Zeit über geöffnet. Die etwa 90 cm großen und gräulichen Kreaturen schnappten sich den älteren Mann und hoben ihn mit ihren dünnen und langen Armen aus dem Bett heraus. Er fühlte sich dabei so leicht, fast schwerelos, dennoch hatte er furchtbare Angst, konnte dies aber nicht zeigen oder sich sonst wie äußern. Ohne jegliche Emotionen trugen ihn die Kreaturen mit den riesigen schwarzen Augen völlig geräuschlos in die Mitte seines Schlafzimmers. Dann sah er plötzlich ein grelles Licht und fand sich bereits wenige Sekunden später in einem beleuchteten Raum wieder. Nun lag er auf einem Tisch, mutmaßlich ein Operationstisch, zumindest deutete alles darauf hin. Die Wesenheiten waren nach wie vor anwesend, standen nun aber eher teilnahmslos herum. Stattdessen schien jetzt eine wesentlich größere Gestalt das Kommando übernommen zu haben. Nach einer kurzen Betrachtungsphase begann dieses humanoid wirkende Etwas, dessen Gesamtkostümierung fast an einen modernen Chirurgen erinnerte, sich zielstrebig dem regungslosen „Patienten" zu widmen. Die Gesichtsmaske verhinderte zwar eine genauere Identifizierung, aber dennoch konnte Walter einen Teil des Antlitzes erkennen, besser gesagt: Die Augen. Er beschrieb diese später als bläulich und recht menschlich aussehend. Ab dann folgten nur noch schemenhafte Eindrücke, gepaart mit Schmerzen, Panikattacken und leisen surrenden Geräuschen, ähnlich einem Zahnarztbohrer. Aufgrund seiner Ganzkörperstarre konnte er nicht erkennen, was genau an ihm durchgeführt wurde. Es schien aber an seinem rechten Unterarm stattzufinden, zumindest fühlte es sich so an. Niemand sprach mit ihm oder zeigte irgendein Interesse an seinem Wohlbefinden. Auch ansonsten fanden keinerlei hörbare Kommunikationen unter den Anwesenden statt.

Alles schien nach einem festen und vorgefertigten Plan abzulaufen, bei dem jeder seine zugewiesene Rolle zu spielen hatte, selbst Walter, auch wenn sein Part eher ungewollt und zweitrangig war. Immer wieder schien er kurzzeitig das Bewusstsein zu verlieren, auf jeden Fall dachte er es, da ihn die ganze Situation so sequenzartig vorkam, fast wie bei einem zusammengeschnittenen Kino-Trailer. Diese Annahme verhärtete sich, als es urplötzlich einen erneuten Lichtblitz gab und er auf einmal wieder in seinem eigenen Bett lag. Panisch wollte er hochschrecken und losschreien, doch sein Körper steckte wohl noch immer in den letzten Zügen der Paralyse, zumindest wirkte anfänglich alles ein wenig behäbig und festgefahren. Erst nach und nach löste sich die Starre allmählich, bis er endlich wieder ganz „Herr seiner Sinne" war. Schweißgebadet stand er anschließend auf, während seine Atmung nach wie vor wild hyperventilierte. Er musste nun erst einmal einen klaren Kopf bekommen, zu aufwühlend war sein nächtliches Abenteuer verlaufen. Nachdem er einen Schluck Wasser getrunken und sich langsam aber sicher beruhigt zu haben schien, setzte er sich direkt an seinen Schreibtisch, um das ganze Erlebnis, welches er nach wie vor für einen bösen Traum hielt, so exakt wie möglich in seinem Tagebuch festzuhalten. Doch kaum waren die letzten Worte notiert, fiel ihm immer mehr sein leicht schmerzender Arm auf, was er zwar schon während des Schreibens bemerkt, aber da noch nicht weiter beachtet hatte. Zuerst schob er es auf die angestrengte und zügige Federführung, doch nachdem die Schmerzen nicht weniger wurden, wollte er es sich doch einmal etwas genauer ansehen.

Zu seinem großen Erstaunen, um es jetzt einmal milde auszudrücken, entdeckte er einen roten und druckempfindlichen Fleck auf seinem rechten Unterarm. Zudem fühlte sich die Stelle ganz hart und geschwollen an. Bei genauerer Betrachtung fiel Walter sogar eine Art Einstich auf, welcher sich mitten im Zentrum der offensichtlichen Entzündung befand. Nicht groß, aber dennoch eindeutig vorhanden. Sein angeblicher Traum schien sich also regelrecht manifestiert zu haben, zumindest waren gewisse Parallelen unverkennbar. Zufall? Vielleicht, aber vielleicht auch nicht.

Leider blieb es nicht bei diesem einen nächtlichen Zwischenfall, sondern sollte sich noch einige Male wiederholen. Die jahrelangen Erlebnisse seiner Jugendzeit schienen also erneut aufzukeimen, in einem Alter, in dem man eigentlich nur noch seine Ruhe haben und ganz gewiss nicht mit derartigen Dingen konfrontiert werden möchte. Doch den unbekannten Mächten da draußen, wer auch immer dahinterstecken möge, scheinen solche menschlichen Belange völlig egal zu sein, zumindest wenn tatsächlich etwas Übernatürliches dahinter stecken sollte. Und genau diese Unsicherheit treibt Walter auch heute noch um. Jedoch ist seine Angst vor der Wahrheit stets so groß gewesen, dass er es bisher immer abgelehnt hat, sich näher untersuchen oder gar einer Hypnose-Regression zu unterziehen. Und so wird es wohl auf ewig ein ungelöstes Mysterium bleiben, auch wenn es sicherlich ein paar plausible Erklärungsansätze geben dürfte.

Paranormale Erklärungsversuche:

Natürlich muss man sich zuerst der wohl offensichtlichsten aller möglichen Optionen widmen: Einer Entführung durch Außerirdische.

Schaut man sich dieses Spezialgebiet, welches in einem früheren Fall bereits Thema war, einmal etwas genauer an, so scheint dies sicherlich die logischste Erklärung aus dem paranormalen Bereich zu sein. Letztendlich passt alles perfekt zusammen und Walters Darstellungen decken sich zudem in vielerlei Hinsicht mit unzähligen anderen Erlebnisberichten aus der ganzen Welt. Immer wieder erzählen vermeintliche Opfer von ähnlichen Vorkommnissen, beschreiben teilweise fast identische Details. Besonders häufig wird von den sogenannten „Greys" berichtet, also den kleinen grauen Wesen mit den großen schwarzen Augen. Meistens werden sie als sehr dünn und schlaksig, mit schmalem Mund, winzigen Nasenlöchern und kaum sichtbaren Ohren beschrieben. Zudem scheinen sie keine offensichtliche Bekleidung zu tragen, keinerlei Körperbehaarung aufzuweisen, und ihr Verhalten lässt sich wohl am besten mit dem Wort „gefühlskalt" umschreiben. Hinzu kommt, dass hörbare Kommunikation überhaupt nicht stattzufinden scheint.

Wenn Betroffene von Worten etc. berichtet haben, so empfingen sie diese ausschließlich durch Gedankenübertragung, sprich: per Telepathie. Diese wenigen Infos scheinen sich aber fast ausschließlich auf einfache Anweisungen oder Vorgangsbeschreibungen zu beschränken, denn über die eigentlichen Gründe und Ziele des Ganzen werden die menschlichen Opfer zumeist völlig im Dunklen gelassen. Sie dienen wohl offensichtlich nur als unbedeutende Probanden bzw. als niedere und minderwertige Laborratten. Sicherlich gibt es auch anderslautende Erzählungen, bei denen die Entführten zu einer regelrechten Sightseeing-Tour mitgenommen worden sein sollen, wo ihnen dann die ganzen Hintergründe genau erklärt, gezeigt und letztendlich als etwas Gutes und Nützliches angepriesen wurden. Diese Berichte stehen oft in Zusammenhang mit sogenannten „Hybridisierungsexperimenten“ und Leihmutterschaften, auf die jetzt aber nicht weiter eingegangen werden muss. Doch abgesehen von diesen vereinzelten Ausnahmen scheinen die meisten Betroffenen das Ganze als sehr negativ und unangenehm zu empfinden. Kein Wunder, denn am Ende läuft es eigentlich immer auf das Gleiche hinaus: Man wird ohne Einverständnis und mit wenig Rücksicht entführt, sei es nun aus dem Bett, aus dem eigenen Fahrzeug oder von sonst einem Ort. Anschließend, während man dieser fremden Macht völlig wehrlos ausgeliefert ist, wird man mit allerlei schmerzhaften Experimenten und Untersuchungen malträtiert. Und wenn die vermeintlichen Angreifer dann irgendwann bekommen haben, was sie wollten, wird man einfach wieder wortlos zurückgebracht, zumeist an den Ursprungsort der Entführung.

So oder ähnlich scheint es wohl bei den meisten Opfern abzulaufen, abgesehen natürlich von den Massen an jährlich spurlos verschwindenden Menschen, die im Gegensatz dazu nie wieder irgendwo auftauchen, zumindest nicht lebend. Diese ungeklärten Vermissten-Fälle könnten demnach ebenso im Zusammenhang mit den sogenannten „Alien-Abductions“ stehen. Doch das nur so nebenbei. Richten wir unser Augenmerk jetzt lieber wieder auf die Zurückgebrachten, denn auch die kann man nicht gerade als Glückspilze bezeichnen. Wer nun nämlich glaubt, damit hätten die Opfer das ganze Martyrium endlich überstanden, der irrt gewaltig, denn leider passiert so etwas den wenigsten Betroffenen nur einmal, sondern mitunter immer wieder, manchmal sogar deren gesamtes Leben lang. Auf die eigenen Befindlichkeiten oder das persönliche Wohlergehen der Entführten wird offensichtlich überhaupt keine Rücksicht genommen. Die Folgen sind oftmals langwierige und schwere Traumatisierungen oder andere tiefgehende psychische Störungen, zumindest wenn man sich danach überhaupt noch an das Geschehene erinnern kann, was aber wohl offensichtlich nicht bei jedem Opfer der Fall zu sein scheint. Vermutlich ahnen zwar die meisten etwas, selbst wenn es nur ganz kleine Fragmente sind, können das Puzzle aber dennoch oftmals nicht zusammenfügen und verbleiben daher zumeist ihr ganzes Leben lang im Ungewissen. Und da sich die wenigsten jemandem anvertrauen oder eigene Nachforschungen anstellen, da es sich meistens eh nur um einen ersten Anfangsverdacht oder eine leise Ahnung handelt, kommt wohl vermutlich nur ein Bruchteil der tatsächlich stattfindenden Entführungsfälle ans Licht. Eine Verifizierung würde sich sowieso als recht schwer erweisen, vielleicht sogar als unmöglich. Am Ende bleibt es daher zumeist bei Indizien und Vermutungen. Aber zumindest den Betroffenen könnte mit einer Aufarbeitung der Erlebnisse ein wenig geholfen werden, doch dafür müssten sie sich zuerst einmal öffnen.

Doch nicht nur der eigentliche Echtheitsnachweis, sondern auch die letztendlichen Entführungsgründe an sich lassen allerlei Fragezeichen entstehen. Spekulationen und Vermutungen gibt es natürlich viele. Da reicht die Bandbreite von Massenkontrolle durch Implantation, Schläfer-Schaffungen, Genexperimenten, das banale Studieren fremder Spezies, das Demonstrieren totaler Macht und Überlegenheit bis hin zu den bereits erwähnten Leihmutterschaften und Hybridisierungen. Die Liste ließe sich beliebig fortführen. Doch was wirklich hinter diesem Phänomen steckt, wissen am Ende wohl nur die Verursacher selbst. Vielleicht gibt es auch nicht nur den einen, sondern tatsächlich mehrere Gründe, wer weiß das schon.

Apropos „Verursacher“: Wer steckt eigentlich hinter all dem?

Wahrscheinlich ist das sogar die wichtigste aller Fragen. Natürlich scheint die Antwort im ersten Moment ganz klar zu sein, spricht man in diesem Zusammenhang doch schließlich immer direkt von: „Entführungen durch Außerirdische“. Doch ganz so einfach sollte man es sich nicht machen. In letzter Zeit mehren sich zumindest die Vermutungen, dass das gesamte Alien-Gedöns lediglich ein bequemer Deckmantel sein könnte, und zwar für einen völlig anderen „Schuldigen“. Für eine „fremde Macht“ nämlich, die möglicherweise gar nicht so fremd ist wie bisher angenommen. Vielleicht müsste daher eher vor der eigenen Haustür nach dem Verursacher gefahndet werden und nicht unbedingt in den Weiten des Weltalls. Walter beschrieb den eigentlichen „Chirurgen“ zumindest als recht menschlich wirkend, besonders auf dessen Augen bezogen. Auch der wahrgenommene Untersuchungsraum, die Einrichtungsgegenstände, die Bekleidung, das ganze Drumherum – alles schien gewisse menschliche und irdische Züge aufzuweisen. Ähnliche Dinge hört man immer häufiger von Betroffenen. Vielleicht steckt also jemand ganz anderes dahinter und Außerirdische werden lediglich als Sündenböcke hergenommen, um so die eigentliche Wahrheit zu verschleiern. Eine Wahrheit allerdings, die vermutlich wesentlich schwerer zu akzeptieren wäre, denn wer möchte schon erfahren, dass die eigenen Leute für derartig grauenvolle, rücksichtslose, unbarmherzige und völlig unmenschliche Taten verantwortlich sein könnten. Dieser Umstand wäre wohl nur schlecht zu verdauen.

Vielleicht sind die sogenannten „Greys“, von denen immer wieder berichtet wird, also gar keine echten Lebewesen, sondern eher Androiden mit einfachen Handlangerfunktionen, so eine Art niedere Sklavengilde. Möglicherweise gibt es aber auch Allianzen, und echte Aliens hätten demnach trotzdem ihren Anteil an dem Ganzen. Eine Zusammenarbeit zwischen Mensch und Besucher sozusagen, zu welchem Zweck auch immer. Eventuell laufen sogar mehrere Optionen parallel nebeneinander her, und keine der Mutmaßungen wäre daher völlig falsch, aber auch nicht komplett richtig. Am Ende haben wir es vielleicht mit einem riesigen Geflecht aus Lügen, Täuschungen und geheimen Machenschaften zu tun, die unsere kühnsten Vorstellungen zu sprengen drohen. Sollte das Phänomen der „Alien-Entführungen“ also tatsächlich real sein, müsste man es zukünftig vielleicht einfach nur anders benennen, und zwar mit dem Ausdruck: „Entführungen durch eine fremde Macht“, denn offensichtlich könnte weit mehr und vielleicht auch jemand ganz anderes dahinter stecken, als bisher angenommen.

Eigentlich wird der paranormale Erklärungsbereich durch die erste Option bereits größtenteils abgedeckt. Natürlich könnte man noch eine OOBE, also ein Astralreisephänomen, als möglichen Verursacher anführen, zumindest bei einigen Vorfällen. Doch im vorliegenden Fall scheint dies eher nicht zu passen, weswegen wir uns dieser Möglichkeit nicht weiter widmen werden. Nichtsdestotrotz gibt es auch bei Walters Erlebnissen noch einen besonderen Umstand, welchen man auch als einzelnes Phänomen betrachten könnte, also ganz unabhängig vom „Alien-Abductions-Thema". Es geht dabei um die Rötungen und Schwellungen, die er nach dem Aufwachen an sich entdeckte, und zwar exakt an der Stelle, an welcher sich die fremden Entführer – laut seinen Erinnerungen – in der vorangegangenen Nacht zu schaffen gemacht hatten.

Legt man nun aber einmal die gesamte Außerirdischen-These beiseite, so als hätte es niemals echte Entführungen in Walters Fall gegeben, und alles war demnach nichts weiter als recht lebhaftes Träumen, so würden dennoch diese merkwürdigen körperlichen Auffälligkeiten verbleiben. Und genau hier könnte ein völlig anderes paranormales Phänomen greifen. Man kennt es z. B. aus dem Spuk- und Poltergeist-Bereich. Menschen, die entweder unter besonderen psychischen Belastungen stehen, schlimme Traumata verarbeiten müssen, starke religiöse oder esoterische Glaubenssätze vertreten, bestimmte Wahrnehmungs- und Entwicklungsstörungen aufweisen, z. B. Autismus etc. oder einfach nur sehr heftige Drogen konsumieren, scheinen zumindest im Ansatz eher dafür prädestiniert zu sein, diverse übersinnliche Fähigkeiten entwickeln zu können.

Sicherlich kann dieser Umstand auch ganz normale Menschen treffen und sollte demnach nicht nur auf die oben genannten Personengruppen reduziert werden, doch die Statistik spricht eher für außergewöhnlichere Lebensumstände als mögliche Auslöser. Zudem sieht es ganz danach aus, als ob Kinder häufiger davon betroffen wären als Erwachsene. Vermutlich liegt es daran, dass die Weltanschauung von Kindern sowie deren Meinungen und Wahrnehmungen noch nicht so stark von außen geprägt und verblendet sind und sie daher viel freier und offener denken und fühlen können. Manchmal wissen sich die Betroffenen aber auch teilweise nicht anders auszudrücken, oder sie verarbeiten dadurch ihre Ängste, Sorgen und Belastungen, zumindest bei negativem Hintergrund. Und plötzlich fliegen Gegenstände durch das Zimmer, Möbel wackeln und poltern, seltsame Geräusche sind zu hören, Türen und Fenster knallen von alleine auf und zu, elektronische Geräte führen auf einmal ein Eigenleben, und im schlimmsten Falle werden sogar anwesende Menschen auf unerklärliche Weise verletzt, manchmal eben auch die auslösende Person selbst.

Natürlich steckt in solchen Fällen nicht immer ein lebendes menschliches Wesen dahinter, auch andere paranormale Phänomene können die Ursache sein. Doch hin und wieder führt eine intensive Untersuchung zu genau diesem Ergebnis, und auf einmal ist es kein Geist oder Dämon, sondern eine vor Ort ansässige Person, welche für die jeweiligen Spuk- oder Poltergeisterscheinungen verantwortlich zu sein scheint. Oftmals ist es den Betroffenen selbst gar nicht bewusst und ihre Fähigkeiten treten eher automatisch und ungewollt auf, mehr so aus dem Unterbewusstsein heraus. Teilweise sträuben sie sich innerlich sogar regelrecht dagegen, ihre vermeintlichen Begabungen als real existent anzunehmen. Besonders, wenn das Ganze fast nur während der Schlafphase stattfindet, was eben auch hin und wieder vorkommt. Ein Zusammenhang mit der eigenen Person wird dann natürlich kaum in Betracht gezogen. Bei Walter könnte es z. B. genau so sein, denn vielleicht verfügt er ebenfalls über unbewusste paranormale Fähigkeiten, welche sich dann allerdings nur in und durch seine Träume zu manifestieren scheinen. Wenn in diesen nächtlichen Fantasiereisen nun ein paar fiese Aliens an ihm herumdoktern und allerlei seltsame Untersuchungen anstellen, steigert er sich möglicherweise so sehr in das Geschehen hinein und nimmt es als so real wahr, dass sich gewisse Aspekte des Traumes – zumindest hin und wieder – auf einmal tatsächlich körperlich darzustellen vermögen. Und plötzlich hat er nach dem Aufwachen wirklich eine Wunde am Arm, zudem exakt an der Stelle, welche kurz vorher noch von einem vermeintlich außerirdischen Fantasiewesen bearbeitet worden war. Walter wäre demnach in der Lage, fiktive Traumereignisse faktisch wahr werden zu lassen und das allein durch seine übersinnliche Vorstellungskraft, auch wenn dies offenbar absolut unbewusst geschehen würde.

Kann das sein? Verfügt er vielleicht tatsächlich über derlei tief sitzende Begabungen? Denkbar wäre es zumindest, denn manchmal wird das scheinbar Unmögliche am Ende doch möglich.

Rationale Erklärungsversuche:

Auf den möglichen Sachverhalt eines Traumerlebnisses muss im Grunde genommen nicht groß eingegangen werden, da es sich an dieser Stelle eigentlich von selbst versteht. Walter hat laut seinen Erzählungen schließlich immer im Bett gelegen und geschlafen, wenn ihm die angeblichen Alien-Entführungen widerfahren sind. Daher gibt es aus rational denkender Sichtweise wohl nur eine logische Schlussfolgerung: Der gute Mann hat alles nur geträumt, „Klappe zu Affe tot".

Grundsätzlich könnte man diesen Punkt also eigentlich ganz schnell abschließen, da in vorhergehenden Fällen bereits mehrfach auf Schlaf- und Traumerlebnisse, als mögliche Gründe eingegangen worden ist. Allerdings stellt sich die Gesamtsituation hierbei ein wenig anders dar und ist deshalb nicht ganz so banal und einfach erklärbar. Zuerst hätten wir da nämlich die Frage zu klären, warum Walter eigentlich über Jahrzehnte hinweg immer wieder die gleichen Träume widerfahren sind oder zumindest ähnliche. Gut, diese Antwort ließe sich vermutlich irgendwo in seiner Jugend finden. Wahrscheinlich hat er irgendwann einmal einen entsprechenden Film oder ein themenbezogenes Buch konsumiert, welches wohl einen sehr starken Eindruck bei ihm hinterlassen zu haben schien. Das Ganze könnte sich dann immer weiter bei ihm eingebrannt haben, bis es sogar zu einer regelrechten Phobie mutiert ist. Diese unterschwellige Angst manifestierte sich anschließend immer wieder in seinen sporadisch auftretenden Alien-Entführungs-Träumen, bis er irgendwann an deren realer Existenz zu glauben begann. Natürlich ist dieser Fehlglaube nicht einzig und allein den wiederkehrenden Traumerlebnissen geschuldet, sondern eben auch den anderen Seltsamkeiten dieser besonderen Nächte. Zum einen wäre da die Bewegungsunfähigkeit, die selbst nach dem Aufwachen noch einige Zeit anhielt, und zum anderen die körperlichen Auffälligkeiten und Wunden, welche er, zumindest auf den aktuellen Vorfall bezogen, am nächsten Tag an sich entdeckte, und das an ziemlich genau der Stelle, an der sich auch die vermeintlichen Außerirdischen zu schaffen gemacht hatten. Diese beiden Punkte sollten daher nicht unbeachtet bleiben und nach einer möglichen Lösung gesucht werden. Wie könnten solche Merkwürdigkeiten also in das rationale Erklärungsbild passen?

Die angeblich durch Aliens verursachte Ganzkörperstarre, welche sogar die normale Aufwachphase überdauerte, ist eigentlich recht schnell und leicht erklärbar. Normalerweise versetzt sich der Körper während der REM- und Tiefschlafphase in eine völlig harmlose Schlafparalyse/Schlaflähmung, damit man die im Traum erlebten Dinge nicht wahr werden lässt oder aktiv unterstützt, sich also selbst und mitunter auch andere, demnach nicht versehentlich verletzten kann. Ansonsten könnte der Bettnachbar ganz schnell zum vermeintlichen Monster aus dem Albtraum mutieren, welchen man nun mit aller Kraft zu bekämpfen versuchen würde. Blaue Flecken wären dann wohl vorprogrammiert, zumindest beim unglücklichen Opfer. Daher sorgt eben diese Skelettmuskelstarre dafür, dass wir uns in der Traumzeit nicht oder nur sehr eingeschränkt bewegen können. Diese sinnvolle Körperlähmung tritt auch normalerweise nur in den selteneren Zeiten der REM-Phase auf. Die restliche Schlafdauer kann man sich natürlich völlig frei bewegen, was allein schon das häufige Drehen und Wenden im Bett beweist. Demnach ist die Paralyse in den meisten Fällen noch vor dem Aufwachen gänzlich verschwunden. Doch natürlich gibt es auch Ausnahmen, denn einige Menschen erleben diese Schlafstarre, die dann natürlich keine mehr wäre, dennoch hin und wieder bewusst. Eigentlich ist die Zahl der Betroffenen sogar höher, als man gemeinhin denken könnte. In diesen Fällen wacht der Schlafende zwar relativ normal auf, kann sich aber zuerst absolut nicht bewegen oder hat das Gefühl, nicht richtig atmen zu können. Manchmal gesellen sich sogar

Halluzinationen und Trugbilder hinzu. Die Gründe hierfür sind vielfältig, aber zumeist völlig harmlos. Dennoch scheint Walter eben eine dieser erwähnten Ausnahmen zu sein und hat dieses beängstigende Phänomen offenbar schon öfters am eigenen Leib erfahren. In Kombination mit den besagten Alien-Abductions-Träumen, in deren Verlauf er ebenfalls paralysiert und willenlos gemacht worden ist, dürfte das Ganze eine explosive und furchteinflößende Mischung ergeben haben. Walters gesunder Menschenverstand wurde dadurch auf eine wahrlich harte Probe gestellt.

Doch keine Sorge da draußen, denn im Großen und Ganzen funktioniert dieser körpereigene Schutzmechanismus relativ zuverlässig und schaltet sich demnach nur in der Traumphase ein und rechtzeitig vor dem Erwachen wieder aus.

Kommen wir nun aber zum zweiten Punkt, der im ersten Moment sicherlich ebenso mysteriös wirkt und so einige Fragezeichen produziert. Es geht dabei um die besagten körperlichen Auffälligkeiten, sprich: um die kleineren Entzündungen und Schwellungen, welche Walter am nächsten Morgen an sich entdeckte und die doch einige frappierende Parallelen zu seinem nächtlichen Erlebnis aufwiesen. Doch auch hierfür gibt es ganz einfache Erklärungsansätze, denn derlei Wunden könnten völlig banale Hintergründe haben. Da wären z. B. aufkeimende Hautkrankheiten, Druckstellen durch ungünstiges Liegen, Gerötete und offene Stellen durch starkes Schwitzen oder Prellungen und Verletzungen durch unkontrolliertes Anstoßen. Selbst das Phänomen einer gestörten Schlafparalyse, um noch einmal auf diesen Bereich zurückzukommen, kann zu selbst herbeigeführten Verletzungen während des Träumens führen. Tatsächlich gibt es diese Ausnahmen, wenn auch nicht ganz so viele. Bei diesen betroffenen Personen stellt sich diese nützliche Körperlähmung eben nicht während des Träumens in den aktiven Modus, sondern bleibt größtenteils ausgeschaltet. Diese leben dann mit Händen und Füßen ihre nächtlichen Fantastereien aus. Dabei schreien, schlagen und treten sie mitunter wild herum oder springen sogar aus dem Bett heraus. Gründe hierfür sind häufig im neurologischen Bereich oder bei Suchterkrankungen zu finden.

Abgesehen von all diesen genannten Möglichkeiten würde es sicherlich noch viele andere logische Erklärungen geben. Ja selbst ein einfacher, nächtlicher Insektenstich kann am nächsten Morgen zu Entzündungen und Schmerzen führen. Und genau hiermit könnten wir den Nagel auf den Kopf getroffen haben, denn vielleicht war genau das der Grund im vorliegenden Fall, und Walter wurde des Nächtens einfach nur von einer relativ harmlosen Mücke gestochen, und zwar zufälligerweise genau an der besagten Stelle, an der eben auch die geträumte Alien-Behandlung stattgefunden hatte. Das kleine Einstichloch, welches sich angeblich um die Schwellung und Rötung herum befand, spricht zumindest recht stark für diesen Erklärungsansatz. Und da dieser Einstich vermutlich anschließend zu jucken begann, wurde Walter daraufhin zu einem unterbewussten Kratzen verleitet, was wiederum die größere Reizung und Entzündung nach sich gezogen haben dürfte. Eventuell trat der vermeintliche Insektenstich sogar noch direkt vor dem Alien-Entführungstraum auf und implizierte so vielleicht einige Details für den Ablauf der erlebten Fantasiegeschichte. Soll heißen: Durch den stärker werdenden Juckreiz, den Walter unbewusst im Schlaf wahrnahm und das daraufhin selbst durchgeführte Kratzen transportierte er möglicherweise das Ganze in seinen anschließenden Traum und veränderte dadurch eigenständig die Handlung, indem er den Fokus der geträumten Operation einfach auf seinen gereizten Unterarm lenkte. Er baute sozusagen eine reale Begebenheit in seinen Traum ein und ließ dadurch Wirklichkeit und Fantasie verschmelzen. Vielleicht sogar eine Art des luziden Träumens, daher auch das gute Erinnerungsvermögen nach dem Aufwachen. Vielleicht aber auch nur reiner Zufall oder pure Übertreibung? Wer weiß das schon? Wenn die entsprechenden Umstände passen und zusammenkommen oder der Wunsch nach einem bestimmten Ergebnis groß genug ist, kann ganz schnell etwas verstärkt oder sogar erst ausgelöst werden, was anschließend für die eigene Beweisführung hergenommen werden kann. „Wer suchet, der findet“, heißt es doch so schön in einem alten Sprichwort.

Eventuell hat Walter die ganze Sache also einfach nur ein wenig größer gemacht, als sie stets war, sich demnach zu sehr hineingesteigert und dadurch Dinge erlebt und wahrgenommen, die so niemals passiert sind oder zumindest anders. Und das Ganze möglicherweise verursacht durch einen vermeintlich harmlosen Science-Fiction-Film, der am Ende eine beängstigende und langwierige Spirale in Gang gesetzt haben könnte, aus der Walter einfach nicht mehr herausgekommen ist.

Vielleicht verfestigte sich daher dieses ungelöste Trauma im Laufe der Zeit immer mehr, eventuell auch durch die Fähigkeit des luziden Träumens verstärkt, bevor es irgendwann nach der Jugendzeit verschwand, um erst im hohen Alter erneut aufzukeimen, mutmaßlich ausgelöst durch den Verlust des Partners und der beruflichen Tätigkeit. Das alles sind natürlich nur Möglichkeiten und Spekulationen. Die Bandbreite an rationalen Erklärungsansätzen scheint demnach groß, doch noch größer dürfte wohl die Belastung für Walter sein, der dieses Martyrium, was auch immer dahinter stecken mag, lieber heute als morgen loswerden würde.

Das Erlebnis mit dem Laserfinger

Kevin probierte gerne neue Dinge aus, auch etwas ungewöhnlichere oder alternativere Sachen. Besonders in medizinischer Hinsicht war sein Interesse an anderen Herangehensweisen schon immer ungebremst. Ob Yoga, Akupunktur, Homöopathie, Quantenheilung, Meditation oder Hypnose – er hatte schon vieles getestet, mal mit mehr und mal mit weniger Erfolg. Doch egal wie seltsam oder abgedreht es sich auch vorher anhörte, er musste es sich dennoch stets genauer ansehen. Er vertrat ganz klar die Meinung, nicht alles von vornherein abzulehnen oder als Blödsinn zu betiteln, sondern sich lieber erst einmal selbst ein Bild davon zu verschaffen. Manchmal wurde er auf diese Weise natürlich auch enttäuscht, doch die Erfahrung war es ihm allemal wert.

Und so kam das Jahr 2012, als er erneut etwas ausprobieren wollte. Dieses Mal sollte es um einen Reiki-Kurs gehen, der nicht weit weg von ihm stattfand. Bei dieser speziellen Art der Alternativ-Medizin entstehen angeblich irgendwelche kosmischen Energien, welche nur durch bloßes Händeauflegen in den Körper des jeweiligen Klienten geleitet werden, um dort betroffene Stellen zu heilen oder zumindest zu verbessern. Und genau diese übersinnlich anmutende Form der Energiearbeit interessierte Kevin schon lange, schließlich hatte er bereits einiges darüber gelesen und gehört. Es war daher höchste Zeit, sich das Ganze selbst einmal anzusehen.

Guter Dinge meldete er sich daher für den nächstmöglichen Kurstermin an und fieberte dem besagten Wochenende, an dem seine erste Reiki-Erfahrung stattfinden sollte, bereits ungeduldig entgegen. Als es endlich soweit war, ließ sich Kevin von seiner Partnerin in den entsprechenden Nachbarort namens Neustadt fahren. Dort angekommen, erwarteten ihn die Kursleiterin und noch zwei weitere Teilnehmer. Das Ganze fand im oberen Stockwerk eines großen und alten Gebäudes statt. Der Seminarraum war ebenfalls ziemlich voluminös und wirkte nicht weniger in die Jahre gekommen als der Rest des Hauses. Leider funktionierte die Heizung derzeit nicht, was bei den vorherrschenden winterlichen Wetterverhältnissen eine nicht zu verachtende Kälte mit sich brachte. Bis der aufgestellte Heizstrahler dies einigermaßen ausgleichen konnte, mussten die anwesenden Personen mit Jacke und Mütze ausharren. Eine mehr als unangenehme Situation. Nichtsdestotrotz waren alle guter Dinge und freuten sich bereits auf die kommenden Stunden. Der Kurs konnte also beginnen.

Nach einer kleinen Vorstellungsrunde und allgemeinen Hinweisen folgte bereits der theoretische Teil der Veranstaltung. Vieles davon hörte Kevin zum ersten Mal, daher lauschte er interessiert den Erzählungen der Reiki-Lehrerin. Zwischendurch konnte natürlich jeder seine eigenen Erfahrungen loswerden oder Fragen stellen. Es entstand ein konstruktiver Gesprächsaustausch. Die kleine Runde wurde immer vertrauter und gemütlicher und selbst die Temperaturen befanden sich inzwischen auf einem angenehmen Niveau. Beste Voraussetzungen also, um die ganze Theorie der vergangenen Stunden allmählich in die Tat umzusetzen. Endlich begann daher der eigentlich interessante Teil des Abends: Praktische Übungen und der anschließende Einweihungsprozess, durch den man angeblich selbst zum Reiki-Heiler werden soll, um dadurch einerseits sich aber eben auch andere Menschen behandeln zu können. Doch bevor es so weit war, mussten die Kursteilnehmer erst einmal kosmische Energie tanken bzw. eine Verbindung zur heilenden Kraft herstellen. Möglicherweise diente die folgende Übung auch einfach nur zu Demonstrationszwecken, da war sich Kevin nicht mehr ganz sicher. Zumindest an diesem Abend beeindruckte ihn das Nachfolgende mit am Meisten. Die Kursleiterin nannte es „den Laserfinger“ und dieser sollte seinem Namen auch mehr als gerecht werden. Vorher mussten sich alle Anwesenden nebeneinander aufstellen und einen ihrer Arme – zumeist den Rechten – nach oben zur Zimmerdecke richten. Dabei wurde mit der entsprechenden Hand eine Faust gebildet und nur der Zeigefinger ausgestreckt. Das war dann der sogenannte „Laserfinger“. In langsam kreisenden Bewegungen sollte dieser Körperteil nun eine Verbindung aufbauen, eben zur universellen Energie. Dabei schauten die Teilnehmer stets nach oben und folgten mit den Blicken ihrem rotierenden Finger. Natürlich gab die Kursleiterin währenddessen Anweisungen und erzeugte eine allgemein sehr esoterisch anmutende Atmosphäre. Und plötzlich passierte es – Kevin sah tatsächlich einen bläulich leuchtenden Strahl, der auf einmal aus oder in seinen ausgestreckten Zeigefinger zu kommen schien. Fasziniert beobachtete er dieses kleine Schauspiel und konnte es dabei kaum glauben.

Der Strahl war eindeutig und ganz klar zu erkennen. Er verlief auch nicht gerade, sondern eher zick-zack-artig, wie wenn man eine dekorative Plasmalampe mit der Fingerspitze berührt und dann hin und her bewegt, was wiederum zur Folge hat, dass die darin befindlichen Entladungsblitze den eigenen Bewegungen regelrecht folgen und somit ein unfassbar beeindruckendes Leuchtspiel erzeugen. Und genau solch ein ähnlicher Anblick stellte sich für Kevin dar, als er diesem „Laserstrahl", der wie elektrisch-aufgeladen wirkte, mit seinen ungläubigen Blicken folgte. Der Strahl schien dabei mitten durch die Zimmerdecke zu gehen, zumindest prallte er direkt dagegen. „Woher er wohl kommt?", fragte sich Kevin daher staunend, während er seinen Finger mit langsam kreisenden Bewegungen weiterdrehte. Das fantastisch anmutende Erlebnis, bei dem dieser sprichwörtliche Blitz regelrecht zwischen seiner Fingerspitze und der Raumdecke hin und her zu tanzen schien, zog ihn immer weiter in seinen Bann. Das dargebotene Spektakel war aber auch zu faszinierend. Kevin verglich es gerne mit dem Anblick einer kleineren Tesla-Spule, nur eben nicht ganz so hell und intensiv. Aber anscheinend beeindruckend genug, um überhaupt solch einen Vergleich anzustellen.

Doch alles Schöne hat auch einmal ein Ende, und dafür sorgte in diesem Fall die Kursleiterin höchstpersönlich, als sie nämlich die Teilnehmer irgendwann auf den Schlussakkord dieser Übung einstimmte. Anschließend wurde kurz darüber gesprochen, bevor es zur nächsten Lektion ging. Und alle schienen zumindest ähnliche Erfahrungen gemacht zu haben, auch wenn Kevin natürlich nicht auf die anderen geachtet hatte. Ob er also bei ihnen ebenso einen Strahl hätte sehen können, wenn er denn hingeschaut hätte, konnte er daher leider nicht beantworten.

Im Endeffekt blieb es bedauerlicherweise auch bei diesem einen Erlebnis. Der Laserfinger wollte sich nämlich nie wieder bei Kevin zeigen, obwohl er es anschließend noch einige Male versucht hatte. Möglicherweise lag es auch daran, dass er Reiki nach dem Kurs niemals selbst angewendet hat und daher nur einmal während des Seminars damit in Berührung gekommen war. Das Thema geriet daher zunehmend in Vergessenheit und spielte letztendlich keine weitere Rolle mehr für ihn. Es blieb demnach bei dieser einen Erfahrung, doch die hatte es definitiv in sich.

Paranormale Erklärungsversuche:

Wie bereits in einem vorhergehenden Fall beschrieben (Der Aura-Kurs), könnten derlei mystische Energien, in welcher Form auch immer, real existieren. In dem aktuell vorliegenden Erlebnisbericht sollen diese zudem noch sichtbar geworden sein, und zwar in Form von Blitzen. Doch warum nicht? In vielen Kulturen und Traditionen ist das Vorhandensein von jeglicher Energie und der damit verbundenen Energiearbeit nichts Außergewöhnliches, sondern völlig normal. Besonders im asiatischen, afrikanischen oder südamerikanischen Raum spielen diese und ähnliche Arten der Heilung eine große Rolle. Dort wird mit einer absoluten Selbstverständlichkeit an die ganze Sache herangegangen. Kaum einer zweifelt diese Methoden an und daher begibt man sich auch gerne vertrauensvoll in die Hände diverser Energieheiler. Diese Menschen schwören darauf und der Erfolg scheint ihnen auch Recht zu geben, zumindest wenn man deren Aussagen und inoffiziellen Statistiken Glauben schenken mag.

Ganz offensichtlich gibt es da wohl etwas. Etwas, was wir zwar nicht greifen und begreifen können, aber dennoch da ist. Es existieren einfach zu viele Zeugen und Berichte, daher muss diese ganze Thematik ernst genommen werden. Die Macht der Energien, die uns offensichtlich alle zu umhüllen scheinen, sollte daher nicht länger ein Nischendasein fristen, sondern fester Bestandteil unseres Lebens und unserer Medizin werden. Dies wäre sicherlich eine sinnvolle und hilfreiche Ergänzung oder vielleicht sogar etwas mehr als das. Zumindest vertrauen immer mehr Menschen den alternativen Heilmethoden, wenn auch oft erst nach dem Scheitern der Schulmedizin. Doch besser spät als nie. Ein allmähliches Umdenken ist daher auf jeden Fall zu beobachten. Möglicherweise auch zu Recht, wird hier schließlich in erster Linie mit der Natur und deren vermeintlichen Energien gearbeitet, also ganz ohne Chemie und Operationswerkzeug.

Sollte also Kevin wirklich den besagten Strahl gesehen haben, der sich angeblich zwischen seinem Zeigefinger und der Zimmerdecke gebildet haben soll, so wäre es auf jeden Fall ein deutliches Indiz für eine tatsächlich vorhandene universelle Energie, die dann möglicherweise auch zur Heilung verwendet werden könnte. Sein Erlebnis lässt also stark annehmen, dass es übernatürliche Energiefelder einfach zu geben scheint, ob man es nun glauben will oder nicht. Und der Laserfinger beim Reiki-Kurs hat diese mysteriösen Felder wohl zudem noch sichtbar gemacht.

Zusammenfassend sieht es also ganz danach aus, dass es Kevin vermutlich mit einem echten, kosmisch erzeugten Energiestrahl zu tun hatte, der sich durch die ganze entstandene Atmosphäre und das Einwirken der erfahrenen Kursleiterin irgendwie materialisiert oder zumindest visualisiert zu haben scheint, und das offensichtlich bei allen anwesenden Personen.

Wer so etwas einmal selbst erlebt und gesehen hat, wird wohl kaum mehr an der Existenz solcher Energieströme zweifeln. Ob diese dann allerdings auch heilend eingesetzt werden können, ist wiederum eine ganz andere Frage, die jeder individuell für sich selbst beantworten oder erfahren muss. Die vielen positiven Berichterstattungen zeigen diesbezüglich zumindest eine klare Tendenz auf, von der selbst unsere uralten Vorfahren bereits gewusst zu haben scheinen, denn damals stellte man die Natur und all ihre heilenden Kräfte noch nicht so sehr infrage wie heute. Vielleicht sollte sich der moderne Mensch einmal ein Beispiel daran nehmen.

👽 Die zweite Option nähert sich dem Thema eher von religiöser Seite aus, selbst wenn sicherlich so einige Parallelen zur vorhergehenden Möglichkeit bestehen, da auch hier die mysteriösen Blitzphänomene mit einer Art Energiefluss in Verbindung gebracht werden könnten. Der Unterschied besteht in erster Linie darin, dass die von Kevin gesehenen Blitze, welche angeblich zwischen seinem Zeigefinger und der Zimmerdecke munter umher tanzten, eventuell einen Kontakt zu einer göttlichen Macht symbolisierten. Vielleicht entstand durch dieses Experiment ein Draht nach oben, sei es nun zu einem übernatürlichen Himmelswesen, wie z. B. einem Gott oder einem Engel oder auch zu etwas völlig anderen. Sollte bei dem Reiki-Kurs also tatsächlich eine derartige Verbindung zustande gekommen sein, so würde dies unweigerlich zeigen, dass für Derartiges nicht unbedingt ein starker religiöser Glaube von Nöten wäre, da sich Kevin selbst noch nie als einen sehr gläubigen Menschen bezeichnet hat, auch wenn er diesen Themen nicht grundsätzlich ablehnend gegenübersteht. Prinzipiell stand die Veranstaltung zwar nicht unter einer derartigen Überschrift, wurde demnach auch nicht weiter in diese Richtung thematisiert, doch schwingt bei einigen alternativen Heilmethoden häufig dennoch ein gewisser religiöser Hintergrund mit. Viele Wunderheiler sehen sich schließlich oftmals selbst als eine Art Sprachrohr der Götter, was ihre gesund machenden Fähigkeiten letztendlich erst möglich werden lässt. Spezielle Rituale, Opferungen und Gebete sind daher keine Seltenheit bei derartigen Zeremonien.

In anderen Kulturkreisen ist dies sicherlich verbreiteter als bei uns, aber auch hierzulande spielt der himmlische Glaube nicht selten eine wichtige Rolle im alternativmedizinischen Heilbereich. Eigentlich kein Wunder, wird das Wort „Reiki“ zwar zumeist mit „universeller Lebensenergie“ übersetzt, doch manchmal eben auch mit „göttlicher Energie“. Und so könnte der Laserfinger vielleicht einfach nur ein Zeichen von oben gewesen sein, um auf spektakuläre Art darauf aufmerksam zu machen, dass die zukünftige Arbeit als Reiki-Therapeut letztendlich ein Zusammenspiel von Himmel und Erde ist.

Rationale Erklärungsversuche:

Möglicherweise liegt hier nichts weiter als reine Suggestion vor, und da es offenbar mehrere Personen zeitgleich so erlebt zu haben scheinen, sollte man wohl eher von einer Massensuggestion sprechen. Durch die besondere Atmosphäre des Reiki-Kurses, der entsprechenden Erwartungshaltung der Teilnehmer, den plausibel und bestimmt wirkenden Ansprachen der Kursleiterin sowie der starken Vorstellungskraft des eigenen Gehirns hat sich offensichtlich etwas vor dem geistigen Auge jedes Einzelnen gebildet, was wohl tatsächlich wie ein bläulich-grünlicher Laserstrahl ausgesehen haben könnte, welcher zu allem Überfluss auch noch in oder aus dem eigenen Finger zu kommen schien. Inwieweit die Leiterin bereits vor der Übung ansprach, was die Probanden anschließend zu erwarten hätten, konnte Kevin leider nicht mehr eindeutig verifizieren. Spielt letztendlich auch keine größere Rolle, da sie es definitiv während der Übungseinheit erwähnte und im weiteren Verlauf sogar ständig wiederholte, was ja mehr als ausreichen würde, um eine waschechte Suggestion herbeizuführen.

Laut Kevins Angaben hat sich das ganze Phänomen daraufhin erst ganz langsam und anschließend immer stärker aufgebaut, mit jeder Fingerrotation etwas mehr, bis der Strahl dann richtig deutlich und klar erkennbar war. Derartige Suggestionen wirken wie eine Art Hypnose, denn auch hierbei werden im Kopf des betroffenen Menschen vorgefertigte Bilder erzeugt oder dieser zumindest in einen Zustand versetzt, in welchem die Außenwelt fast komplett ausgeblendet wird und nur noch die Stimme des vermeintlichen Hypnotiseurs und dessen Anweisungen wahrgenommen werden. Man ist zwar dennoch meistens Herr seiner eigenen Sinne, könnte theoretisch also jederzeit abbrechen, aber verschiedene Faktoren lassen die meisten Menschen dennoch bis zum Ende der Sitzung in diesem traumartigen Zustand verweilen. Man kennt es ja aus diversen Hypnoseshows, wenn vermeintlich normale Personen urplötzlich die dümmsten Dinge machen oder auch die einfachsten Sachen eben nicht mehr zustande bringen. Hierbei spielen zwar noch andere Faktoren eine Rolle, doch prinzipiell ist es mit Kevins Erlebnissen beim Reiki-Kurs vergleichbar. Es wird also geistig ein Bild oder ein Zustand geschaffen, der eigentlich nicht wirklich vorhanden ist, sondern lediglich der Fantasie und der starken Vorstellungskraft zu entspringen scheint. Und so echt es sich für die Betroffenen auch darzustellen vermag, es ist dennoch nicht real, unabhängig davon, ob diese kurzzeitig erschaffenen Konstrukte nicht trotzdem einen positiven und nachhaltigen Nutzen für den jeweiligen Menschen haben könnten, denn wie sagt man doch so schön: „Der Glaube versetzt Berge."

Man sollte das Ganze also nicht vorschnell verteufeln, sondern lieber das Gute und Nützliche darin sehen. Mit richtiger und sorgfältig eingesetzter Suggestionsarbeit kann sicherlich viel Positives erreicht werden, was letztendlich auch der Heilung von Kranken und psychisch angeschlagenen Personen zugutekommen dürfte. Sollte Kevin also tatsächlich einer derartig erschaffenen Sinnestäuschung auf den Leim gegangen sein, wofür sicherlich einiges spricht, schließlich konnte er den Laserfinger später nicht mehr selbstständig wiederholen, so trügt das zwar sicherlich ein wenig die Glaubwürdigkeit solcher Kurse und der damit einhergehenden Versprechungen, doch muss dies dennoch nicht generell als Totschlagargument für die Wirksamkeit jeglicher alternativer Heilmethoden angesehen werden. Diesbezüglich müsste definitiv eine gewisse Differenzierung stattfinden, denn einfach alles in einen Topf zu werfen, umzurühren und anschließend gleichsam abzulehnen, wäre sicherlich völlig falsch und unwissenschaftlich.

Der zweite rationale Erklärungsversuch geht von der Möglichkeit aus, dass Kevin lediglich das Opfer einer ziemlich heftigen elektrostatischen Entladung geworden sein könnte. Natürlich müsste man dafür seine diesbezüglichen Angaben und Ausführungen schon äußerst kritisch betrachten und dementsprechend enorm nach unten korrigieren, denn so heftig, deutlich und zeitintensiv, wie er den gesehenen Blitz beschreibt, kann sich solch eine entsprechende Stromentladung, wie sie sicherlich jeder von uns schon einmal am eigenen Leib erfahren hat, logischerweise nicht zugetragen haben.

Derartige Spannungsdurchschläge können entstehen, indem man sich zuerst statisch auflädt, z. B. durch das Gehen auf einem Teppichboden, durch das Kämen der Haare oder manchmal sogar durch das Tragen bestimmter Polyesterkleidung und diese Aufladung anschließend wieder entlädt, indem man dann beispielsweise einen Türgriff oder auch eine andere Person berührt. Die Folge ist häufig ein kleiner Stromschlag mit leisem Knistergeräusch, und manchmal kann man eben auch tatsächlich einen richtiggehenden Blitz dabei beobachten. Dieser ist zwar meistens recht unscheinbar und zudem nur ganz kurz sichtbar, doch hin und wieder gibt es sicherlich auch etwas intensivere Ausführungen. Doch so wie von Kevin beschrieben sicherlich eher nicht. Das wäre wohl etwas zu heftig und demnach eigentlich völlig unmöglich, selbst wenn man beide Augen zudrücken würde und sogar berücksichtigt, dass derartige elektrostatische Entladungen im trockenen und kalten Winter tatsächlich häufiger auftreten. Am Ende müsste man dennoch davon ausgehen, dass Kevin bei seiner Geschichte enorm übertrieben haben dürfte, vielleicht weil er es aufgrund der mystisch anmutenden Gesamtsituation ganz anders wahrgenommen hat und es ihm demnach wirklich viel länger und intensiver vorgekommen war. Vorstellbar wäre es auf jeden Fall, auch wenn es letztendlich nur eine weitere mögliche Theorie ist, die auf logische und nachvollziehbare Weise versucht, das vermeintlich paranormale Erlebnis in plausibel klingende Gefilde zu lenken. Und das sollte mit diesem Erklärungsansatz wohl recht gut gelungen sein, selbst wenn dennoch große Fragezeichen zurückbleiben dürften.

Grüße aus dem Jenseits

Martina hatte schon immer ein sehr inniges und liebevolles Verhältnis zu ihrer Großmutter gehabt. Als Kind im thüringischen Steinach lebend, war die ältere Dame stets eine wichtige Bezugsperson für sie. Schließlich arbeiteten beide Elternteile tagsüber, wodurch ein Großteil des Alltags in der Wohnung der Oma stattfand. Nach der Schule wurde dort gegessen, Hausaufgaben erledigt oder einfach ein wenig die Zeit verbracht. Kein Wunder also, dass die Beziehung zwischen den beiden sicherlich ein wenig intensiver war. Dies änderte sich auch nicht, als Martina dem Ort ihrer Kindheit, als junge Frau den Rücken kehrte, um des Studiums wegen zuerst nach Fürth und anschließend in das oberfränkische Coburg zu ziehen. Damit der Kontakt nicht abbrach, telefonierte sie fast täglich mit der Großmutter und besuchte sie, so oft es ging. So wurden auch weiterhin alle wichtigen Dinge des Lebens miteinander geteilt und besprochen.

Doch irgendwann forderte das hohe Alter der Oma ihren Tribut und immer mehr gesundheitliche Probleme entstanden bei ihr. Nach und nach fiel ihr selbst das Laufen zunehmend schwerer und die häuslichen Arbeiten entwickelten sich so zu einer wahren Mammut-Aufgabe. Hinzu kamen die häufiger einhergehenden Schwächeanfälle und die damit verbundenen Stürze. Leider steigerte sich das Ganze nach und nach und die Selbstversorgung sowie die Sicherheit der fast 90-jährigen Dame schienen eines Tages mehr als in Gefahr. Da Martinas Eltern nach wie vor berufstätig waren und sie selbst zu weit weg wohnte, musste am Ende eine harte, aber notwendige Entscheidung getroffen werden. Der Umzug in ein Seniorenpflegeheim schien somit unausweichlich. Schweren Herzens wagte die Familie diesen unvermeidbaren Schritt und verbrachte die Großmutter in die nahe gelegene Einrichtung. Trotz der anfänglichen Skepsis schien es der älteren Frau dort recht gut zu ergehen, teilweise blühte sie sogar noch einmal regelrecht auf. Martina besuchte sie natürlich so oft es ging und telefonierte auch nach wie vor regelmäßig mit ihr. Doch leider währte der

Fortschritt der Oma nicht allzu lange und ihr Gesundheitszustand begann sich wieder rapide zu verschlechtern. Bettlägerigkeit, Nahrungsmittelverweigerung, eingeschränkte Sinneswahrnehmungen und ein stärker werdendes apathisches Verhalten machten wenig Mut auf Besserung. Stattdessen erreichte das Ganze irgendwann ein besorgniserregendes Stadium, was alle Familienmitglieder bereits in höchste Alarmbereitschaft versetzte. Und dann, eines Tages, trat genau das ein, wovor sich Martina schon so lange gefürchtet hatte: Die geliebte Großmutter schied friedlich schlafend dahin.

Auch wenn die Oma ein stattliches Alter erreichen durfte, war die Trauer natürlich riesengroß. Dennoch galt es sich nun um die ganzen Formalitäten und Begräbnisvorbereitungen zu kümmern, bei denen Martina ihren Eltern natürlich helfend zur Seite stand.

Es folgte der Tag der Trauerfeier. Das winterliche und kalte Wetter machten das gesamte Prozedere nicht gerade einfacher und ließ den Anlass noch wesentlich unangenehmer erscheinen. Die alte und dunkle Kapelle, die traurige Orgelmusik und die herzzerreißenden Worte des Pfarrers taten zudem ihr Restliches. Ein sprichwörtlich grauer Schleier legte sich über die Angehörigen und ließ den großen Verlust noch einmal deutlich werden. Für Martina war es besonders schwer, musste sie sich schließlich nun endgültig von einem geliebten und ganz wichtigen Menschen verabschieden. Doch als die Stimmung gerade den Siedepunkt erreicht zu haben und die Trauer kaum noch zu ertragen schien, geschah plötzlich etwas Merkwürdiges. Ein bunter Schmetterling tauchte auf einmal auf und flog unentwegt um Martina und ihre Mutter herum. Ein wenig verwirrt beobachteten die beiden Frauen das Insekt, welches sich augenscheinlich gar nicht mehr von ihnen lösen wollte. Immer wieder zog es direkt über und neben ihnen seine Bahnen, wirkte dabei fast zutraulich. Dieses Schauspiel dauerte sicherlich einige Minuten, bevor sich das Tier kurzerhand verabschiedete und auf Nimmerwiedersehen verschwand. Kaum erklärbar, aber dennoch vermochte dieses Ereignis Martinas Herz zu erwärmen und ihr ein wenig Trost und Zuversicht zu schenken, denn aus welchen

Gründen auch immer, verband sie das Ganze irgendwie mit ihrer verstorbenen Großmutter. Als wäre es ein kleiner, aber feiner Gruß von oben gewesen, schließlich hatte die Oma schon immer Schmetterlinge gemocht und ihnen stets gerne im Frühling und Sommer zugesehen, wie sie mit majestätischen Flügelschlägen über den Blumen und Wiesen kreisten.

Die Zeit nach dem formellen Abschied verging, aber die Erinnerungen an die geliebte Großmutter blieben. Dennoch musste das Leben trotz des herben Verlustes irgendwie weitergehen. Und das tat es dann auch, zumindest bis zu jenem erinnerungswürdigen Tag, an dem noch einmal alles hochkommen sollte.

Es war Heilig-Abend und Martina bereitete sich zu Hause bereits darauf vor, anschließend mit Partner und Kind zu den Eltern nach Steinach zu fahren. Es fühlte sich irgendwie ungewohnt und komisch an, Weihnachten ohne die Großmutter zu verbringen. An solchen besonderen Tagen kreisten Martinas Gedanken natürlich noch ein wenig mehr um dieses Thema. Doch dieser Zustand ließ sich leider nicht ändern und so musste sie sich wohl oder übel damit abfinden. Voller Tatendrang ging sie daher lieber den häuslichen Arbeiten und dem Einpacken von Geschenken nach. Und so lief sie nichtsahnend durch den Flur, als plötzlich jemand oder etwas nach ihrem rechten Unterarm griff und diesen regelrecht zu halten schien. Sie spürte es ganz deutlich. Es war nicht fest oder grob, eher sanft, dennoch eindeutig vorhanden, als ob sie eine menschliche Hand gepackt und nicht mehr loslassen wollte, wenn auch auf eine sehr liebevolle und angenehme Art und Weise. Doch da war niemand außer ihr, keine Menschenseele weit und breit. Martina erschrak natürlich. Zu überraschend kam diese Sache und wirkte zudem enorm mysteriös. Dann verschwand der unsichtbare Griff wieder. Sie blickte suchend in alle Richtungen und überprüfte anschließend ihren Arm nach irgendwelchen Spuren, doch sie konnte nichts Auffälliges entdecken. Es fand sich einfach keine Erklärung für dieses seltsame Ereignis. Dennoch, aus welchen Gründen auch immer, musste sie plötzlich an ihre verstorbene Großmutter denken. War sie es am Ende gewesen? Hatte sie nach ihrer Enkelin gegriffen? Für Martina auf jeden Fall eine echte und ernstzunehmende Option. Doch sollte dies nicht das einzige unerklärliche Ereignis des Tages bleiben.

Nachdem die 3-köpfige Familie in Steinach angekommen war, wo sie bereits sehnsüchtig von Vater und Mutter erwartet wurden, stürzten sich alle freudig in die weihnachtlichen Feierlichkeiten. Martinas Sohn beschäftigte sich mit seinen neuen Spielsachen, die beiden Männer unterhielten sich im Wohnzimmer und sie selbst bereitete mit ihrer Mutter das Abendessen in der Küche vor. Natürlich kam sie nicht umher, sich immer wieder an das merkwürdige Erlebnis des Nachmittags zu erinnern, für welches sie nach wie vor keine abschließende Erklärung fand. Doch glücklicherweise gab es genug zu tun, für Ablenkung war also ausreichend gesorgt. Irgendwann schien das Gröbste geschafft und das Essen köchelte munter vor sich hin. Zeit also, um sich ein wenig zu setzen und zu entspannen. Martina ließ sich daher am Küchentisch nieder, während ihre Mutter vorübergehend den Raum verließ. Und als sie so da saß, völlig in Gedanken versunken, geschah es plötzlich. Mit einem Mal schreckte die junge Frau hoch und sah verdutzt in Richtung Regal. Aus unerfindlichen Gründen war eine dort befindliche Spieluhr, die schon seit Jahren keiner mehr berührt, aufgezogen oder eingeschaltet hatte, auf einmal ganz von selbst angegangen.

Wie von Geisterhand ertönten nun diese unverhofft einsetzenden Klänge und erzeugten dabei eine Spieluhr-typische Melodie. Was eigentlich gänzlich unmöglich war, wurde dennoch greifbar und real. Das antike Teil schien ein regelrechtes Eigenleben entwickelt zu haben und präsentierte sich dabei in all seiner Pracht. Martina saß währenddessen einfach nur da und lauschte verwundert dieser leierig klingenden Musik. Doch dann, ganz plötzlich, verstummte das kleine Gerät auch schon wieder, und zwar genauso schnell, wie es zuvor begonnen hatte, so als ob es niemals geschehen wäre. Doch es war geschehen, Martina hatte es schließlich hautnah miterleben können. Natürlich stand sie sofort auf und untersuchte die mysteriöse Spieluhr. Doch wieder fand sie keinerlei Auffälligkeiten. Warum es also zu dieser eigenständigen Funktion gekommen war, blieb ihr ein Rätsel. Nun erinnerte sie sich natürlich erneut an das Erlebnis vom Nachmittag, denn eine seltsame Begebenheit kann ja noch locker abgetan werden, aber gleich zwei solcher Vorkommnisse an einem Tag? Da musste Martina schon mächtig grübeln. Und das auch noch direkt am Heiligen Abend, zu einem Anlass also, der ihrer verstorbenen Großmutter immer viel bedeutet hatte. Zuerst der unsichtbare Griff und dann die von selbst losgegangene Spieluhr. Nicht zu vergessen das damalige Schmetterlings-Erlebnis. Als wollte jemand ganz zart und leise auf sich aufmerksam machen und dabei sagen: „Hey, ich bin noch da. Vergiss mich nicht."

Und genau das tat Martina auch nicht und wird es auch sicherlich niemals tun, denn ihre Oma war und bleibt – auf immer und ewig – ein wichtiger Teil von ihr.

Paranormale Erklärungsversuche:

Ist mit dem physischen Tod wirklich alles aus und vorbei? Diese elementare Frage stellt sich die Menschheit seit Anbeginn der Zeit. Doch eine abschließende Antwort darauf scheint es bis heute nicht zu geben. So lautet zumindest die allgemein vorherrschende Meinung. Der Großteil der Bevölkerung folgt demnach der Auffassung, dass ein Leben nach dem Tod wohl eher unmöglich sei, da zu fantastisch. Und das, obwohl doch eigentlich schon massenhaft gegenteilige Beweise existieren, sei es nun in Form von Fotos, Film- und Tonbandaufnahmen oder durch unzählige Erlebnisberichte und glaubwürdige Zeugenaussagen. Reicht das etwa nicht aus, um das reale Vorhandensein einer jenseitigen Welt zu bestätigen? Anscheinend nicht, was die generell ablehnende Haltung zu diesem Thema eindeutig belegt. Vermutlich müssen die meisten Menschen wohl erst ihre ganz eigenen Erfahrungen mit dem Jenseits machen, bevor sie letztendlich daran zu glauben beginnen können. Nur so scheint die persönliche Skepsis wohl bezwingbar zu sein. Doch was im ersten Moment nach einer kaum zu bewältigenden Hürde klingen mag, da viel zu selten stattfindend, wirkt auf den zweiten Blick gar nicht mehr so außergewöhnlich und rar, denn gerade im Bereich der Jenseitsforschung kommen sehr viele Menschen mindestens einmal in ihrem Leben an diese besondere Grenze, die es dann entweder zu überschreiten oder doch wieder davor zu stoppen und umzudrehen gilt. Spätestens wenn ein geliebter Mensch gestorben ist, beginnen nämlich einige die Möglichkeit, dass es da vielleicht doch noch etwas nach dem Tod geben könnte, ernsthaft in Betracht zu ziehen oder zumindest darauf zu hoffen. Der immense Verlust lässt einen plötzlich Dinge anders sehen, man wird aufgeschlossener und regelrecht hellhöriger.

Man möchte einfach nicht wahrhaben, dass es diesen besonderen Menschen nun nicht mehr geben wird, dieser tatsächlich für immer und ewig weg sein soll, gänzlich entfernt aus allen nur erdenklichen Daseinsebenen. Daher klammern sich z. B. einige in diesen Zeiten an die Religion, suchen dort ihren Seelenfrieden, während sich andere wiederum den Parawissenschaften widmen, indem sie an Séancen teilnehmen oder ein Medium aufsuchen. Doch viele spitzen auch einfach nur die Ohren, schärfen demnach ihre Sinne und lauschen still in den Moment hinein, stets in Erwartung auf das große Etwas, wie z. B. eine versteckte Botschaft des kürzlich Verblichenen oder dessen geisterhafte Erscheinung. Doch leider warten und hoffen Angehörige oftmals vergeblich auf solch ein direktes Zeichen des Verstorbenen, was den anfänglichen Glauben ganz schnell wieder ins Gegenteil umschlagen lassen kann. Und schon entsteht mitunter ein wesentlich größerer Skeptiker als zuvor, und alles Paranormale wird erneut in die hintersten Absurditäten-Schubladen verfrachtet. Doch eventuell geben diese Menschen aber einfach zu schnell auf oder haben die entsprechenden Zeichen und Botschaften nur nicht erkennen können. Zeit, wie wir sie hier definieren, existiert im Jenseits wahrscheinlich nicht, ebenso wenig wie all die anderen irdischen und menschlichen Gepflogenheiten. Was für uns also ein Jahr ist, stellt in der jenseitigen Welt vielleicht nur einen Wimpernschlag dar, und was wir wiederum als Zufall oder Banalität abtun, könnte möglicherweise der subtile Versuch einer Kontaktaufnahme von dort aus sein. Natürlich erwarten die meisten Trauernden einen umgehenden und eindeutigen Nachweis, denn sollte es tatsächlich ein „Leben nach dem Tod" geben, wollen sie schließlich jetzt und sofort wissen, ob es dem geliebten Menschen gut geht, wo auch immer er nun weilt und nicht erst in 2 oder 3 Jahren. Ebenso möchte man plausible und nachvollziehbare Beweise erhalten und nicht nur Brotkrümel, die man anschließend selbst zusammenfügen muss.

Sicherlich alles verständlich, aber so scheint es eben nicht zu funktionieren, zumindest in den meisten Fällen nicht. Vielleicht sollte man daher seine Erwartungshaltung ein wenig herunterschrauben und nicht zu ungeduldig sein, denn möglicherweise finden sogar häufiger irgendwelche Kontaktversuche aus dem Jenseits statt, als man allgemein glauben mag, nur eben oftmals anders und zudem teilweise unerkannt, da vermeintlich unbedeutend erscheinend. Wenn solch ein unscheinbares „Hallo" außerdem nicht gleich, sondern erst einige Zeit nach dem Ableben auftritt, ist ein direkter Zusammenhang natürlich nur schwer erkennbar. Doch nur weil schon einige irdische Jahre vergangen sind, muss das ja nicht grundlegend gegen einen Gruß von der anderen Seite sprechen. Prinzipiell wäre es also durchaus denkbar, dass sich annähernd jeder Verstorbene mindestens einmal bei irgendwelchen Verbliebenen meldet, in welcher Form und nach welcher Zeitspanne auch immer. Mitunter versuchen sie dies auf altbekannte und ihnen charakterisierende Weise, z. B. durch besondere Angewohnheiten oder durch typische Gesten, Gerüche und Geräusche. Vielleicht aber auch in Form einer optisch erkennbaren Lichterscheinung, falls die vorhandene Energie stark genug sein sollte. Allerdings scheint das Letztgenannte eher die Ausnahme zu sein, selbst wenn das natürlich die größte Beweiskraft innehätte. Meistens muss man sich hingegen mit einfacheren und subtileren Zeichen zufrieden geben, und die sind eben oftmals nur sehr schwer erkennbar.

Martina könnte dennoch genau solche unterschwelligen Botschaften von ihrer verstorbenen Großmutter erhalten und erkannt haben. Zum einen in Form des Schmetterlings auf der Trauerfeier, der möglicherweise durch die Energie der Oma gesteuert oder sogar ihre neue Daseinsform gewesen sein könnte, vielleicht aber auch nur eine Art spiritueller Begleiter oder Trostspender war. Zum anderen durch den unsichtbaren Griff am Handgelenk, welchen Martina an einer der folgenden Weihnachtsfeiern erlebte und den sie sofort mit ihrer Großmutter verband, nicht zuletzt deswegen, weil ihre Oma, als diese die letzten Tagen auf dem Sterbebett verbrachte, auch stets zum Abschied nach dem Handgelenk der Enkelin griff und sie dadurch am Gehen hindern wollte. Und nicht zu vergessen die Spieluhr, die urplötzlich ein seltsames Eigenleben entwickelte, und zwar ebenfalls an diesem besagten Heiligen Abend. Vielleicht ein letzter und verzweifelter Versuch der Kontaktaufnahme? Wer weiß das schon, dennoch scheint es mehr als möglich.

Wenn Menschen dahinscheiden, stirbt lediglich die körperliche Hülle, also nur der feststoffliche Anteil. Der feinstoffliche Bereich, sprich, die Seele, bleibt in irgendeiner Form erhalten. So jedenfalls die landläufige Theorie in der Jenseitsforschung. Doch wenn dem tatsächlich so sein sollte, so wäre es auch absolut vorstellbar, dass verstorbene Seelen irgendwie Kontakt zu den Lebenden aufzunehmen versuchen würden, so banal, unterschwellig und zeitaufwendig es auch sein möge, denn nichts anderes machen wir Menschen ebenso seit unendlich vielen Jahren im Bereich der Parawissenschaften. Gleiches Recht für alle also.

Hören und sehen wir daher zukünftig lieber genau hin, wenn wieder einmal etwas Seltsames oder Unerklärliches um uns herum geschieht, selbst wenn es noch so unscheinbar anmutet, denn es könnte zumindest hin und wieder auch ein leiser Gruß aus dem Jenseits sein.

Bei diesem zweiten Erklärungsversuch wird von der Möglichkeit ausgegangen, dass die genannten Phänomene von Martina selbst erzeugt worden sein könnten bzw. sie zumindest in irgendeiner Form unbewusst Einfluss darauf nahm.

In Zeiten großer Trauer sucht man stets nach einem Trostpflaster, welches einem Halt und Zuversicht gibt. Man klammert sich mit aller Kraft an den letzten Strohhalm und sei er noch so kurz und zerbrechlich. Hauptsache, er lindert den Schmerz ein wenig. Nicht selten erleben Menschen gerade in diesen Zeiten ungewöhnliche und teils sogar regelrecht paranormale Dinge. Die Sinne scheinen geschärfter und die übersinnlichen Antennen empfangsbereiter zu sein. Viele wollen dann auch einfach etwas Außergewöhnliches sehen, hören oder fühlen. Stets in der Erwartung und Hoffnung, dadurch vielleicht ein Zeichen des Verstorbenen erhalten zu können. Bei Einigen wird dieser Wunsch sogar so groß, dass sie mitunter selbst für irgendwelche außergewöhnlichen Ereignisse sorgen, nur um diese tröstende Erwartungshaltung irgendwie erfüllt zu wissen, zumeist natürlich völlig unbewusst und unkontrolliert herbeigeführt. Und auf einmal nimmt man ungewöhnliche Sachen wahr, registriert seltsame Begebenheiten oder erlebt Phänomene, die es doch eigentlich nicht geben dürfte. All das erzeugt durch die bloße Kraft der eigenen Gedanken und Emotionen. Doch ist so etwas wirklich möglich?

Einige Grenzwissenschaftler sind zumindest davon überzeugt, dass grundsätzlich alle Menschen die Voraussetzungen zur Erzeugung übersinnlicher Fähigkeiten in sich tragen, der eine mehr, der andere weniger. Durch gezieltes Training, intensive Meditations- und Entspannungsübungen, Stimulierung der entsprechenden Areale oder den festen Glauben daran sollen diese ruhenden Befähigungen reaktiviert und nutzbar gemacht werden können. Schaut man einigen fernöstlichen Shaolin-Mönchen, geheimnisvollen Fakiren oder sonstigen medial begabten Personen bei ihren zumeist übermenschlichen Demonstrationen zu, so mutet dies oftmals tatsächlich ein wenig paranormal an. Ebenso wie die vielen anderen von Menschenhand erzeugten Phänomene, die immer wieder rund um den Globus auftreten und für großes Erstaunen sorgen. Ganz von der Hand zu weisen ist diese waghalsige Theorie daher sicherlich nicht. Doch unabhängig von diesen teilweise erlernten, antrainierten oder natürlich vorhandenen Fähigkeiten scheint es wohl eine große Anzahl von Menschen zu geben, die derlei übersinnliche Effekte gänzlich ungewollt und unbewusst erzeugen können, zumeist also völlig spontan und abhängig von der auslösenden Situation, oftmals auch nur einmal.

Genau so etwas könnte Martina ebenfalls widerfahren sein, der schmerzhaften Trauer um die verstorbene Oma geschuldet.

Der zutraulich wirkende Schmetterling am Beerdigungstag z. B., hat vielleicht einfach nur auf die extrem negativen Emotionen von Martina reagiert und sie durch seine Anwesenheit zu trösten versucht, denn Tiere und Pflanzen scheinen wesentlich intelligenter und feinfühliger zu sein, als die Allgemeinheit es ihnen zugestehen möchte. Von Hunden, Katzen, Pferden usw. wird nicht selten berichtet, dass sie teilweise enorm auf die vorherrschende Gefühlslage ihrer menschlichen Besitzer einzugehen im Stande sind. Dies geht mitunter so weit, dass das Ganze schon teilweise an stark ausgeprägte empathische Fähigkeiten zu grenzen scheint.

Doch warum sollte so etwas nur bei typischen Haustieren möglich sein? Vielleicht verfügen am Ende sogar alle Lebewesen, also auch einfache Insekten, über derlei Einfühlungsvermögen. Wenn dem so wäre, könnte der besagte Schmetterling tatsächlich eine Art Trostspender gewesen sein, angezogen durch die empfangenen Emotionen der Trauernden. Martina und ihre Mutter gehörten an diesem Tag sicherlich zu den Leidtragendsten, weshalb ihnen wohl auch die meiste Aufmerksamkeit durch das fliegende Insekt zuteilwurde. Nach getaner Arbeit verschwand der tierische Trauerbegleiter dann wieder. Man kann darüber jetzt sicherlich denken was man will, es sogar für totalen Quatsch halten, aber dennoch ergibt es irgendwie Sinn. Martina ging es durch die Anwesenheit des Schmetterlings auf jeden Fall besser und sie konnte dadurch tatsächlich etwas Trost finden. Demnach hätte die Aktion seinen Zweck erfüllt. Warum soll es daher nicht möglich sein, dass alle Lebewesen über ein gewisses emotionales Potenzial verfügen, irgendwie sogar geistig verbunden sind und sich dadurch auch gegenseitig trösten und unterstützen können, falls nötig. Vielleicht war das Ganze also eine besondere Art der Trauerbegleitung, eingeleitet und angelockt durch die angesammelte negative Energie der Anwesenden.

Doch wie schaut es nun mit dem zweiten Vorkommnis aus? Inwiefern könnte Martina auch dort unbewusst eingewirkt haben? Der spürbare Griff an ihr Handgelenk erfolgte an Weihnachten, ganz plötzlich und unverhofft, mitten in der eigenen Wohnung. Wie bereits berichtet, war dies auch eine typische Handlung der Großmutter auf dem Sterbebett, um so ihre Enkeltochter am Fortgehen zu hindern. Möglicherweise erinnerte sich Martina, verstärkt durch die extrem emotionale Stimmung des Heiligen Abends, unterbewusst an diese letzten Momente mit ihrer Oma. Um irgendwie das Gefühl zu haben, die geliebte Großmutter wäre nach wie vor anwesend, auf welche Art und Weise auch immer, erzeugte sie daher selbst diesen Eindruck einer Berührung.

Alles fühlte sich absolut echt an, war es sicherlich auch, nur handelte es sich bei dem Verursacher nicht um die verstorbene Großmutter, sondern um Martina selbst. Allein durch ihre Gedankenkraft und den tief sitzenden Wunsch, an diesem besonderen Tag ein Zeichen aus dem Jenseits zu erhalten, manifestierte sie eine weit zurückliegende Erinnerung an ihrem Handgelenk und ließ somit die Berührung ihrer Oma noch einmal präsent werden. Letztendlich scheinen wir tatsächlich alle irgendwelche Energien erzeugen zu können, zumeist ausgelöst durch bewusste oder unbewusste Gefühle und Gedanken, die teilweise auch spürbar und manchmal sogar sichtbar gemacht werden können. Meistens bleibt das Ganze zwar eher unbemerkt und löst lediglich einen kleinen Impuls oder eine banale Empfindung aus, doch hin und wieder zeigen sich diese mental erzeugten Energien eben auch auf einer wesentlich deutlicheren Ebene, z. B. in Form von Telepathie (Gedankenübertragung) oder Telekinese. Und genau das zuletzt Genannte könnte auch bei Martinas drittem Erlebnis die Ursache gewesen sein. Schreibt man der jungen Frau nun eine gewisse paranormale Sensibilität zu, wäre selbst dieses Phänomen der höchst umstrittenen Telekinese/Psychokinese denkbar. Bei dieser übersinnlichen Fähigkeit können Gegenstände oder Lebewesen einzig durch die Kraft der eigenen Gedanken in Bewegung gesetzt und physisch manipuliert werden. Möglicherweise war dies auch der Auslöser für die plötzliche Aktivierung der Spieluhr, welche in Martinas Anwesenheit auf einmal ein Eigenleben zu entwickeln schien und zu musizieren begann. Wie schon am Nachmittag bei der vermeintlich geisterhaften Armberührung könnte also auch bei diesem Vorfall Martina selbst der Verursacher gewesen sein. Gesteuert durch den tief sitzenden Wunsch nach einem Zeichen der verstorbenen Großmutter, aktivierte sie spontan und völlig unbewusst ihre innenliegenden paranormalen Befähigungen und erzeugte so eine unsichtbare Energie, die sich irgendwie auf die genannte Spieluhr zu fokussieren schien und diese daraufhin zum Erklingen brachte. Erst nachdem sie sich durch dieses abrupt eingetretene Phänomen erschrocken hatte und anschließend wieder Herr der eigenen Sinne geworden war, unterbrach sie nichts ahnend diese übersinnliche Verbindung, und die hörbare Melodie verstummte wieder.

Könnte es so gewesen sein? Hat Martina also all die seltsamen Vorkommnisse unterbewusst selbst herbeigeführt oder zumindest einen Teil davon? Möglich wäre es, auch wenn es dafür wohl niemals einen endgültigen Beweis geben wird.

Rationale Erklärungsversuche:

Trauerbewältigung kann viele Gesichter haben. Die einen stürzen sich z. B. in die Arbeit, suchen sich zeitintensive Hobbys oder sind ständig unterwegs, nur um sich irgendwie von der belastenden Situation abzulenken. Andere wiederum machen genau das Gegenteil, indem sie sich zunehmend zurückziehen, dabei immer lust- und antriebsloser werden, bis sie sich mitunter völlig gehen lassen. Burn-out,

Depressionen und Lebenskrisen sind nicht selten das Endresultat - abhängig natürlich von der jeweiligen Beziehungsintensität, die zum Verstorbenen vorlag. Doch einige trauernde Menschen gehen auch ganz andere Wege und suchen ihr Seelenheil lieber in der spirituellen Welt. Ob nun durch konventionelle Religionen oder eher durch alternative Methoden, wie z. B. das weite Spektrum der Grenzwissenschaften. Letztendlich geht es dabei immer um das Gleiche, nämlich um die Hoffnung, dass der Blick Richtung Jenseits dem Betroffenen irgendeine Art von Antwort oder wenigstens einen kleinen Trostspender aus der Welt des Übernatürlichen bescheren kann. Dabei scheint zumeist auch völlig nebensächlich zu sein, ob hinter all diesen Dingen überhaupt etwas steckt.

Rationale oder vermeintlich logisch wirkende Erklärungen werden oft nur wenig beachtet oder sogar völlig ausgeblendet. Am Ende geht es den Hinterbliebenen wohl hauptsächlich um das eigene Wohlbefinden bzw. um einen Weg, besser mit ihrer Trauer umgehen zu können. Betroffene wollen daher einfach regelrecht etwas Übernatürliches erleben. Entsprechend wird alles Mögliche in vermeintlich normale und banale Begebenheiten hinein interpretiert. Die Sachverhalte werden demnach mit völlig anderen Augen wahrgenommen, weil man es einfach so sehen möchte. Als Außenstehender kann sich die Faktenlage natürlich gänzlich anders darstellen, zumindest wenn man eher dem sachlich und schulwissenschaftlich denkenden Lager angehört. Dann prallen mitunter zwei Welten aufeinander. Aber sollte man trauernden Menschen deshalb die Hoffnung und ihren Glauben nehmen, sie also vehement vom Gegenteil zu überzeugen versuchen, nur weil man selbst das ganze Übersinnliche für totalen Quatsch hält oder sogar plausible Erklärungen liefern kann? Würde dadurch nicht vielleicht sogar ein größerer Schaden verursacht werden?

Eine schwierige Frage, denn was im Einzelnen auch immer hinter so manchem Phänomen stecken mag – ob nun natürlichem oder doch paranormalem Ursprung – für die betroffene Person könnte es zumindest der letzte rettende Strohhalm sein, um irgendwann doch wieder aus dem tiefen Loch klettern und ein normales Leben führen zu können. Solange sie sich und anderen Menschen keinen größeren Schaden damit beifügen und auch nicht Opfer von miesen Betrügern und Scharlatanen werden, sollte man sie also eher unterstützen, anstatt zu belehren und als dumm oder geistig verwirrt hinzustellen. Am Ende kann es eh niemand ganz genau wissen. Gute Argumente gibt es schließlich auf beiden Seiten. So wie im vorliegenden Fall, denn auch hier lassen sich für die genannten Vorkommnisse einige ganz einfache und rational logische Erklärungsansätze finden.

Gehen wir diese nun einmal im Einzelnen durch:

- Der Schmetterling auf der Trauerfeier

Auch wenn der März sicherlich nicht der typischste Monat für das Auftauchen von Schmetterlingen ist, so gibt es dennoch bereits zu dieser frühen Jahreszeit einige Arten davon, wie z. B. den „kleinen Fuchs“, den Zitronenfalter oder das Tagpfauenauge. Es ist also nicht gänzlich ungewöhnlich, bereits im kalten Vorfrühling auf diese hübschen Flattermänner zu stoßen. Dass einem diese Insekten dann auch noch um den Kopf herumschwirren, dabei manchmal sogar regelrecht penetrant und nervig werden können, ist ebenfalls nichts Außergewöhnliches, sondern dürfte vermutlich jedem schon einmal widerfahren sein. Selbst das plötzliche Auftauchen in der Kapelle stellt keinerlei Besonderheit dar, da sich die genannten Spezies gerne ein kühles und großes Gebäude zur Überwinterung suchen oder einfach durch ein offenstehendes Fenster bzw. eine offenstehende Tür mit hinein gehuscht sein könnten. Von allen drei Vorfällen scheint dieses Erlebnis demnach die meiste Munition für eine rationale Erklärung zu liefern.

- Die Berührung am Unterarm

Jeder kennt es sicherlich: Man denkt plötzlich an ein leckeres Stück Erdbeertorte oder sieht eine sommerliche Blumenwiese in einer Fernsehsendung. Und auf einmal überkommen einem die entsprechenden Gerüche und Geschmäcker, das Wasser läuft einem förmlich im Mund zusammen und ein Lächeln macht sich breit. Insofern man die entsprechende Sache bereits kennt, sie also schon irgendwann einmal selbst gegessen oder gerochen hat, erinnert sich das Gehirn auf einmal wieder daran und lässt einen diese gespeicherten Informationen so realistisch wie möglich wahrnehmen. Die Sinnesorgane gaukeln einem sozusagen die Vergangenheit als Gegenwart vor und lassen diese Erinnerungen noch einmal regelrecht lebendig werden. Nur wirklich satt wird man davon leider nicht. Allerdings funktioniert dies nicht nur beim Schmecken und Riechen, sondern eben auch beim Fühlen. Sicherlich haben die meisten schon einmal etwas von sogenannten „Phantomschmerzen" gehört. Menschen mit amputierten Gliedmaßen z. B., haben oftmals nach der Entfernung noch lange Zeit das Gefühl, den nicht mehr vorhandenen Arm oder das Bein nach wie vor zu spüren und regelrecht Schmerzen an der besagten Stelle zu empfinden. Ihnen tut also etwas weh, was eigentlich gar nicht mehr da ist. Hierbei findet unter anderem ebenfalls eine Art Erinnerung an diesen nun fehlenden Körperteil statt.

Nicht ganz so dramatisch, aber dennoch aus dem Bereich dieser Gefühlserinnerungen kommend, findet man ähnliche Ansätze auch in der Showzauberei, denn selbst Mentalmagier bedienen sich gerne solcher Phänomene, um ihr aufmerksames Publikum in Staunen zu versetzen. Dabei holen sie ahnungslose Probanden zu sich auf die Bühne, um ihnen anschließend bei verschlossenen Augen das Gefühl zu vermitteln, sie könnten eine Berührung, die aktuell aber gar nicht direkt bei ihnen stattfindet, dennoch just in diesem Moment an sich spüren. Den Zuschauern wird also eine Art telepathische Gedankenübertragung vorgegaukelt, da diese Tricks zumeist mit 2 Personen durchgeführt werden, bei der einer sichtbar berührt wird und der zweite Mitwirkende diese Fremdberührung ebenso fühlen soll. In Wirklichkeit fand dieser Körperkontakt aber auch beim zweiten Probanden tatsächlich statt, nur eben bereits zu einem früheren Zeitpunkt, zumeist völlig unbemerkt und ganz nebenbei, was von demjenigen aber erst verspätet wahrgenommen wird bzw. nicht unmittelbar registriert wurde.

Zusammenfassend könnte dies also bedeuten, dass sich Martina vielleicht einfach nur unbewusst an die letzte Berührung ihrer Großmutter erinnert hat, als diese ihr zum Abschied immer an den Unterarm griff, um sie so am Gehen zu hindern. Möglicherweise wurde diese intuitive Rückbesinnung durch den besonderen Weihnachtstag verstärkt und hat sich daher auf diese Weise spürbar manifestiert, als eine intensive, aber dennoch ganz rational erklärbare Gefühlserinnerung.

Doch das ist nur eine Möglichkeit, denn eventuell gründet das Ganze auch auf einer noch viel einfacheren Erklärung und war demnach nichts weiter als eine völlig harmlose Muskelkontraktion bzw. eine nervlich bedingte Muskelanspannung, die anschließend gänzlich fehlinterpretiert wurde und daher nichts weiter als purer Zufall gewesen sein könnte. Das oder doch nur bloße Einbildung, denn natürlich stellt auch diese Option einen möglichen Erklärungsansatz dar.

- Die selbstständig gewordene Spieluhr

Um Zufall dürfte es sich wohl auch beim dritten und letzten Vorfall gehandelt haben, zumindest aus rationaler Sichtweise betrachtet. Technische Gerätschaften neigen nicht selten zu Fehlfunktionen. Einige scheinen dabei sogar ein regelrechtes Eigenleben zu entwickeln. Für den versierten Fachmann nichts Ungewöhnliches, doch für ahnungslose Laien zuweilen schon, besonders bei solch mysteriös anmutenden Vorgängen wie im vorliegenden Fall. Eine Spieluhr, die nach Jahren des Schweigens plötzlich wieder zu spielen beginnt, ganz von alleine und ohne ersichtlichen Grund, bevor sie nach einigen Augenblicken genauso schnell wie sie begonnen hatte, erneut verstummt. Das Ganze auch noch an „Heilig Abend“, während der einzige Zeuge für exakt diesen einen Moment völlig alleine und in Gedanken versunken war. Wer dabei nicht sofort an etwas Übersinnliches denken muss, gehört wahrlich dem unbeirrbaren Lager der Skeptiker und Zweifler an. Doch vielleicht liegen diese gar nicht so falsch und es handelte sich tatsächlich nur um einen technischen Zufall. Eventuell ein festgefahrenes Rädchen, welches schon länger unter Spannung stand und sich just in diesem Moment lösen konnte, um schließlich die letzten Umdrehungen vollführen zu können, damit der bereits ungeduldig gewordene Aufzugsmechanismus endlich sein anvisiertes Ziel erreichen und somit den letzten Schlusston erklingen lassen konnte. Ein Ereignis also, auf das dieses kleine Gerät schon so lange warten musste und welches dann eben zufälligerweise an diesem besagten Weihnachtsabend stattfand, so unglaublich und mystisch es auch erscheinen mag. Solche Dinge passieren einfach hin und wieder. Zwar meistens unbeachtet und unspektakulär, doch manchmal eben auch mit ordentlich „Schmackes“, wie z. B. in Martinas Fall.

Was nun aber am Ende wirklich dahinter gesteckt haben mag, lässt sich natürlich nur schwer nachvollziehen. Logischerweise gibt es gute Erklärungsansätze im paranormalen, aber auch im rationalen Bereich. Der Vorfall mit der Spieluhr scheint bei dieser ganzen Geschichte sicherlich der Interessanteste zu sein, selbst wenn am Ende doch nur ein technischer bzw. mechanischer Auslöser vorlag.

Erinnerungen an sich selbst

„Habe ich schon einmal gelebt? Hat meine Seele bereits andere Körper bewohnt? Und wenn Ja, wer war ich dann?“ Diese Fragen haben sich bestimmt schon viele Menschen gestellt, ebenso wie Nathalie, eine junge 28-jährige Bürokauffrau aus Essen. Auch sie fand die Reinkarnationstheorie und die Bedeutung dahinter schon immer wahnsinnig interessant und faszinierend. Dennoch hatte ihr bisher stets der Mut dazu gefehlt, noch etwas tiefer in diese Materie einzusteigen und vielleicht selbst einmal an einer entsprechenden Rückführung teilzunehmen. Der Reiz war zwar vorhanden, aber die Angst vor dem Unbekannten überwog bisweilen. Trotzdem ließen sie die Gedanken daran nicht los, wurden stattdessen sogar zunehmend stärker. Allein die blanke Vorstellung, man könnte möglicherweise schon einmal hier gewesen sein, nur eben als gänzlich anderer Mensch, entfachte in ihr ein loderndes Feuer. Nach dem Verschlingen entsprechender Lektüre und einem ausführlichen Gespräch mit einer ebenfalls interessierten Arbeitskollegin beugte sie sich letztendlich dann doch dem innerlich vorhandenen Druck. Sie wollte nun unbedingt ihre eigenen Erfahrungen machen. Die Frage, ob es eventuell ein Leben vor und nach dem jetzigen Dasein geben könnte, sollte demnach nicht länger unbeantwortet bleiben. Entschlossen schnappte sie sich daher das Telefon und machte kurzerhand einen Termin bei einem seriös wirkenden Reinkarnationstherapeuten.

Nach nur wenigen Tagen des ungeduldigen Wartens war es auch schon so weit und der besagte Mittwoch-Abend im Jahre 2018, welcher das Leben von Nathalie gehörig verändern sollte, stand unweigerlich vor der Tür. Voller Vorfreude, aber auch mit etwas zittrigen Knien betrat die junge Frau die anvisierte Praxis. Der anwesende Hypnotiseur machte einen freundlichen und erfahrenen Eindruck, was enorm beruhigend auf Nathalie wirkte. Es folgte ein intensives Vorgespräch, bei dem noch einmal jegliche Unklarheiten beseitigt und alle offenen Fragen beantwortet wurden. Und dann konnte sie endlich starten, die lang ersehnte Reinkarnationssitzung.

Während eine Videokamera das gesamte Geschehen aufzeichnete und somit beweiskräftig dokumentierte, legte sich die gelernte Bürokauffrau gespannt auf eine gemütlich anmutende Liege und begab sich anschließend vertrauensvoll in die Hände des Therapeuten, der auch sofort mit seiner Arbeit begann.

Nach erfolgreicher Induktion (Hypnose-Einleitung) befand sich Nathalie nun in einer Art Trance-Zustand, der sie immer tiefer in ihr Unterbewusstsein vordringen ließ. Alles Irdische und Alltägliche wurde zunehmend unwichtiger. Bis auf die Stimme des Hypnotiseurs nahm sie kaum noch Geräusche wahr, während sich ihr Fokus immer stärker auf die eingeleitete Rückführung zentrierte. In ihren Gedanken sah sie sich nun selbst stetig jünger werden, durchlief mit ihrem inneren Auge eine regelrechte Zeitreise. Allerdings schien diese nicht stoppen zu wollen, sogar das embryonale Frühstadium wurde einfach hinter sich gelassen. Für die meisten Menschen wäre das Leben nun faktisch beendet, da nicht mehr oder noch nicht existent. Doch Nathalies Reise sollte jetzt erst richtig beginnen.

Nachdem sie ein gleißendes Licht durchdrungen hatte, sah sie sich plötzlich in einem fremd wirkenden Haus wieder, vermutlich auf einem Bett liegend. Sie nahm alles aus der Ich-Perspektive wahr, blickte demnach durch ihre eigenen Augen. Auch wenn sie das nähere Umfeld sowie die umher stehenden Personen eigentlich nicht kannte, kam ihr dennoch alles so vertraut und familiär vor. Trotzdem machten die Menschen einen traurigen Eindruck, so als würde gleich etwas ganz Schlimmes passieren. Nathalie fühlte, dass es wohl irgendwie mit ihr zu tun zu haben schien. Doch noch bevor sie sich weitere Gedanken dazu machen konnte, durchfuhr sie mit einem Mal eine Art Zeitsprungphänomen, bei der sie abrupt aus der Szene gerissen und postwendend in eine Neue katapultiert wurde. Das ging dann noch einige Zeit so weiter. Immer wieder schien sie von einem prägenden Ereignis zum nächsten zu wechseln, meist nur für wenige Momente, aber stets zeitlich rückwärtsgehend, so als würde sie die Vergangenheit fein säuberlich von hinten abarbeiten. Es wirkte wie die Zusammenfassung eines gesamten Lebens. Aber nicht von irgendeinem Leben, sondern von ihrem Eigenen, nur eben nicht das Jetzige. Alles schien so real, selbst Gerüche und Geräusche konnte sie wahrnehmen. Nichts machte einen gänzlich fremden Eindruck, als hätte sie es tatsächlich schon einmal genau so erlebt. Auch wenn sie sich selbst nicht sehen konnte, hatte Nathalie dennoch das starke Gefühl, eine attraktive spanische Frau zu sein, augenscheinlich im 18. oder 19. Jahrhundert lebend. Komischerweise verstand sie jedes gesprochene Wort, obwohl sie eigentlich kein Spanisch konnte. Laut ihren Erzählungen war sie wohl verheiratet und hatte offensichtlich 2 Kinder. Das Meiste spielte sich zudem in einem kleinen Dorf ab, umgeben von einer friedlichen und idyllisch anmutenden Kulisse. Es handelte sich also allem Anschein nach um ein eher einfaches, aber zufriedenes Dasein, ohne besondere Lebensumstände oder sonstige außergewöhnliche Vorkommnisse. Selbst die Jugend- und Kinderzeit schien unauffällig, aber glücklich.

Nathalie schilderte alles so ausführlich und genau wie sie nur konnte und versuchte dabei, die Fragen und Anleitungen des Hypnosetherapeuten so gut es ging umzusetzen und zu beantworten.

Doch plötzlich verspürte sie einen erneuten geistigen Ruck und die Reise führte sie noch weiter zurück. Zurück in ein noch früheres Leben, doch diesmal mit gänzlich anderen Vorzeichen. Die abfallenden Gesichtszüge und die zunehmend verspanntere Haltung von Nathalie deuteten zumindest auf eine wesentlich unangenehmere Situation hin. Sie wurde auch immer unruhiger und nervöser, während es ihr sichtlich schwerer fiel zu sprechen. Schweißperlen bildeten sich auf ihrer Stirn, während die Atemfrequenz stetig zunahm. Der Therapeut versuchte beruhigend auf sie einzuwirken und ihr dabei ein paar gezielte Fragen zu stellen. Dann, nach einigen Momenten, begann sich die hypnotisierte Frau allmählich mitzuteilen. Ihren Schilderungen nach steckte sie nun offensichtlich im Körper eines jungen Mannes, vielleicht sogar eines Jugendlichen. Auf jeden Fall schien dieser große Angst und auch starke Schmerzen zu haben. Nathalie konnte dessen Leid regelrecht spüren, während sie sich jammernd und keuchend auf einer Art Schlachtfeld liegend sah, inmitten einer Vielzahl Toter und Verwundeter. Ein übler Geruch lag in der Luft und von überall her hörte man Gejammer und Geschreie. In der Ferne sah man kämpfende Menschen und am Himmel zogen bereits die Geier ihre Kreise. Der Kleidung und Ausrüstung nach zu urteilen, machte das Ganze einen eher antiken Eindruck. Eine genauere Datierung war Nathalie allerdings nicht möglich. Sie wollte auch eigentlich nur noch weg von hier, zu schlimm und grauenvoll stellte sich diese Situation für sie dar. Der Hypnotiseur versuchte sie daher ganz behutsam aus dieser Szene zu leiten und sie weiter zurückzuführen. Glücklicherweise gelang es recht schnell und die junge Dame konnte die Szenerie endlich wechseln. Ein harmonisches und angenehmes Dasein erwartete sie allerdings auch im nächsten Lebensabschnitt nicht. Insgesamt schien sie in der aktuell vorherrschenden Inkarnation ein eher beschwerliches, liebloses und zudem wohl sehr kurzes Leben geführt zu haben.

Sie sah sich beim Marschieren inmitten einer riesigen Armee, bei harten Kampfausbildungen, beim Erdulden schmerzhafter Folterungen, in einer Art Gefängniszelle sitzend, verwickelt in brutale Straßenschlägereien sowie beim Stehlen von Lebensmitteln, und das alles in sehr ärmlichen und hungerleidenden Verhältnissen. Offensichtlich gab es kaum etwas Positives und Glückliches zu berichten. Das Dasein dieses vermeintlich jungen Mannes schien eher geprägt von Gewalt, Hass und existenziellen Ängsten und Nöten. Ein Leben also, das man sicherlich niemandem wünschen würde. Doch Nathalie scheint laut ihren Erzählungen genau so etwas bereits durchgemacht zu haben, auch wenn sie sich nicht mehr bewusst daran erinnern konnte. Doch tief in ihrem Inneren schlummerten ganz offensichtlich noch Überbleibsel aus dieser früheren Existenzform, auch wenn ihr diese unvorbereiteten Flashbacks augenscheinlich große Probleme zu bereiten schienen. Der Therapeut bemerkte dies ebenfalls deutlich und wollte dem Ganzen daher nun ein Ende setzen. Mit starker Stimme begann er deshalb die Ausleitung (Beendigung einer Hypnose), bei welcher er Nathalie ganz behutsam und langsam ins Hier und Jetzt zurückholte. Tief schnaufend und schwitzend saß sie anschließend da und öffnete allmählich ihre Augen. Die Strapazen und Anstrengungen der Rückführung standen ihr förmlich ins Gesicht geschrieben. Doch nach und nach erholte sie sich immer mehr von dieser erlebnisträchtigen Reise. Es folgte das Nachgespräch. Nathalie konnte sich zwar an das meiste der Sitzung erinnern, dennoch machte sich erst jetzt, je mehr Details besprochen wurden, ein stetig größer werdender Wow-Effekt in ihr breit. Besonders ihr offensichtlich gestörtes Zeitgefühl verwunderte sie doch sehr. Ganze 2 Stunden soll die gesamte Hypnose gedauert haben, Nathalie war es jedoch wesentlich kürzer vorgekommen, höchstens wie 30 Minuten. Doch als Beweis gab es ja noch die Videoaufnahme, welche das gesamte Geschehen fein säuberlich dokumentiert und aufgezeichnet hatte. Dieses ging natürlich in den Besitz der jungen Frau über. Der Therapeut behielt keinerlei Kopie etc. Vorher sahen sich die beiden allerdings noch ein paar interessante Abschnitte an.

Besonders eine Szene wollte der Hypnotiseur unbedingt sofort mit Nathalie besprechen. Es handelte sich um den Moment, als die Bürokauffrau in die zweite Inkarnation gewechselt war, sich dabei offensichtlich sterbend auf dem Schlachtfeld befand und unter Schmerzen etwas vor sich hin jammerte. Anders als ihrer Auffassung nach hatte sie nämlich währenddessen kurzzeitig in einer anderen Sprache gesprochen. Es klang wie ein wehmütiges, aber völlig unverständliches Stoßgebet. Dennoch machte es nicht den Anschein einer wirren Fantasiesprache. Ganz im Gegenteil, denn es schien klare und zusammenhängende Strukturen zu besitzen und wies eindeutige Merkmale einer echten Artikulation auf. Nathalie war dieser Umstand während der Hypnose gar nicht aufgefallen, wodurch sie natürlich sichtlich überrascht wirkte. Leider konnte sich keiner der beiden einen Reim darauf machen, geschweige denn eine Zuordnung dieser fremden Laute anstellen. Der Therapeut ergänzte, Derartiges bereits öfters erlebt zu haben, was ihn aber immer wieder aufs Neue faszinierte. Er sah darin stets eine Bestätigung seiner Arbeit und einen möglichen Beweis für die Existenz früherer Leben. Nathalie versprach, ihn zu informieren, sollte sie Näheres über die eigenartige Sprache in Erfahrung bringen können, denn genau das wollte sie versuchen. Und das tat sie dann auch. Sie durchforstete das Internet, verschlang zahlreiche Bücher und unterhielt sich mit erfahrenen Sprachwissenschaftlern und Übersetzern. Nach einigen Recherchen war es dann soweit und des Rätsels Lösung schien gefunden. Was sie auf dem Video von sich gab, war ganz offensichtlich eine Art Altgriechisch. Dabei murmelte sie wohl tatsächlich ein altertümliches Gebet dahin, welches der sterbende Jungsoldat gen Himmel zu schicken schien, kurz bevor ihn augenscheinlich das Lebenslicht zu entweichen drohte.

Harter Tobak für Nathalie, aber auch enorm interessant. War das der Beweis für die Wiedergeburt? Hatte sie also tatsächlich schon einige Male vorher gelebt? Für sie gab es diesbezüglich keinen Zweifel mehr daran. Ihr reichten diese persönlichen Erlebnisse aus. Was andere jetzt und zukünftig darüber denken mögen, spielte für sie keine Rolle mehr. Das Thema Reinkarnation existierte, davon war sie ab diesem Zeitpunkt felsenfest überzeugt.

Paranormale Erklärungsversuche:

Die Wiedergeburt spielt bei vielen Religionen und Kulturen eine wichtige Rolle, wie z. B. im Buddhismus oder auch im Hinduismus. Dabei glauben die meisten Anhänger fest an eine Art Reinkarnationslehre, dass also die Seele nach dem Tod weiterwandert und sich irgendwann einen frischen Körper sucht und somit erneut geboren wird. Dieser Prozess kann beliebig oft wiederholt werden und eine enorme Zeitspanne überdauern. Ziel scheint letztendlich die Weiterentwicklung der Seele zu sein, um so alle Facetten des Lebens erfahren zu können, Gutes wie auch Schlechtes. Diesbezüglich spielt wohl auch „Karma" eine große Rolle, zumindest im Buddhismus. Karma folgt der Vorstellung, dass jede Tat, jede Handlung, ja sogar jeder Gedanke eine Folge haben wird. Man spricht hierbei auch vom „Ursache-Wirkung-Prinzip". Alles, was demnach jemals in physischer oder psychischer Form vorhanden war, wirkt sich in irgendeiner Weise auf die eigene Existenz aus. Begeht man also ein Verbrechen z. B. einen Mord, so wird diese negative Handlung irgendwann einmal zu einem zurückkommen, möglicherweise sogar in gleicher Form, sei es nun direkt bei sich selbst oder indirekt im näheren Umfeld.

Dies muss aber nicht unweigerlich im jetzigen Leben passieren, sondern eben mitunter erst in der nächsten oder übernächsten Inkarnation. Prinzipiell könnte demnach jeder Mensch zeit seines Lebens damit beschäftigt sein, Altlasten aus einem vorhergehenden Dasein abzuarbeiten oder sich zumindest damit auseinanderzusetzen. Man sollte also gut auf sich und seine Taten achten, denn das Universum vergisst vermutlich nichts und niemanden. Doch scheint das alles gar nicht so schlimm zu sein, wie es im ersten Moment klingt, sondern gehört einfach ganz offensichtlich zum Entwicklungsprozess einer Seele dazu. Erst wenn man ausreichend Erfahrungen gesammelt, sich in alle Richtungen ausprobiert und mit diversen Erlebnissen angereichert hat, kann man angeblich die nächste Stufe als „höheres Wesen" erreichen. Nur dann scheint ein Ende dieses Wiedergeburts-Karussells möglich und die Tore in eine völlig neue Daseinsform öffnen sich, zumindest wäre das die Idealvorstellung.

Viele glauben auch, dass man nicht unbedingt als Mensch wiedergeboren werden muss, sondern ebenso als Pflanze, Tier oder auch außerirdisches Wesen zurückkommen kann. Hauptsache, die Seele lernt auf irgendeine Weise dazu und entwickelt sich weiter. Um das zu erreichen und somit keine unnötige Lebenszeit zu verschwenden, behaupten einige Befürworter sogar, jedes Seelenwesen könne sich seine nächste Inkarnation gezielt aussuchen, mit all seinen Erlebnissen und den damit verbundenen Erfahrungen. Harter Tobak, aber vielleicht gibt es ja tatsächlich so eine Art Zwischenstation, in der man sich wie aus einem Katalog die einzelnen Module für das kommende Dasein heraussuchen und zusammenstellen kann, um so das perfekte Leben zur Weiterentwicklung des eigenen Selbst zu planen. Demnach wäre alles vorherbestimmt, zumindest die wesentlichen und wichtigen Aspekte des jeweiligen Lebens. Zufälle im eigentlichen Sinne gäbe es dann wohl nicht mehr und alles würde einem festgelegten Ablauf folgen, von der Geburt bis zum Tod.

Kann das alles sein? Gibt es wirklich das Phänomen der Wiedergeburt? Werden wir also tatsächlich alle reinkarniert und das sogar immer und immer wieder, bis wir am Ende das eine große Ziel erreichen, nämlich den geistigen Aufstieg unserer Seele? Müssen wir auf diesem steinigen und langen Weg dorthin wirklich so viele verschiedene Facetten des Lebens am eigenen Leib erfahren, Gutes wie auch Böses und zudem noch ständig das eigene Karma abarbeiten? Und suchen wir uns diese ganze Tortur, die einmal schön und ein anderes Mal nicht so schön verlaufen kann, letztendlich sogar noch selbst aus? Fragen über Fragen. Doch so unglaublich das Ganze auch klingen mag, sprechen sehr viele Zeugenberichte, Forschungsergebnisse, Glaubensbekenntnisse und einige stichhaltige Beweise dennoch dafür oder legen zumindest die Vermutung nahe, dass da wirklich etwas dran sein könnte. Die allerorts angebotenen Reinkarnationssitzungen bieten sicherlich einen interessanten Ansatz und überzeugen nicht selten mit unfassbaren Ergebnissen, die teilweise sogar den strengsten Kritiker in seine eigens errichteten Schranken zu weisen im Stande sind.

Mit diesen Ansätzen ließen sich auf jeden Fall allerlei Phänomene und so manch seltsame Vorkommnisse erklären. Selbst Déjà-vu-Erlebnisse, bei denen man das feste Gefühl hat, ein bestimmtes Ereignis, bestimmte Personen oder einen bestimmten Ort bereits zu kennen bzw. früher schon einmal persönlich kennengelernt zu haben, obwohl man eigentlich noch nie zuvor damit zu tun gehabt hatte und es demnach etwas völlig Neues sein müsste, würden plötzlich nachvollziehbarer werden, denn laut der Reinkarnationslehre war die betroffene Person vielleicht wirklich schon einmal an diesem Ort gewesen oder hat eine ähnliche Situation tatsächlich bereits erlebt, nur eben nicht in diesem, sondern in einem früheren Leben. Und da vermutlich diese ganzen Erinnerungen noch irgendwo tief im Inneren unserer Seele vorhanden sind, schwappen hin und wieder kleinere Bruchstücke an die Oberfläche und gewähren uns möglicherweise so einen winzigen Einblick in vergangene Existenzen.

War es Nathalie durch die Hypnosesitzung demnach vergönnt,

nicht nur einen winzigen, sondern vielleicht einen etwas größeren Einblick in jene vergangene Leben zu erhalten?

Sollten wir Menschen also wirklich eine Seele besitzen, die völlig unabhängig von Raum, Zeit und Körper existieren kann, so erscheint es sicherlich mehr als möglich, dass das Phänomen der Wiedergeburt real ist und wir daher immer und immer wieder zurückkommen. Zurück in ein neues Dasein, und zwar so lange, bis der Entwicklungsprozess abgeschlossen und die nächste Stufe der persönlichen Evolution beginnen kann.

👽 Ein weiterer Erklärungsansatz beschäftigt sich mit dem Vorhandensein des sogenannten „Morphogenetischen Feldes“, auch als „morphisches Feld“ bezeichnet. Der von dem britischen Biologen Rupert Sheldrake geschaffene Begriff bezeichnet ein angeblich unsichtbares und allumfassendes Netz, in welchem jegliche Erlebnisse, Informationen, Gedanken und Handlungen, die jemals in irgendeiner Form das Licht der Welt erblickten, aufgenommen, gespeichert und auch wieder ausgesendet werden. Also einfach alles, was irgendwann einmal von sämtlichen Wesenheiten, sei es nun aus Vergangenheit, Gegenwart oder Zukunft, irgendwie geformt und gelebt wurde und wird, kommt dort zusammen wie in einem großen Topf und nichts und niemand wird dabei ausgelassen, vergleichbar mit einer riesigen und universellen Festplatte, die jedes Individuum mit einbezieht. Dabei funktioniert dieser überdimensionale Speicher völlig unbemerkt und ganz von allein. Daher haben die meisten Menschen vermutlich auch keinen direkten Zugang, sondern werden eher beiläufig und gänzlich unbewusst damit verbunden und versorgt.

Angeblich soll man aber durch Meditation, Hypnose oder andere bewusstseinsverändernde Maßnahmen gezielter auf dieses Feld zugreifen und es für sich nutzbar machen können. Dieses mysteriöse Bewusstseinsfeld scheint eine Art Verbindungsglied zwischen den Lebewesen zu sein. Lernt z. B. ein Tier in Afrika eine neue Art der Futterbeschaffung, so kann es sein, dass die gleiche Tierart, die vielleicht mehrere Hundert Kilometer entfernt lebt, urplötzlich im selben Zeitraum eben auch diese neue Art der Futterbeschaffung vollführt, obwohl es sich diese aufgrund der Entfernung natürlich nicht von seinem Artgenossen abgeschaut haben kann. Es scheint diese Information auf irgendeinem anderen Weg erhalten zu haben, möglicherweise eben über das morphische Netz. Dabei würde das erste Tier die Info der neu erlernten Fähigkeit an das Feld senden und das zweite Tier diese „Datei“ anschließend daraus empfangen. Auch wenn man plötzlich sehr intensiv an eine bestimmte Person denkt, die man zudem schon länger nicht mehr gesehen oder gesprochen hat und kurz darauf das Telefon klingelt, mit genau diesem Menschen am anderen Ende, so könnte dies durch eine Verbindung über das morphogenetische Netz entstanden sein. Mitunter stehen wir alle in ständigem Austausch mit diesem seltsamen Konstrukt, merken es aber nicht, da die meisten empfangenen Infos keinerlei Bedeutung für uns haben bzw. in keinem Zusammenhang mit unserem aktuellen Leben stehen. Erst wenn es uns direkt betrifft oder wir uns gerade eben mit einer bestimmten Sache beschäftigen, könnten diese willkürlich eingetrudelten Informationen auf einmal einen Sinn ergeben und nutzbar für uns werden. Nicht selten hatten z. B. mehrere Forscher zur gleichen Zeit die gleiche Idee und stritten sich danach um Vorreiterstellung und Urheberrechte.

Telepathische Vorfälle und Fernwahrnehmungsphänomene (Remote-Viewing) könnten unter diesem Aspekt betrachtet eine völlig neue Bedeutung erlangen, denn vielleicht ist all dies lediglich dem morphogenetischen Feld geschuldet, genauso wie das besagte Wiedergeburts-Thema. Daher glauben einige, dass die erlebten Reinkarnationssitzungen nicht die eigenen früheren Existenzen zeigen, sondern stattdessen die Lebenserinnerungen von ganz anderen Menschen, deren Bilder der Hypnotisierte lediglich über das morphische Feld zugesandt bekommt, während er sich in tiefer Trance befindet und dadurch womöglich recht empfänglich für derlei Informationsübertragungen scheint. Der Proband sieht demnach ein völlig fremdes Leben vor seinem geistigen Auge ablaufen, ähnlich wie bei einem Kinofilm, nur dass er sich hierbei mitten im Geschehen wägt, fast als wäre er ein echter

Teil davon. Daher steigern sich einige Klienten wohl auch so intensiv hinein und scheinen das Gesehene regelrecht zu fühlen und zu durchleben. Trotzdem sind es mitunter nicht ihre eigenen Erlebnisse aus früheren Zeiten, sondern eben nur empfangene Datensätze aus dem morphischen Feld. Ein realistisch wirkendes Echo aus der Vergangenheit sozusagen. Die Personen aus den gezeigten Erinnerungen dürften demnach tatsächlich existiert haben. Zeit ihres Lebens übertrugen sie daher ebenso ihr komplettes Dasein kontinuierlich an diese universelle Festplatte, natürlich völlig unbewusst. Und da diese Dateien auch nach dem physischen Tod weiterbestehen, schwirren diese Datensätze eben als Teil des Ganzen noch immer munter umher und können demnach weiterhin von lebenden Personen empfangen werden.

Vielleicht erhielt also auch Nathalie lediglich eine Übertragung aus dem morphischen Feld, bestückt mit den gesamten Biografien verstorbener Menschen, deren gespeicherte Erinnerungen sie daraufhin betrachten und miterleben durfte. Diese unbewusste Dateneinspeisung erfolgte entweder völlig willkürlich oder aufgrund vorhandener Parallelen bzw. wegen gleicher Interessen, ähnlicher Lebenssituationen, vergleichbarer Verhältnisse etc. Wenn dem so wäre, müsste das gesamte Reinkarnationsthema mit gänzlich neuen Augen betrachtet werden. Ganz so abwegig erscheint es auf jeden Fall nicht. Vielleicht wird die Zukunft auch diesbezüglich eine Antwort liefern.

Rationale Erklärungsversuche:

Obwohl in den meisten Hypnosepraxen sicherlich seriös und verantwortungsbewusst gearbeitet wird, sehen sich diese speziellen Behandlungs- und Entspannungsmethoden und hierbei besonders der Bereich der Regressions- und Reinkarnationshypnose immer wieder dem Vorwurf der suggestiven Beeinflussung von Klienten ausgesetzt. Den Therapeuten wird demnach unterstellt, eigene Vorstellungen oder gewünschte Zielvorgaben durch manipulative Befehle, Fragen und Textpassagen in die gewünschte Richtung zu lenken, um das Ergebnis so entsprechend zu verfälschen. Sicherlich ist dieser Vorwurf nicht völlig von der Hand zu weisen, wenn auch ein wenig überzogen dargestellt. Wie überall gibt es natürlich auch in der Hypnose einige schwarze Schafe, die entweder auf übelste Weise ihre anvertraute Macht ausspielen, sich selbst profilieren und bereichern oder einfach nur den besonderen Wow-Effekt erzeugen wollen. Vor derlei unseriös und eigennützig arbeitenden Hypnotiseuren sollte man natürlich die Finger lassen. Allerdings stecken nicht immer nur böse Absichten, Eigeninteresse oder eine gezielte Suggestivarbeit dahinter, denn die meisten Therapeuten arbeiten ganz gewiss anständig und versuchen sich daher, so gut es geht, an ethische und moralische Grundsätze zu halten und keinerlei suggestive Beeinflussungen während einer Sitzung auf den Klienten auszuüben. Dennoch wird sich dies, so ehrenhaft die Absichten auch sein mögen, nicht immer vollends vermeiden lassen. Manchmal ist es auch einfach nur der Unerfahrenheit, der mangelhaften Qualifikation oder der schlichtweg falschen Berufswahl geschuldet.

All diese Gründe hätten sicherlich das Potenzial dazu, dass selbst ehrenhafte Therapeuten im Laufe einer aufwühlenden und ereignisreichen Reinkarnationssitzung leicht in einen emotionalen und überfordernden Strudel gezogen werden könnten, wodurch eine zunehmende Beeinflussung und Richtungsvorgabe kaum noch vermeidbar wäre, auch wenn es sicherlich völlig unbeabsichtigt geschehen würde. Letztendlich kommt jeder Klient mit bestimmten Vorstellungen zu einem entsprechenden Hypnosetherapeuten, welche in der Regel durch ein langes Vorgespräch auch offengelegt und erörtert werden. Zudem hat jeder Mensch eine gewisse Fantasie, so natürlich auch der Hypnotiseur. Es lässt sich daher wohl kaum vermeiden, dass der Therapeut, nachdem er den neuen Kunden samt dessen Wesen, Charakter und Zielsetzungen kennengelernt hat, eine gewisse Vorstellung dahingehend entwickelt, was dieser Mensch in einer seiner früheren Inkarnationen wohl gewesen sein könnte und welche Art von Vorleben er demzufolge vielleicht führte. Diese persönlichen Gedankengänge hätten gewiss das Potenzial, die nachfolgende Sitzung, bei welcher sich der

Klient in einer zumeist recht tiefen Trance befindet, durch kleine, textbasierende Impulse entsprechend zu beeinflussen und zu steuern. Sicherlich wird oftmals mit festen und auswendig gelernten Texten gearbeitet, was eine ungewollte Beeinflussung natürlich eher vermeidbar macht. Doch besonders bei Regressions- und Reinkarnationssitzungen kann sich der Hypnotiseur nicht immer an ein festgefahrenes Manuskript halten, da die oftmals dynamische Situation mitunter abweichende und spontane Einflussnahmen, Fragen und Hilfestellungen erforderlich machen.

Für einen erfahrenen und seriös arbeitenden Therapeuten stellt so etwas natürlich kein größeres Problem dar, daher dürfte sich eine tatsächliche Beeinflussung bei diesen Könnern in überschaubaren Grenzen halten oder sogar gänzlich untergehen. Doch wie gesagt: Leider gibt es eben auch die anderen Fälle, bei denen eine deutliche Suggestivarbeit nicht auszuschließen ist. Fälle, in denen hauptsächlich der Therapeut den Takt vorgibt und der Klient demnach zum Großteil nur das sieht und erlebt, was er vom Hypnotiseur unterbewusst eingeflößt bekommt, ob nun gewollt herbeigeführt oder unabsichtlich.

Vielleicht ist am Ende also auch Nathalie bei solch einem vermeintlich „schwarzen Schaf" gelandet. Eventuell waren die Wiedergeburts-Erlebnisse daher nichts anderes als reine Fiktion, hervorgerufen durch die Einflussnahme eines suggestiv arbeitenden Hypnotiseurs, der durch entsprechende Fragen und Anleitungen einen gewünschten Wow-Effekt bei seiner Klientin hervorrufen wollte oder sein Handwerkszeug einfach nicht ausreichend beherrschte.

Geschlossen Augen, eine gemütliche und gelockerte Sitz- oder Liegeposition, mitunter leise und beruhigende Musik im Hintergrund und ein angenehm langsam gesprochener Text. Wer würde bei solch entspannten Voraussetzungen nicht müde werden?

Vielleicht ist Nathalie während der langen Sitzung also einfach nur immer wieder kurzzeitig eingedöst und hat alles Erlebte nur geträumt. Sie befand sich demnach in einer Art Halbschlaf, nickte also nie richtig fest und lange weg, da sie durch die ständigen Fragen und Anleitungen des Hypnotiseurs fortwährend auf einem gewissen Bewusstseinsniveau gehalten und somit auch stets aus einem vorübergehend entstandenen Schlummerzustand zurückgeholt wurde. Dennoch reichten diese kurzen Schlaf-Phasen aus, um Nathalie ein paar interessante und real wirkende Träume zu bescheren, die natürlich aufgrund der vorliegenden Gesamtsituation einen gewissen Reinkarnations-Charakter aufwiesen, vergleichbar mit luzidem Träumen, bei welchem die betroffene Person ebenfalls Einfluss auf das zu erlebende Traumgeschehen nehmen kann. Die gesprochenen Worte des Therapeuten, der kontinuierlich spezielle Wiedergeburts-Fragen und Texte von sich gab, lenkten das Ganze schließlich noch mehr in diese Richtung. Kein Wunder also, dass Nathalie nur Geschichten träumte, die irgendwie von früheren Leben und deren Biografien erzählten. Nur, dass diese gesamten Szenarien eben nicht echt waren und auch nicht von real existenten Personen stammten, denn am Ende handelte es sich lediglich um Träume, zwar um sehr intensive, aber trotzdem nur um einfache und unspektakuläre Träume, so banal es auch klingen mag.

Wenn dem so war, wäre sich Nathalie dieser Tatsache vermutlich gar nicht bewusst gewesen. Sie hätte wahrscheinlich gar nicht zwischen Traum und echten Reinkarnationserlebnissen unterscheiden können, da es auch für sie eine völlig neue Erfahrung darstellte und sie den wahren Unterschied, so es denn überhaupt einen geben sollte, demnach letztendlich gar nicht kennen konnte. Hypnose ist oftmals eine Gratwanderung zwischen Schlaf und Wachzustand, also eigentlich genau in der Mitte, da man sich schließlich in einer Art Trance befindet. Bewusstsein und Unterbewusstsein marschieren in dieser Zeit Hand in Hand. Ein ungewolltes Abdriften ins Land der Träume ist demnach mehr als möglich und passiert auch immer wieder. Anschließend zu entscheiden, was denn nun echt oder geträumt war, stellt sicherlich jeden Beteiligten vor eine schwierige Aufgabe. Besonders in diesen zuweilen sehr langwierig ablaufenden Regressions- und Reinkarnationssitzungen scheint die Gefahr des Einschlafens zumindest phasenweise recht groß. Wie viel Wahrheitsgehalt und welches Potential die diesbezüglich erlebten „Wiedergeburts-Geschichten" daher noch haben, kann nur schwer beantwortet werden. Eine Verifizierung ist zumindest nur selten möglich und kann demnach beliebig gedeutet werden. Am Ende bleibt es vielleicht eine reine Glaubenssache: Gelebter Traum oder erlebte Realität, wer wagt das schon zu beurteilen.

Mit gewissen Parallelen zur vorhergehenden Option wird sich nun der dritten und letzten rationalen Erklärungsmöglichkeit gewidmet, und zwar der eigenen Fantasie. Vielleicht träumte Nathalie die ganzen Geschehnisse demnach gar nicht, sondern fantasierte sich stattdessen alles einfach nur bewusst zusammen. Letztendlich ging sie schließlich mit einer bestimmten Vorstellung zu dieser Sitzung, wie vermutlich jeder andere auch, denn wer macht sich schon im Vorhinein keine Gedanken dazu? Wer stellt sich nicht insgeheim vor, wer er wohl früher einmal alles gewesen sein könnte und wie deren vergangene Leben dann womöglich abgelaufen wären? Und wer nimmt diese Gedankenspielereien und Wünsche nicht mit in die Praxis, sondern schüttelt sie ganz galant vor der Eingangstür ab? Wohl eher niemand. Daher bleiben diese Dinge vermutlich fest im Kopf, selbst nachdem die ersten Induktionsworte des Hypnotiseurs begonnen haben und man immer tiefer und tiefer in die Entspannung geht. Doch die Hypnose macht einen ja nicht willenlos. Man ist ihr nicht hilflos ausgeliefert und kann keinen klaren Gedanken mehr fassen. Das ist nur der Irrglaube vieler Menschen. Nur sehr wenige können einen wirklich tiefen hypnotischen Trancezustand erreichen, bei dem sie tatsächlich ein wenig abdriften und die Oberhand verlieren könnten. In der Regel bleibt man aber nach wie vor Herr seiner Sinne, bekommt sein Umfeld demnach immer noch mit, hört und fühlt alles und könnte theoretisch auch jederzeit abbrechen. Doch die Meisten machen einfach mit und lassen sich fallen, während das Nebensächliche und Störende größtenteils ausgeblendet wird. Man konzentriert sich demzufolge nur noch auf die Worte des Therapeuten und folgt dessen Anleitungen, der eine mehr, der andere weniger. Das ist von Mensch zu Mensch unterschiedlich. Doch im Großen und Ganzen sind die meisten unter Hypnose nie ganz weg, außer man schläft ein. Demnach sind auch die eigenen Gedanken und Fantasien nach wie vor präsent. Absolviert der Klient jetzt noch eine Regressions- oder Reinkarnationssitzung, bei der eben die Vorstellungskraft sowie das Abspielen von Bildern und Filmen vor dem geistigen Auge besonders wichtig sind, steht dem kreativen Erstellen eigener Wunschfantasien kaum noch etwas im Wege. Da noch zwischen etwaig echten Erinnerungen und künstlich erzeugten Gedankenspielereien unterscheiden zu können, gleicht einer wahren Detektivarbeit.

Menschen kreieren den ganzen Tag irgendetwas im Kopf zusammen, sei es nun bei Tagträumen, Zukunftsvorstellungen oder bei sonstigen gedanklichen Fantastereien. Unser Gehirn steht kaum still. Wir denken fast ständig über irgendetwas nach. Warum sollte es unter Hypnose anders sein? Natürlich befindet man sich in einer ungewöhnlichen, entspannten und leicht tranceartigen Situation, aber die Grundvoraussetzung ist die gleiche. Wer sich dann auch noch schlecht fallen lassen kann, gewisse Ängste hat, aufgeregt ist, nicht daran glaubt oder einfach nur schwer hypnotisierbar ist, wird seine Gedanken kaum abstellen können. Die vorab erstellten und mitgebrachten Fantasievorstellungen haben nun leichtes Spiel und werden sich unbemerkt dazwischen schieben oder vielleicht sogar vollends die Oberhand übernehmen. Im Laufe der Sitzung werden diese Szenarien mitunter entsprechend ausgebaut und weiterentwickelt. Es entsteht eine vollumfängliche Biografie. Natürlich kann sich solch eine erdachte Geschichte auch erst im Laufe der Sitzung entwickeln, und zwar dann, wenn der Ablauf der Hypnose es erforderlich macht, sich nun an vergangene Leben zu erinnern. In dieser Situation möchte man schließlich erfolgreich sein, das Ganze soll sich ja lohnen. Kommt demnach keine echte Erinnerung, so lässt man sich eben unbewusst etwas einfallen. Mitunter weiß man selbst nicht, dass die ganzen Fantasien nur erfunden und nicht tatsächlich so passiert sind. Woher soll man das auch definitiv wissen können? Mit ein wenig guter Vorstellungskraft kann alles entstehen und wäre zudem schwerlich von einer wahren Erinnerung zu unterscheiden.

Möglicherweise erging es Nathalie ebenso und die erlebten Inkarnationen waren nichts weiter als bloße Fantasiegebilde. Ob nun bewusst eingebaut oder erst durch die besondere Gesamtsituation entstanden, am Ende könnten es trotzdem nur gedankliche Konstrukte ohne realen Hintergrund gewesen sein.

Warum war es im vorliegenden Fall allerdings gerade zu diesen beiden unterschiedlichen Lebensgeschichten gekommen? Möglicherweise zeigte sich dabei Nathalies dunkle und helle Seite, die angeblich jeder Mensch in sich trägt.

Und warum sprach sie plötzlich in einer echten antiken Sprache? Vielleicht war ihr das Altgriechische trotzdem schon einmal vorher irgendwo begegnet, wenn auch unbewusst, sei es in einem Spielfilm, einer Doku oder in einem Buch. Unser Gehirn nimmt schließlich wesentlich mehr auf, als wir bewusst wahrnehmen. Daher schlummert sicherlich noch so mancher Wissensschatz in uns. Zwar meistens unbemerkt, aber dennoch vorhanden.

Ein Wiedersehen auf der Treppe

Freiburg, Sommer 1990. Der damals 15-jährige Niklas lebte zusammen mit seinen Eltern und der jüngeren Schwester in einem schicken Einfamilienhaus am Rande der Stadt. Sein Alltag war bestimmt von Schule, Fußball und Musik hören. Im Gymnasium lief es notentechnisch sehr gut und auch sein umfangreicher Freundeskreis konnte sich sehen lassen. Der Junge führte also insgesamt ein recht angenehmes und sorgenfreies Leben ohne jegliche Zukunftsängste. Alles lief demnach nach Plan und schien unter Kontrolle zu sein, zumindest bis zu dieser einen Nacht.

Für Niklas war es ein ganz gewöhnlicher Donnerstag gewesen, ohne besondere Vorkommnisse. Nach den schulischen Verpflichtungen des Morgens hatte er die restliche Zeit fast ausschließlich mit seinen Kumpels verbracht. Erst am frühen Abend kehrte er erschöpft nach Hause zurück, aß anschließend noch eine Kleinigkeit, schaute dann zusammen mit seiner Familie ein Stündchen TV, bevor er sich letztendlich gegen 21.00 Uhr ins Bett begab. Der Junge schlief auch relativ schnell ein, schließlich wartete bereits in etwa 9 Stunden der nächste Tag auf ihn. Doch überraschenderweise sollte diese Nacht ein wenig früher enden als geplant.

Es war gegen 03.00 Uhr, als Niklas plötzlich aufwachte und dabei leicht verschreckt wirkte. Irgendetwas hatte ihn aus dem Schlaf gerissen. Zudem wurde er das komische Gefühl nicht los, als hätte jemand dabei seinen Namen geflüstert, direkt in sein rechtes Ohr hinein, mitten in der Traumphase. Er konnte das Wort regelrecht nachklingen hören, als wäre es eben erst gesprochen worden. Es hatte so echt gewirkt, wie von einer real anwesenden Person ausgehend, als hätte ihn irgendwer damit sanft wecken wollen. Doch jetzt war es wieder völlig still, totenstill. Hinzu kam diese absolute Dunkelheit der Nacht, welche den gesamten Raum in einen finsteren Schleier zu hüllen vermochte. Dennoch konnte Niklas nicht direkt wieder einschlafen, ganz im Gegenteil. Er fühlte sich seltsamerweise hellwach, so als würde ihn etwas am Weiterschlafen hindern wollen. Und nicht nur das, denn irgendwie überkam ihn plötzlich der innere Drang, sein Zimmer zu verlassen. Er konnte es sich selbst kaum erklären, doch dieser tief sitzende Impuls zerrte förmlich an ihm, auch wenn es eigentlich keinen offensichtlichen Grund dafür zu geben schien. Fast willenlos beugte er sich dennoch diesem hartnäckigen Instinkt und mühte sich langsam aus dem Bett. Leicht angespannt steuerte er zielstrebig die Zimmertür an und öffnete diese anschließend. Vor ihm lag der lange Hausflur mit all seinen Windungen und Treppengeschossen. Er sah sich um, versuchte sich dabei, so gut es ging, an die recht dunklen Sichtverhältnisse zu gewöhnen. Doch nichts wirkte irgendwie ungewöhnlich oder anders als sonst. Alles machte einen völlig normalen Eindruck, zumindest am Anfang, denn auf einmal sah er Licht vom Obergeschoss herunter leuchten, nur, dass es sich hierbei nicht um das gewöhnliche Deckenlampenlicht zu handeln schien. Stattdessen erweckte es den Anschein, als würde es sich bewegen, ähnlich einer geführten Taschenlampe.

Ungläubig stand Niklas einfach nur da und spähte gespannt Richtung Treppe, während der stetig heller werdende Schein allmählich näher zu kommen schien, indem dieser Stufe für Stufe nach unten wanderte. Dem Jungen wurde immer mulmiger, konnte er sich schließlich keinerlei Reim auf dieses merkwürdige Ereignis machen. Dennoch blieb er weiterhin eisern stehen und starrte erwartungsvoll gen Licht. Des Rätsels Lösung schien bereits zum Greifen nahe. Und dann war es endlich soweit, denn nur wenige Sekunden später hatte das seltsame Leuchten den einsehbaren Bereich der Treppe erreicht und die Ursache des Ganzen offenbarte sich nun. Niklas fiel beinahe das Herz dabei in die Hose, während er mit offen stehendem Mund und weit aufgerissenen Augen in das leuchtende Antlitz seines toten Großvaters blickte. Er konnte es nicht fassen, dennoch sah er ihn bei vollem Bewusstsein vor sich, nur eben als hell strahlendes Geistwesen. Doch abgesehen von diesem grellen Leuchteffekt wirkte er ansonsten wie immer. Selbst Kleidung und Frisur machten einen gewohnten Eindruck. Dabei schien der alte Herr, welcher im vorangegangenen Herbst an Herzversagen gestorben war, leicht über dem Boden zu schweben, während er freundlich lächelnd in Richtung seines Enkelsohnes blickte.

Die Erscheinung sagte keinerlei Worte, machte auch keinerlei Gesten, sondern verweilte einfach nur ruhig und gelassen am Ende des Treppengeländers, so als wolle es Niklas lediglich seine Existenz beweisen und ihm dadurch deutlich machen, dass es seinen Opa auf irgendeiner Ebene noch gab. Der Schock saß verständlicherweise tief, dennoch beruhigte sich der Junge langsam wieder und schien die Zeichen zu verstehen. Er spürte die Wärme und Liebe, die von dem Geist ausging, was wiederum jegliche Furcht verschwinden ließ. Niklas empfand diesen Besuch daher zunehmend als Geschenk. Er lächelte deshalb freundlich zurück und zeigte somit seine Dankbarkeit. Nicht nur für dieses besondere Erlebnis, sondern stellvertretend auch für all das Schöne und Gute, was der Großvater zu Lebzeiten für ihn getan hatte.

Und dann begann das helle Licht allmählich zu verblassen und die Wesenheit verschwand zunehmend. Niklas hob seine Hand und winkte seinem schwindenden Opa ein letztes Mal zu, kurz bevor der leuchtende Schein gänzlich erlosch und nicht einmal mehr die Silhouette zu erkennen war. Der Spuk schien vorbei und die Normalität kehrte zurück. Nichts zeugte mehr von den Ereignissen der letzten Minuten. Niklas war wieder allein und die Dunkelheit der Nacht übernahm erneut die Oberhand. Tief beeindruckt begab sich der Junge zurück in sein Zimmer, legte sich ins Bett und zog die Decke über seinen Körper. Doch schlafen konnte er in dieser Nacht nicht mehr, zu stark und aufwühlend stellte sich der Eindruck des eben Erlebten dar. Diese übersinnliche Erfahrung, die sich im Übrigen auch niemals wiederholte, hinterließ deutliche Spuren bei Niklas. Spuren, die ihn vermutlich sein Leben lang begleiten werden und für die er dennoch unsagbar dankbar ist.

Paranormale Erklärungsversuche:

Wie bereits bei einigen Fällen zuvor scheinen wir es wohl auch diesmal mit einer waschechten Geistererscheinung zu tun zu haben. Die vorliegenden Fakten, Anzeichen und Merkmale sprechen zumindest stark dafür und lassen somit kaum Zweifel aufkommen. Alles passt perfekt zusammen, da paranormale Jenseitskontakte sehr häufig auf diese Weise beschrieben werden. Angefangen bei den hell leuchtenden und schwebenden Wesenheiten, die zumeist noch das genaue Ebenbild eines Verstorbenen darstellen, sich aber ansonsten eher ruhig und passiv verhalten, bis hin zu den oftmals Orts- bzw. personengebundenen Verhältnismäßigkeiten. Worte werden dabei nur selten gewechselt und auch stärkere Bewegungen bleiben die Ausnahme. Mitunter tauchen die Erscheinungen nur kurz auf, gleiten währenddessen ein wenig umher, häufig gezielt in der Nähe von lebenden Menschen, was wiederum eine recht subtile Art der Kontaktaufnahme sein könnte, um gleich anschließend wieder spurlos zu verschwinden. Das „Warum" und „Wieso" bleibt somit oftmals im Verborgenen. Doch vielleicht bezweckt der besuchende Geist auch gar nichts Größeres damit, sondern will lediglich auf seine Existenz aufmerksam machen, sozusagen einen kleinen Gruß senden. Für mehr reicht die vorhandene Energie auch möglicherweise nicht aus oder stellt einfach keine Notwendigkeit dar.

In erster Linie scheint es dabei wohl nur um die Symbolik und um eine Art Jenseits-Bekundung zu gehen. Ganz im Gegensatz zu einigen anderslautenden Berichten aus dem Spuk- und Geisterbereich, bei denen wiederum tatsächlich handfeste Hintergründe und echte persönliche Anliegen als Ursache einer Erscheinung vorliegen könnten. In diesen speziellen Fällen bleibt es oftmals auch nicht nur bei einem Besuch, sondern wiederholt sich mitunter immer wieder, und zwar solange, bis die Angelegenheit geklärt oder der Sinn dahinter verstanden worden ist. Manchmal enden diese Phänomene aber auch einfach so irgendwann oder bleiben für ewig, wie man an einigen jahrhundertealten, aber immer noch aktiven Spukerscheinungen sehen kann.

Im aktuellen Fall allerdings schien wohl eher kein tiefergehender Grund vorgelegen zu haben. Am Ende blieb es schließlich auch bei diesem einmaligen Besuch. Doch eine Sache stellt sich dennoch als besonders interessant dar, denn die vermeintliche Tatsache, dass sich der verstorbene Großvater wohl offensichtlich bereits im Traum bei seinem Enkelsohn gemeldet zu haben schien und ihn dadurch regelrecht aufweckte, indem er nämlich dessen Namen in sein Ohr flüsterte, weist eine faszinierende Komponente auf. Können uns jenseitige Wesen also vielleicht auch direkt durch unsere Träume kontaktieren? Sind wir im Schlaf möglicherweise leichter für sie zu erreichen, da wir uns in dieser Zeit auf einer anderen Bewusstseinsebene befinden und demnach empfänglicher für derlei Interaktionen sind? Eventuell schwingen die diesseitigen und jenseitigen Frequenzen, die ansonsten wohl eher unterschiedlich sein dürften, während dieser besonderen Phase annähernd im Einklang und eröffnen so die Möglichkeit einer dimensionsübergreifenden Kontaktaufnahme. Wenn dem so wäre, sollte man Traumerlebnisse zukünftig vielleicht mit anderen Augen betrachten, denn möglicherweise, so unfassbar das jetzt auch klingen mag, verstecken sich darin auch kleine Botschaften und Grüße aus einer anderen Welt. Vielleicht hat Niklas also genau solch einen Gruß von seinem Opa erhalten und letztendlich auch als solchen verstanden. Betroffene mit ähnlichen Erfahrungen sollten sich daher nicht fürchten, sondern eher glücklich darüber sein, ein derartiges Geschenk aus dem Jenseits bekommen zu haben.

👽 Eine andere Möglichkeit beschäftigt sich erneut mit dem Thema der Astralreisen. Auch hierzu wurde bereits einiges geschrieben. Schauen wir uns daher nur noch das Wesentliche an.

Vielleicht ist Niklas demnach gar kein klassisches Geistwesen begegnet, zumindest nicht im eigentlichen Sinne, sondern er selbst bzw. seine Seele hat sich durch eine eigene außerkörperliche Erfahrung mitten in solch ein jenseitiges Reich oder in irgendeine etwaige Zwischenwelt begeben, wo er dann wiederum auf seinen bereits verstorbenen Großvater gestoßen ist. Dieses Treffen erfolgte dann entweder durch Zufall oder weil eine gezielte Intervention des Opas vorlag, der seinen Enkelsohn auf diese Weise kontaktieren und wiedersehen wollte. Es scheint zumindest so, als hätte ihn der Großvater regelrecht zu sich gerufen, da Niklas bekanntlich seinen geflüsterten Namen im Schlaf wahrnahm, wodurch er wiederum meinte, letztendlich aufgeweckt worden zu sein. Doch vielleicht wachte sein Körper gar nicht auf, sondern lediglich seine Seele, auch wenn es sich für ihn anders angefühlt hat. Eventuell löste sich also nur sein Astralleib, während der körperliche Anteil weiter ruhig und friedlich im Bett verblieb. Anschließend verließ er nichtsahnend sein Zimmer, um bereits kurze Zeit später seinem verstorbenen Opa zu begegnen. Dies alles spielte sich allerdings in einer astralen Zwischenwelt ab, selbst wenn Niklas es nach wie vor als sein normales Zuhause interpretierte. Oberflächlich gesehen war es das auch sicherlich noch immer, nur eben aus der Sichtweise einer frei umherziehenden Seele betrachtet. Aufgrund dieses besonderen Zustandes konnte er dann auch die jenseitige Existenzform seines Großvaters erkennen und wahrnehmen, der seit seinem Tod ebenfalls als körperloses Seelenwesen umherzieht.

Aus Erfahrungsberichten anderer Astralreisender weiß man, dass Begegnungen mit diversen Seelen, Geistern, Engeln usw. etwas ganz Normales im Verlaufe einer OOBE (Out-of-Body-Experience) sind und sogar recht häufig auftreten. Zudem sehen und treffen anscheinend viele von ihnen während solch einer außerkörperlichen Erfahrung, so manch verstorbenen Verwandten oder auch einige dahingeschiedene Freunde von früher. Möglicherweise ist eine Kontaktaufnahme auf dieser feinstofflichen Ebene wesentlich einfacher für Geistwesen zu bewerkstelligen, als wenn sie extra in unsere feststoffliche Welt übertreten müssten.

Ist Niklas vielleicht genau so etwas widerfahren? Hat ihn sein Großvater etwa auf diese Weise kontaktiert? Traf er seinen Opa demnach tatsächlich in astralen Gefilden, während er selbst als körperlose Seele unterwegs war? Er behauptet auf jeden Fall, ihn eindeutig gesehen und auch wiedererkannt zu haben.

Natürlich muss man sich bei all dem fragen, warum Geister einem zumeist in Originaloptik und mit normaler Alltagskleidung begegnen, sei es nun bei einem Spukerlebnis oder während einer Astralreise. Eigentlich dürften sie doch gar nicht mehr so aussehen wie vor ihrem Tod, der Körper existiert schließlich nicht mehr. Ganz zu schweigen von Kleidung, die man im Jenseits sicherlich nicht mehr tragen würde. Logischerweise wird dem wohl auch nicht so sein. Letztendlich tragen wir Lebenden aber nach wie vor ein Bild des Verstorbenen in uns. Unsere Vorstellung benötigt schließlich etwas Greifbares, wie sollten wir uns ansonsten an jemanden erinnern können. Und dieses bekannte Bild legen wir vermutlich auch bei einer Geistererscheinung oder einer Astralbegegnung vor unsere Augen, damit die Erscheinung eine uns vertraute Optik erhält und unser Verstand nicht gänzlich überfordert wird. Wahrscheinlich sind es in Wirklichkeit nur irgendwelche unidentifizierbare Lichtmanifestationen, ohne wirkliches äußeres Erscheinungsbild und ohne jegliche menschliche Attribute. Vermutlich findet die eigentliche Identifikation daher eher auf anderer Ebene statt, mitunter durch die persönliche Aura etc. Doch glücklicherweise haben wir ja alle ein gut funktionierendes Gehirn, welches das Ganze in ordentliche Bahnen lenken und uns den Geist somit in akzeptabler und vertrauter Form präsentieren kann.

Rationale Erklärungsversuche:

Da ist sie wieder, die perfekte Kombination aus Bett, Nacht und Schlaf, gefolgt von einem paranormalen Erlebnis. Und abermals scheint es dafür nur eine rational logische Erklärung zu geben: Der Betroffene hat alles einfach nur geträumt, so banal es auch erneut klingen mag. Doch im Prinzip hört es sich genau danach an. Was also sollte ein kritischer Zuhörer bei solch einer Geschichte schon anderes denken? Vermutlich exakt das.

Niklas ist müde und erschöpft gewesen, als er sich am Abend zu Bett begab. Zudem sei er wohl recht schnell eingeschlafen. Man kann daher von einem ziemlich tiefen Schlafzustand ausgehen. Angeblich wachte er aber gegen 03.00 Uhr auf, weil er im Traum eine Stimme vernommen hatte. Obwohl er laut eigener Aussage keinen ersichtlichen Grund dafür sah, stand er dennoch daraufhin auf und verließ das dunkle Zimmer, um im Flur dem Geistwesen seines verstorbenen Großvaters zu begegnen. Nach diesem kurzen Intermezzo begab er sich zurück in sein

Bett, zog sich die Decke über, konnte aber angeblich nicht mehr weiterschlafen. Vielleicht ist er aber in Wirklichkeit erst in diesem Moment aus einem aufwühlenden Traum aufgewacht und konnte deshalb nicht mehr weiterschlafen, und nicht, weil er mutmaßlich vorher schon durch das Haus gelaufen und seinem toten Opa begegnet ist. Der Traum hatte sich vermutlich nur sehr echt angefühlt und dem Jungen so eine falsche Realität vorgegaukelt. So etwas hat sicherlich jeder schon einmal erlebt. Manchmal stellen sich Träume einfach sehr real und intensiv dar, sodass eine Unterscheidung zwischen Fiktion und Wirklichkeit - zumindest auf den ersten Blick - hin und wieder tatsächlich schwer erscheint. Dennoch bleiben es nur ganz gewöhnliche Traumerlebnisse, zumeist auch ohne jeglichen besonderen Hintergrund.

Vielleicht saß die Trauer bei Niklas, dessen Großvater ja noch nicht allzu lange tot war, noch immer recht tief. Daher würde ein emotionales und realistisch wirkendes Traumszenario mit genau diesem verstorbenen Menschen nicht sonderlich verwundern. Der tief sitzende Wunsch nach einem Wiedersehen könnte das Ganze noch zusätzlich unterstützt haben, wodurch die Tatsache eines fiktiven Schlaferlebnisses erfolgreich verdrängt wurde. Der Verstand glaubt eben, was er nun einmal glauben möchte.

Hat Niklas demnach alles nur geträumt, eventuell sogar einen Wachtraum gehabt, was ebenfalls für eine intensive und wirklichkeitsnahe Wahrnehmung sprechen könnte? Zumindest aus rational denkender Sichtweise betrachtet, dürfte daran wohl keinerlei Zweifel bestehen.

Auch bei der zweiten Erklärungsmöglichkeit bleiben wir im Bereich der Träume. Im Gegensatz zur ersten Option wird hierbei allerdings die These des Schlafwandelns ins Spiel gebracht. Der sogenannte Somnambulismus, früher auch als Mondsucht bezeichnet, ist seit jeher ein spannendes und mystisch anmutendes Phänomen. Dabei erwachen Betroffene plötzlich aus ihrer Tiefschlafphase, allerdings nur teilweise, befinden sich demnach weiterhin in einer Art Halbschlaf, wandeln währenddessen aber dennoch oftmals kurzzeitig umher und verrichten dabei mitunter sogar Hausarbeiten oder sonstige gewöhnliche Tätigkeiten. Dabei sind die Augen zumeist geöffnet, und auch ansonsten wirken die jeweiligen Personen relativ normal, nur dass sie eben nicht völlig wach und Herr ihrer Sinne sind. Meistens legen sie sich dann irgendwann wieder selbstständig hin und schlafen einfach weiter, so als wäre nichts gewesen. Die wenigsten Betroffenen können sich am nächsten Tag an dieses nächtliche Ereignis erinnern, halten es höchstens für ein intensives Traumerlebnis. Wenn dann nicht zufälligerweise ein Augenzeuge vor Ort ist, der später davon berichten kann, würden die meisten vermutlich nie etwas von ihren schlafwandlerischen Abenteuern erfahren. Doch gibt es eben diesbezüglich auch Ausnahmen und der vorliegende Fall könnte genau solch eine gewesen sein, da sich Niklas offenbar recht gut erinnern konnte.

Interessanterweise sind zudem besonders häufig Kinder und Jugendliche von dieser sporadisch auftretenden Schlafstörung betroffen. Für das geschilderte Erlebnis von Niklas ebenfalls kein ganz unwichtiger Hinweis. Alles in allem scheint die ganze Somnambulismus-Option als recht gute und glaubwürdige Erklärungsmöglichkeit herhalten zu können. Vieles spricht auf jeden Fall dafür, schließlich ist der Junge angeblich durch eine mysteriöse Stimme geweckt worden, anschließend ohne ersichtlichen Grund aufgestanden, daraufhin ziellos durch das Haus gewandert, wo er dann mutmaßlich seinem verstorbenen Großvater begegnet sein soll, bevor er sich zu guter Letzt - nach solch einem unfassbar imposanten Erlebnis - einfach wieder zurück ins Bett begab. Das Ganze dauerte wohl auch nur wenige Minuten und wurde zudem noch, abgesehen von dem angeblich hell erleuchteten Opa, ganz offensichtlich in absoluter Dunkelheit erlebt. Der Junge schaltete demnach keinerlei Licht an, was ein wenig seltsam erscheint. Rein rational betrachtet klingt das Ganze demnach schon recht deutlich nach dem Phänomen des Somnambulismus. Und vielleicht ist es daher auch genau so gewesen und Niklas ist tatsächlich nur schlafgewandelt. Während dieser Phase hatte er einfach einen intensiven Traum von seinem toten Großvater gehabt, baute diese Fantasie dann unbewusst in das real erlebte Umfeld seiner Nachtwanderung mit ein, ist anschließend zurück in sein Bett gegangen, hat vermutlich kurzzeitig weitergeschlafen und ist daraufhin plötzlich erneut aufgewacht, nur eben diesmal richtig und vollständig. Demnach dachte er nur, er wäre die ganze Zeit über bereits völlig wach und bei klarem Verstand gewesen, war es aber letztendlich nicht. Auch sein persönlicher Eindruck, dass er nach dem Treffen mit seinem Opa nicht mehr einschlafen konnte, war eventuell nichts weiter als Einbildung bzw. Teil einer leicht gestörten Wahrnehmung aufgrund des ungewöhnlichen Schlafwandelerlebnisses. Vermutlich verhielt es sich zwar wirklich so, und er konnte den Rest der Nacht tatsächlich nicht mehr weiterschlafen, doch mutmaßlich wohl erst, nachdem er wieder ins Bett gegangen und den noch immer vorliegenden Traum- und Somnambulismus-Zustand vollständig beendet hatte.

Beweisen kann man es zwar nicht, aber das Ganze klingt schon recht einleuchtend. Das Phänomen des Schlafwandelns ist und bleibt auf jeden Fall ein sehr spannendes und faszinierendes Thema und zudem eine gute Erklärungsmöglichkeit für diesen Fall.

Ein gefährliches Spiel

Es war ein ruhiger und angenehmer Samstagabend, als die damalig 16-jährige Lena zusammen mit einer Freundin auf eine Party gehen wollte. Frohen Mutes erreichten die beiden Mädchen gegen 18.00 Uhr das anvisierte Haus in der Ingolstädter City. Das bunte Treiben dort nahm recht schnell Fahrt auf und alle schienen ihren Spaß zu haben. Die Stunden vergingen daher recht schnell und die Feier neigte sich allmählich dem Ende. Nach und nach verließen daher immer mehr Gäste das Geschehen, was die Zahl der Verbliebenen überschaubar machte. Am Ende, so etwa um 23.00 Uhr, waren es noch ungefähr 8 Personen – der vermeintlich „harte Kern". Auch Lena und ihre beste Freundin gehörten dazu. In gemütlicher Runde vergnügte man sich nun mit lustigen Gesellschaftsspielen, alterstypischen Gesprächsrunden und dem Genuss leichter alkoholischer Getränke, was die allgemein eh schon gelockerte Stimmung noch zusätzlich entspannter werden ließ. Kaum verwunderlich also, dass nun auch zunehmend dumme Ideen und relativ fragwürdige Beschäftigungsvorschläge kursierten. Eine davon, die aber alle recht interessant und spannend fanden, war das Abhalten einer vermeintlichen Geisterbeschwörung.

Der Gastgeber und zugleich Urheber des brisanten Vorschlags besaß ein entsprechendes Utensil für derlei okkulte Zeremonien. Angeheizt durch die allgemeine Begeisterung der Anwesenden stürmte der junge Mann sogleich los, um das sogenannte „Ouija-Board" aus dem Keller zu holen. Und dann lag es vor ihnen ausgebreitet auf dem Tisch, ein mit allerlei Zahlen, Buchstaben, Symbolen und Wörtern versehenes Spielbrett. Alles wirkte sehr mystisch und faszinierend auf die Jugendlichen. Die stetig größer werdende Verlockung, sich nun endlich näher damit zu beschäftigen, wuchs daher von Sekunde zu Sekunde. Das mutmaßliche Spiel, durch welches man angeblich mit verstorbenen Seelen, Geistern und Dämonen kommunizieren könne, konnte demnach beginnen.

Zuerst wurde das Licht ausgeschaltet, stattdessen ein paar Kerzen entfacht, bevor sich anschließend alle um den Tisch herum versammelten und der Gastgeber kurz den Ablauf und die Regeln erläuterte. Als Nächstes platzierte der junge Mann noch eine kleine dreieckige Platte, die sogenannte „Planchette“, auf dem bunt bedruckten Spielbrett, welche als eine Art Zeiger dienen sollte. Und schon konnte es losgehen. Jeder der Anwesenden legte nun einen Finger auf diese bewegliche Planchette, sollte sich dabei aber so still wie möglich verhalten. Dann wurden die ersten Fragen gestellt. Erwartungsgemäß passierte erst einmal gar nichts, was natürlich einige dumme Sprüche und Witzeleien nach sich zog. Michael, der Chefveranstalter des Ganzen, reagierte leicht verärgert auf die unpassenden Reaktionen seiner Mitstreiter und bestand daher erneut auf Ruhe und Konzentration, da ein Erfolg seiner Meinung nach ansonsten schwerlich zu bewerkstelligen wäre. Nachdem sich die anfängliche Aufregung gelegt hatte, wurde ein nächster Versuch gestartet. Abermals wandte sich Michael an die imaginäre jenseitige Welt und bat um einen direkten Kontakt.

Die Stimmung nahm nun zunehmend gruseligere und düstere Züge an und selbst die größten Zweifler und Spaßmacher waren inzwischen voll bei der Sache. Die Erwartungshaltung wuchs ins Unermessliche. Auch Lena war die Anspannung deutlich anzumerken. Mit festem Blick fixierte sie das Ouija-Brett und lauerte dabei auf ein anfängliches Zeichen. Und plötzlich schien tatsächlich etwas zu passieren, denn auf einmal zeigte die Planchette erste zaghafte Regungen. Sofort intensivierte der gastgebende Geisterbeschwörer seine Bemühungen und versuchte so die Kontaktaufnahme zu verstärken. Dabei wiederholte er stets die gleichen Fragen und Beschwörungsformeln, wollte so dem Ganzen ein wenig mehr Nachdruck verleihen. Diese Hartnäckigkeit schien sich letztendlich sogar auszuzahlen, da das bewegliche Zeigebrettchen nun wahrlich an Dynamik zunahm und mit immer deutlicheren Bewegungen agierte. Auf klare Fragen folgten inzwischen klare Antworten, indem die Planchette entweder auf das „Ja“ oder das „Nein“ Feld zog. Nach und nach wurden nun auch immer häufiger die einzelnen Zahlen und Buchstaben mit einbezogen, wodurch sich zunehmend längere Wörter und sogar ganze Sätze bildeten. Es entstand ein regelrechter Dialog, bei dem die Teilnehmer immer mehr Details über ihren unbekannten Besucher zu erfahren schienen. Im Zuge dessen erhöhte sich aber auch die Bewegungsgeschwindigkeit der Planchette zusehends, bis sie irgendwann regelrecht über das Brett raste. Die Jugendlichen hatten zwar nach wie vor einen Finger darauf, doch geschahen diese Züge dennoch angeblich selbstständig, also ohne manuelles Zutun der Anwesenden, zumindest behaupteten das alle. Natürlich wurde dies durch gegenseitiges Hinterfragen abgeklärt, aber jeder schwor felsenfest, für keine der erfolgten Bewegungen verantwortlich gewesen zu sein, sondern den eigenen Finger stets völlig still gehalten zu haben. Es schien demnach so, als hätten sie es tatsächlich mit einer unsichtbaren und fremden Präsenz zu tun, welche auf diese Weise mit ihnen zu kommunizieren versuchte. Lena bezeugte zwar ebenfalls ihre Unschuld, trotzdem kam ihr das Ganze schon sehr seltsam und unglaubwürdig vor.

Für einige der anwesenden Mitstreiter wollte sie anfänglich zumindest keine Garantie dafür übernehmen, dass diese nicht vielleicht doch alles nur manipulierten und die Bewegungen demnach selbst ausführten. Doch dann geschah etwas Unverhofftes. Etwas, das Lenas vorherrschende Skepsis vollends verfliegen und sie wahrlich an ihrem Verstand zweifeln lassen sollte, denn mit einem Mal ertönte plötzlich ein lauter Knall, wie wenn etwas mit voller Wucht gegen das Zimmerfenster gedonnert wäre. Als Nächstes gingen auch noch einige der aufgestellten Kerzen wie von Geisterhand aus. Zudem fühlte es sich so an, als würde den Jugendlichen ein kalter Hauch um das Gesicht ziehen, einem nach dem anderen, einmal reihum. Alle erschraken natürlich fürchterlich und nahmen sofort die Hand von der Planchette. Doch dann der nächste Schock, denn kurz darauf schoss das losgelassene Teil mit einem Affenzahn über das Ouija-Brett hinaus und flog krachend gegen die etwa 2 Meter weit weg liegende Wand. Der Aufprall war so hart gewesen, dass sogar eine kleine Beschädigung am Mauerwerk entstand. Der selbstständig gewordene Zeiger wiederum schien den Zusammenstoß recht unbeschadet überstanden zu haben. Stattdessen lag dieser nun auf dem Boden herum und drehte sich dabei in einem Wahnsinnstempo um die eigene Achse, völlig selbstständig und immer an der gleichen Stelle. Dieses unfassbare Schauspiel dauerte etwa 30 Sekunden, bevor die sprichwörtlich wildgewordene Planchette urplötzlich stoppte und anschließend keinerlei Regung mehr von sich gab. Kurz darauf zog den Jugendlichen noch einmal dieser kalte Windhauch um das Gesicht, der ihnen allen förmlich die Haare zu Berge stehen ließ. Dann hörte der Spuk auf und alles wurde ganz still.

Mit offenstehenden Mündern und vollends entgleisten Gesichtszügen saßen sie nun da und rangen sichtlich um Fassung. Ungläubig suchten sie gegenseitig nach einer Erklärung für das eben Erlebte, doch keiner hatte auf Anhieb eine vernünftige Antwort parat. Einige der Mädchen begannen daraufhin zu weinen und zu toben, woraufhin der Gastgeber einen ersten Versuch unternahm, beschwichtigend auf seine sichtlich verstörten Gäste einzuwirken. Auch Lena hatte es regelrecht die Sprache verschlagen. Mit ängstlicher Mine saß sie da und schnappte nach Luft. Dennoch wollte und konnte sie nicht an die Echtheit des Ganzen glauben, genauso wie einige andere auch nicht. Daher begannen nun langsam die ersten Verdächtigungen und Manipulationsvorwürfe untereinander, doch niemand bekannte sich schuldig. Besonders Michael stand im Kreuzfeuer und musste sich einiger böser Anschuldigungen erwehren. Nichtsdestotrotz bestand er darauf, diese spiritistische Sitzung ordnungsgemäß abzuschließen, da es seiner Meinung nach ansonsten zu unvorhergesehenen Folgen hätte kommen können. Obwohl die meisten zwar noch immer an ihrer Betrugstheorie festhielten, ließen sich dennoch alle zu einer letzten Zusammenkunft überreden. Zu groß schien am Ende dann doch die Ungewissheit und zu verängstigend wirkten wohl auch die mahnenden Worte des Gastgebers. Daher folgte zähneknirschend das notwendige Schlussritual, durch welches der Geist bzw. der Dämon zurück in seine Welt verabschiedet und jegliches offenstehende Portal verschlossen werden sollte. Das Ganze verlief dann auch recht ruhig und unspektakulär ab. Anschließend wurde das Ouija-Board samt Zubehör eingepackt und schnellstmöglich zurück in den Keller gebracht. Die Party schien somit ihr Ende gefunden zu haben und alle verließen recht zügig den Ort des Geschehens. Lena war eine der Ersten die aufbrach, zusammen mit ihrer besten Freundin. Unterwegs sprachen sie fast kein Wort miteinander, zu tief saß wohl noch immer der offensichtliche Schock.

Selbst Tage später versuchte jeder, dieses brisante Thema irgendwie zu umgehen. Man wollte dieses Erlebnis offenbar aus dem Gedächtnis verbannen und am besten nie wieder erwähnen. Ein harmlos wirkendes Partyspiel wurde somit bitterböser Ernst und dürfte für alle anwesenden Jugendlichen eine Lehre gewesen sein. Mit dem Jenseits oder irgendwelchen fremden Sphären sollte man nicht spielen oder seine Späße damit treiben und besonders kein Portal dorthin öffnen, denn am Ende weiß man nie, wer da alles so durchkommt und vielleicht nicht mehr dahin zurück möchte.

Paranormale Erklärungsversuche:

Das Ouija-Brett, u. a. auch als Hexenbrett oder Witchboard bekannt, dient in spiritistischen Kreisen zur Kontaktaufnahme mit der jenseitigen Welt. Dazu sind auf dem spielbrettartigen Teil allerlei Zahlen, Buchstaben, Symbole und Wörter angebracht, durch welche man Geister, verstorbene Seelen oder auch Dämonen anrufen, mit ihnen kommunizieren und sie sogar beschwören kann. Die Bretter gibt es in diversen Formen, Farben und Ausführungen. Benötigt wird zudem noch eine sogenannte „Planchette“, eine Art bewegliches Zeigebrettchen mit durchsichtigem Loch, welches durch die anwesenden Probanden zwar leicht berührt, dann aber angeblich erst durch den gerufenen Geist auf die entsprechenden Buchstaben etc. bewegt wird, um so die gewünschten Mitteilungen aus dem Jenseits zu übermitteln. Natürlich gibt es auch immer wieder Berichte darüber, dass der Zeiger völlig selbstständig, also ohne jegliche menschliche Berührung, über das Brett gezogen sei, wie teilweise auch im vorliegenden Fall angegeben. Dies dürfte aber eher die Ausnahme darstellen, da offensichtlich dennoch ein gewisser Körperkontakt durch lebende Menschen von Nöten zu sein scheint, damit sich das Zeigebrettchen in Bewegung setzen kann. Möglicherweise reicht die jenseitige Energie ansonsten nicht aus und benötigt daher ein wenig Unterstützung. Die Planchette wurde übrigens früher auch häufig für das Phänomen des „automatischen Schreibens“ verwendet. Zu diesem Zweck befestigte man Stifte an der Unterseite und platzierte den so präparierten Zeiger auf einem leeren Blatt Papier. Anschließend berührte zumeist ein übersinnlich begabtes Medium, welches währenddessen unter fremder Kontrolle gestanden haben soll, den nun schreibbereiten Zeiger, welcher sich daraufhin in Bewegung setzte, um mit scheinbar gezielten Zügen ein paar schriftlich übermittelte Botschaften aus der jenseitigen Welt entstehen zu lassen. Prinzipiell also recht ähnlich zum Ouija-Brett.

Leider bergen diese übersinnlichen Kommunikationsweisen aber auch einige Gefahren und Risiken und sollten daher nur von erfahrenen oder spirituell veranlagten Menschen durchgeführt werden. Letztendlich weiß man schließlich nie, wen oder was man durch diese Kontaktaufnahme zu sich herüberholt. Die meisten hoffen zwar immer auf freundliche und friedliche Geister, in erster Linie natürlich auf verstorbene Angehörige etc., doch darauf kann man sich nicht verlassen, ganz und gar nicht. Viele paranormal Interessierte glauben nämlich, dass es zahlreiche unsichtbare Dimensionen und jenseitige Welten gibt, in denen sich wiederum unzählige verschiedene Wesenheiten tummeln, gute wie leider auch bösartig Gesinnte, die nur zu gerne in menschliche Gefilde eintreten würden. Aufgrund dieser unterschiedlichen Gemütslagen unterscheiden sich natürlich auch deren jeweilige Intensionen für einen Besuch. Und diese Beweggründe sind sicherlich nicht immer wohlwollend und anständig, teilweise sogar genau das Gegenteil. Daher ist äußerste Vorsicht geboten, damit man es am Ende nicht mit einer dieser finsteren Gestalten zu tun bekommt, genauer gesagt: Mit einem Dämon, denn die verfolgen mitunter richtig schlechte und unheilvolle Ziele, wie z. B. die Besetzung oder Schädigung eines menschlichen Körpers sowie das allgemeine Verbreiten von Chaos, Unglück und Leid. Doch wird eine Pforte ins Unbekannte erst einmal geöffnet, wirkt das letztendlich wie eine Einladung, und zwar auf jede dort ansässige Wesenheit. Man kann sich den Gast schließlich nicht immer aussuchen, auch wenn dies natürlich zumeist versucht wird und sicherlich teilweise auch gelingen mag, doch eben nicht in allen Fällen und besonders nicht bei unerfahrenen Anfängern ohne professionelle Unterstützung. Schließlich gibt es viele Regeln zu beachten und an diese sollte sich auch gehalten werden. Nur so können die Risiken und Gefahren, welche dennoch sicherlich nie ganz auszuschließen sind, zumindest stark reduziert werden. Als lustiges Partyspiel daher absolut nicht zu empfehlen. Da kann man nur sagen: „Finger weg!“, und zwar deutlich.

Leider haben Lena und ihre Freunde in ihrem jugendlichen Leichtsinn nicht auf diese Warnung gehört und so ein sehr gefährliches Spiel ausprobiert. Und so wie es aussieht, scheinen sie wohl tatsächlich wahllose eine Tür ins Jenseits geöffnet und dadurch unbeabsichtigt einen Dämon oder bösen Geist herübergeholt zu haben, der sie daraufhin ein wenig erschreckt und geärgert hat. Zumindest hört es sich ganz danach an. Glücklicherweise schien der Gastgeber wenigstens so viel Ahnung von dem Ganzen gehabt zu haben, um diese geöffnete Pforte auch wieder ordnungsgemäß verschließen und die unerwünschte Wesenheit somit zurückschicken zu können. Wer weiß, wie es ansonsten weitergegangen wäre und was für unangenehme Folgen dieser riskante Zeitvertreib noch so hätte haben können.

Die zweite paranormale Erklärungsmöglichkeit geht davon aus, dass es die Jugendlichen zwar nicht mit einem echten Jenseitskontakt zu tun hatten, einer von ihnen aber bewusst oder unbewusst über die besondere Fähigkeit der Psychokinese verfügte, durch welche die besagten Phänomene mental herbeigeführt worden sein könnten.

Bei dieser außergewöhnlichen Begabung, auch Telekinese genannt, die Spekulationen zufolge mit einer stärker aktivierten Zirbeldrüse (3. Auge) zusammenhängen könnte, scheint es den Betroffenen möglich zu sein, ganz normale Gegenstände rein mit der eigenen Gedankenkraft bewegen und manipulieren zu können. Oftmals ist diesen Menschen ihre übersinnliche Befähigung gar nicht bewusst, daher verbinden sie entsprechende Vorfälle, bei denen sich Dinge wie von selbst zu bewegen scheinen, auch nicht mit sich selbst, sondern schieben es stattdessen ganz galant auf andere Personen, auf Zufälle, auf technische Defekte, auf Sinnestäuschungen oder eben auf jenseitige Wesenheiten. Wer weiß, wie viele dieser unentdeckten Psychokinetiker es demnach tatsächlich geben könnte. Einige esoterisch und grenzwissenschaftlich forschende Menschen gehen eh davon aus, dass prinzipiell jeder über derartige paranormale Fähigkeiten verfügt, die meisten diese aber nicht zu nutzen wissen. Angeblich hätten wir demnach zwar alle die Veranlagung dazu, übrigens auch zu diversen anderen übersinnlichen Befähigungen, können auf diese sprichwörtlich stillgelegten Grundkenntnisse allerdings nicht zugreifen, da wir es einerseits entwicklungsbedingt verlernt haben und andererseits durch diverse äußerliche Einflüsse blockiert werden. Durch regelmäßiges Meditieren, Yoga oder sonstige bewusstseinserweiternde Methoden soll es aber theoretisch möglich sein, diese Blockaden nach und nach lösen und somit jenes innenliegende Potenzial immer mehr nutzen zu können. Und hat man diese Freilegung dann erst einmal geschafft und ist sich seiner besonderen Fähigkeiten zudem noch bewusst, sind wahrlich unfassbare Phänomen dadurch möglich. Der vermeintliche Magier kann nun offenbar Einfluss auf das vorhandene Energiefeld lebender oder lebloser Objekte/Subjekte nehmen, diese dadurch bewegen, verändern und manipulieren, ja mitunter sogar die Schwerkraft und damit auch die vorherrschenden Naturgesetze gänzlich außer Kraft setzen. Da fliegen dann schon gerne einmal Dinge durch die Luft, drehen sich wie wild um die eigene Achse oder rutschen haltlos über den Tisch. Und das alles nur durch die Kraft der Gedanken. Offiziell gibt es zwar nur wenige bestätigte Fälle und leider auch kaum filmische Beweise, aber inoffiziell scheint die Sache schon etwas anders auszusehen, zumindest lassen das etliche Bücher, Berichte und Zeugenaussagen vermuten. So wie beim vorliegende Fall, bei welchem es eben möglicherweise auch zu einem echten Telekinese-Phänomen gekommen sein könnte. Ob die betroffene Person nun etwas von ihrer besonderen Begabung wusste und die anderen dadurch einfach nur ein wenig ärgern und erschrecken wollte oder ob sie selbst ahnungslos war und das

Ganze demnach eher zufällig und völlig unbewusst auftrat, möglicherweise der mystischen und paranormal angehauchten Gesamtsituation geschuldet, wird wohl kaum zu klären sein und spielt auch eigentlich nur eine untergeordnete Rolle.

Fakt ist auf jeden Fall, dass die von Lena geschilderten Vorgänge und Geschehnisse potentiell für ein psychokinetisches Phänomen sprechen könnten. Vielleicht war das Spiel mit dem Ouija-Brett demnach nur der Auslöser, doch die Ursache des poltergeisterhaften Treibens eine ganz andere, eine wesentlich menschlichere. Für die mysteriösen Bewegungen der Planchette und all der anderen seltsamen Vorgänge brauchte es also eventuell gar keinen Dämon aus einer jenseitigen Welt, sondern lediglich einen paranormal begabten Jugendlichen mit ausgeprägten mentalen Fähigkeiten.

Rationale Erklärungsversuche:

Welche rationale Erklärungsmöglichkeit fällt einem beim vorliegenden Fall wohl als Erstes ein? Richtig: Betrug, denn was wäre nahe liegender, als einem der Anwesenden, vorzugsweise natürlich dem Gastgeber irgendeine Art von Betrug oder Manipulation zu unterstellen. Vielleicht handelte es sich auch nicht nur um einen Täter, sondern das inszenierte Schauspiel umfasste gleich mehrere Mitwisser und Komplizen. So wäre das Ganze auf jeden Fall wesentlich leichter und realistisch wirkender zu bewerkstelligen gewesen. Mitunter hatte sich diese Gruppe bereits einige Zeit vorher auf den ausgeheckten Plan verständigt, um dann alles fein säuberlich einleiten und abspulen zu können. Dementsprechend wären die benötigten Utensilien und Spezialeffekte vorab präpariert worden, damit auch alles schön echt aussehen und perfekt funktionieren würde. Vielleicht wurde im Zuge dessen die Planchette mit einem kleinen Magnet versehen oder besaß eine fernsteuerbare Elektronik. Eventuell kann man derartige Dinge bereits fertig kaufen, z. B. als Zauberei-Zubehör. Doch möglicherweise brauchte es auch gar nicht so viel an technischer Unterstützung, da mitunter die eigenen Hände völlig ausreichten, zumindest für einen Großteil der

Effekte. Auch all die anderen beschriebenen Ereignisse wären sicherlich auf die eine oder andere Weise zu manipulieren gewesen, z. B. durch einen weiteren Mittäter, der sich die ganze Zeit über versteckt hielt und heimlich aus dem Hintergrund agierte. Bis auf die Komplizen hätte demnach niemand von dessen Verbleib und Mitwirken gewusst. Eine perfekte Tarnung und als Alibi wahrlich unschlagbar.

Natürlich bedeutet so etwas ein wenig Aufwand und Vorbereitung. Aber was tut man nicht alles für die große Show oder den kleinen Spaß. Es könnte demnach ganz klar ein mieser Scherz der Jungs gewesen sein, um die anwesenden Mädels ein wenig in Angst und Schrecken zu versetzen. Junge Männer zeigen sich da oftmals sehr kreativ und zielorientiert, wenn auch manchmal etwas fahrlässig und übermotiviert. Es spricht auf jeden Fall so einiges für diese These. Letztendlich fand das Ganze schließlich auch erst zu später Stunde statt, als nur noch eine Handvoll Leute anwesend waren. Vorher, unter zu vielen Zeugen, hätte die Inszenierung sicherlich nicht so gut klappen können. In dieser kleinen Runde fiel dem Gastgeber dann urplötzlich und ganz zufällig ein, dass er ja ein Ouija-Brett besaß, welches er den Anwesenden daraufhin so richtig schmackhaft machte, sodass jeder es unbedingt ausprobieren wollte. Zudem schien er sich recht gut mit den Regeln und Vorgehensweisen ausgekannt zu haben, als ob er sich schon öfters oder eben erst vor Kurzem damit beschäftigt hatte. Alles wurde dann auch extrem zeremoniell und mystisch verpackt, eher ungewöhnlich für ein lockeres Partyspielchen unter angetrunkenen Jugendlichen. Und so gering die Wahrscheinlichkeit auch sein mag, passierten just in dieser illustren Runde auch noch die seltsamsten und verrücktesten Dinge, die sich nach und nach sogar zu steigern schienen. Wie ein spannender Actionfilm, der allmählich dem Höhepunkt zusteuert. Nachdem das Finale dann erreicht war und alle Anwesenden, vorzugsweise die Mädchen, völlig fassungslos und panisch reagierten, bat der Gastgeber noch einmal zu einem angeblich notwendigen Schlussritual, was dem Ganzen natürlich eine zusätzliche Glaubwürdigkeit verlieh, zumindest auf die ahnungslosen Gäste bezogen.

War also alles nur ein großer und gut geplanter Betrug? Gedacht als harmloser Partyscherz einiger halbstarker Jungs? Wurde Lena demnach lediglich Opfer einer realistisch wirkenden Inszenierung? Gut möglich, die Faktenlage lässt diese Vermutung zumindest zu.

Wenn Jugendliche mit derartigen spirituellen Dingen herumspielen, besonders auf ausgelassenen Partys, dann stecken leider häufig kleine Scherze, Betrügereien und Manipulationen dahinter, aber selten ein echter Geist oder Dämon. Natürlich ist das nicht anständig, mitunter sogar recht makaber, aber wenn solch eine grenzwertige Spaßveranstaltung noch nicht einmal anschließend aufgeklärt wird, die verstörten Personen stattdessen weiterhin in diesem Irrglauben belassen werden, dann ist definitiv Schluss mit lustig, denn die möglichen Langzeitschäden einer solch intensiven psychischen Belastung sollten nicht unterschätzt werden.

Eine andere Erklärung findet sich direkt im menschlichen Körper, und zwar in jedem menschlichen Körper. Die Rede ist von Muskeln bzw. von kleinsten Muskelkontraktionen. So fein und unscheinbar, dass sie von den betroffenen Personen oftmals kaum bewusst wahrgenommen werden. Meistens sind die Impulse tatsächlich so minimal und ohne jegliche spürbare Steuerung, dass ein persönlicher Bezug teilweise undenkbar erscheint. Daher würden wohl auch nur die wenigsten auf die Idee kommen, sich selbst oder zumindest Teile des eigenen Körpers als Verursacher von vermeintlich paranormalen Phänomenen anzusehen, da sie es einfach nicht glauben könnten oder wollten. Doch die Realität sieht eben ein wenig anders aus, denn diese unscheinbaren Muskelkontraktionen existieren nun einmal. Da reicht mitunter schon der bloße Gedanke an eine Bewegung oder der Wunsch danach und schon sendet das Gehirn den entsprechenden Impuls an die zuständigen Muskeln. Selbst eine bestimmte Erwartungshaltung, wie es eben auch beim Ouija-Brett zumeist der Fall ist, führt oftmals zu diesen kleinen Nervenbefehlen, welche anschließend an die Hand etc. weitergeleitet werden und dort eine unbewusste und kaum wahrnehmbare körperliche Reaktion auslösen, wie eben z. B. das unbemerkte Bewegen einer Planchette. Diese scheint nun auf geisterhafte und völlig selbstständige Weise über das Hexenbrett zu ziehen, keiner der Anwesenden fühlt sich schließlich dafür verantwortlich, doch in Wirklichkeit hat mindestens einer der Mitstreiter seine sprichwörtliche Hand im Spiel. Die meisten Teilnehmer einer solchen Veranstaltung machen sich letztendlich irgendwelche Gedanken dazu. Sie überlegen z. B. wie der gerufene Geist wohl heißen könnte oder welche Fragen dieser mit „Ja oder Nein“ beantworten würde. Zu fast allem, was während einer solchen Sitzung an vermeintlicher Kommunikation stattfindet, hat der Großteil sicherlich eine Meinung, eine Wunschvorstellung oder eine gewisse Erwartungshaltung. Und genau diese im Kopf geformten und ausgemalten Antworten und Aussagen werden nun unterbewusst angesteuert, indem das eigene Gehirn durch kleine Muskelbewegungen die Richtung der Finger vorgibt. Sind mehrere beteiligt, wird sich am Ende wohl die dominanteste oder zielstrebigste Person durchsetzen, auch wenn sicherlich nicht alle Anwesenden gleichermaßen mitwirken werden. Beim Gläserrücken oder Pendeln verhält es sich übrigens ähnlich bzw. genauso.

Man spricht in diesem Zusammenhang auch gerne vom sogenannten Carpenter-Effekt, benannt nach dem englischen Wissenschaftler William Benjamin Carpenter (1813 – 1885). Dieser entdeckte, dass es mitunter völlig ausreicht, eine bestimmte Handlung, Bewegung oder Aktion lediglich zu sehen oder auch nur daran zu denken, damit man genau diese optischen oder gedanklichen Beobachtungen anschließend nachahmt und selbst ausführt, ohne sich dessen überhaupt bewusst zu sein. Das Auge sieht z. B. im TV einen Bobfahrer die Eisbahn hinunter jagen und unbewusst legt man sich im Sessel aktiv mit in die Kurven. Oder man beginnt sich instinktiv an der eigenen Hand zu kratzen, nur weil einem jemand von seinem letzten juckenden Mückenstich erzählt. Manchmal sind es aber auch nur ganz kleine und unscheinbare Bewegungen, kaum von außen zu erkennen. Doch eins haben all diese Dinge gemeinsam: Sie geschehen zumeist völlig unbemerkt und automatisch nur aufgrund einer Sinneswahrnehmung oder gedanklichen Vorstellung. Man ist sich seiner Handlungen also nicht wirklich bewusst und bekommt sie daher auch meistens noch nicht einmal richtig mit. Und genau dieser Effekt lässt sich eben auch gut auf das Phänomen des Ouija-Brettes übertragen und bietet daher eine sinnvolle und logische Erklärungsmöglichkeit.

Bezogen auf den vorliegenden Fall lassen sich dadurch natürlich nicht alle beschriebenen Vorfälle des Abends aufklären. Aber vielleicht sollte man auch nicht jedes kleinste geschilderte Detail so penibel genau auf die Waagschale legen, denn in solch außergewöhnlichen Situationen kann einem die angespannte Wahrnehmung sicherlich so manchen Streich spielen und allerlei verschreckende Sinnestäuschungen vorgaukeln, Fehlinterpretationen und übersteigerte Reaktionen inklusive.

Lena und ihre Freunde wurden also möglicherweise gar keine Zeugen böser und fremder Mächte, sondern lediglich Opfer des eigenen Körpers und Verstandes.

👽 Die letzte Möglichkeit, wenn auch zuerst ein wenig abwegig klingend, beschäftigt sich mit dem Phänomen der Massensuggestion bzw. der Gruppenhypnose.

Vielleicht verfügte einer der Anwesenden, vorzugsweise erneut der Gastgeber über entsprechende Kenntnisse und Fähigkeiten aus dem Hypnosebereich. Die notwendigen Suggestionen könnten dann unbemerkt eingebaut worden sein, als Michael allen Anwesenden die Sitzungsregeln vortrug und anschließend die angeblichen Beschwörungsformeln zelebrierte. Doch handelte es sich in Wirklichkeit gar nicht um notwendige Vorgangsbeschreibungen und Anrufungssprüche für die jenseitige Welt, sondern eher um hypnotisch wirkende Induktionen und tiefgreifende Suggestionstexte, die einen kollektiven Trancezustand auslösen und verfestigen sollten. Nach erfolgreicher Durchführung befanden sich die Betroffenen anschließend in einem leicht bis stark veränderten Wahrnehmungszustand, unter dem sie recht empfänglich für Trugbilder, Halluzinationen und suggestive Beeinflussungen waren. Die vorherrschende Gruppendynamik trug dann ihren Rest dazu bei. Und plötzlich sahen alle eine sich selbstständig bewegende und immer wilder werdende Planchette, hörten komische Geräusche, spürten kalte Luftzüge im Gesicht und empfanden insgesamt eine zunehmend düstere und gespenstisch anmutende Atmosphäre. Durch die ständig fortlaufenden Sprüche und Texte, welche der verantwortungslose Hypnotiseur als zeremonielle Jenseitskommunikation tarnte, hielt er seine vermeintlichen Versuchskaninchen auch weiterhin in diesem veränderten Bewusstseinszustand. Als der Verursacher sein Ziel dann endlich erreicht hatte und das unmenschliche Experiment beendet werden sollte, bat er noch ein letztes Mal zu Tisch, um mit dem anschließenden Schlussritual die hypnotisch notwendige Ausleitung durchzuführen, wodurch alle Anwesenden vollends aus der Trance zurückgeholt wurden.

Man kennt dieses Phänomen bereits von großen Hypnose-Shows oder von wissenschaftlich durchgeführten Gruppenexperimenten, bei denen einer größeren Anzahl von Menschen - nach erfolgter Tranceeinleitung - gewisse Dinge, Zustände oder Sinnestäuschungen suggeriert und vorgespielt werden. Ganz normale und rational denkende Personen verhalten sich daraufhin wie wilde Tiere, hüpfen grunzend über die Bühne, vergessen anschließend ihren eigenen Namen oder sehen alle Anwesenden plötzlich nackt. Ein guter Hypnotiseur kann wahrlich unglaubliche und völlig unvorstellbare Suggestionen bei seinen Probanden erzeugen, sodass diese mitunter nicht mehr zwischen Realität und Fiktion unterscheiden können, und das, obwohl sie sich teilweise absolut wach und als „Herr ihrer eigenen Sinne“ fühlen. Selbst nach der Beendigung fällt es daher einigen schwer, das soeben Erlebte als reines Trugbild anzuerkennen, zumindest wenn sie weiterhin in dem Glauben belassen werden. Man kann mit solch einer „Kunst“ wirklich viel Blödsinn anstellen. In falschen Händen vermag die Hypnose daher so einigen Schaden anzurichten, auch bleibenden.

Wurde Lena also tatsächlich Opfer einer solch mächtigen und ausgereiften Gruppenhypnose, die zudem noch ohne jegliche Absprache und Einwilligung stattfand? Möglich wäre es. Auch wenn es in dieser

Form schon so einiges an Können und Planung voraussetzen würde. Ausschließen kann man es dennoch nicht.

Mit der Kamera eingefangen

Rudi lebte zu der Zeit in Rosenheim, zusammen mit seiner Frau Karin und der Schäferhündin Alma. Die beiden Kinder – Mika und Stefan – waren schon erwachsen und wohnten seit Kurzem nicht mehr daheim. Um sich von dem leerer gewordenen Haus abzulenken, entwickelte Rudi eine zunehmende Abenteuerlust, welche seine Frau allerdings nur selten teilte. Ganz im Gegensatz zu seiner treuen Hundedame, denn die begleitete ihn anstandslos bei all seinen Touren. Für seine 59 Jahre war er zudem noch recht rüstig und körperlich fit, was auch längere Wanderungen und anstrengende Höhlenerkundungen problemlos möglich machte. Besonders gerne erforschte er das weitreichende Untersberg-Gebiet, welches zwischen Deutschland und Österreich liegt, genauer gesagt in Bayern und Salzburg. Der Untersberg ist ein Teil der Berchtesgadener Alpen mit vielen dichten Wäldern und steinigen Felsformationen. Ideal also für Wanderer und Bergsteiger, aber auch für ambitionierte Höhlenforscher, denn davon gibt es dort einige. Also genau das Richtige für Rudi. Zudem fand er die vielen Sagen und Mythen, welche sich seit eh und je um den Untersberg ranken, schon immer faszinierend und spannend. Daher nahm er hin und wieder gerne die etwa 1-stündige Autofahrt auf sich, nur um eben dort ein wenig zu wandern und alten Legenden nachzujagen.

An einem schönen Frühlingssonntag im Jahr 2013 war es wieder einmal so weit. Nach dem Frühstück schlüpfte er in seine Wanderausrüstung, schnappte sich seinen gut gefüllten Rucksack und verließ gegen 10.00 Uhr zusammen mit Alma das Haus. Am Untersberg angekommen, suchte er sich zuerst eine gute Parkmöglichkeit und begab sich anschließend sofort auf seine geplante Erkundungstour. Diesmal wollte er sich eine kleine Höhle vornehmen, von welcher ihm ein Bekannter berichtet hatte. Diese lag glücklicherweise nicht allzu weit oben, aber ein wenig versteckt. Kaum hatte er sich durch das dichte Gebüsch gekämpft und den etwas unwegsamen Weg hinter sich gebracht, stand er auch schon direkt davor. Es handelte sich um eine der vielen kleineren Höhlen, die man überall um den Untersberg herum finden konnte. Von außen wirkte alles ein wenig zugewuchert, als wäre schon länger niemand mehr hier gewesen. Kein Wunder, denn ganz so einfach war sie auch nicht zu finden. Ohne genauere Hinweise und Wegbeschreibungen würde man zumindest nicht einfach so auf sie stoßen. Dieser Umstand reizte Rudi natürlich noch mehr. Der Gedanke, diese Höhle vielleicht als einer der ersten Menschen erforschen zu können, brachte sein Abenteurerherz so richtig zum Leuchten. Sogleich schnappte er sich daher seine Taschenlampe und betrat mit Alma den schmalen Eingangsbereich. Alles wirkte recht beengend und von der Decke tropfte zudem ständig Wasser herunter. Der steinige und unebene Boden fühlte sich demzufolge recht feucht und glitschig an, was ein achtsames und langsames Vortasten nötig machte. Rudi konnte die Größe und Weite der Höhle schlecht abschätzen, da das Licht seiner Taschenlampe nicht das gesamte vor ihm liegende Mauerwerk zu erhellen vermochte. Die Sicht war demnach recht eingeschränkt und auch die Akustik wurde mit jedem weiteren Schritt immer dumpfer, umso weiter sich die beiden vom Eingang entfernten. Doch plötzlich, als sie schon einige Meter weit vorgedrungen waren, schien Alma zunehmend unruhiger zu werden.

Auf einmal blieb die Hündin abrupt stehen und fing sogar das Knurren an. Ihr starrer Blick richtete sich direkt auf die vor ihnen liegende Dunkelheit. Rudi nahm natürlich sofort seine Lampe hoch und leuchtete den anvisierten Bereich penibel genau ab. Aber da war nichts Ungewöhnliches, nur feuchte Höhlenwände, Moos und Gestein. Fragend beugte er sich daher anschließend zu seiner Hundedame hinunter und versuchte so den Grund für ihr seltsames Verhalten herauszufinden. Da bellte Alma urplötzlich los und war kaum noch zu beruhigen. Nach wie vor schien sich ihre ganze Aufmerksamkeit auf die dunkle Stelle vor ihnen zu fokussieren. Wie gebannt stierte sie weiterhin in diese Richtung und legte dabei eine ungewohnte Aggressivität an den Tag. Rudi konnte sich ihr Verhalten überhaupt nicht erklären und redete immer wieder auf sie ein. Doch nichts half. Erneut suchte er den gesamten Bereich mit seiner Lampe ab, doch konnte er nach wie vor keine Ursache für Almas Ausraster entdecken. Geistesgegenwärtig schnappte er sich daraufhin seine kleine Digitalkamera, richtete sie gezielt nach vorne und fotografierte einfach wahllos darauf zu. Durch das Blitzlicht erhoffte er sich ein paar aufhellende und klärende Aufnahmen, die er zudem – dank der integrierten Zoomfunktion – anschließend noch etwas näher und genauer betrachten konnte. Nachdem er einige Fotos geschossen hatte, liefen sie erst einmal zurück zum Höhlenausgang, schließlich wollte er Alma nicht länger als nötig dieser offensichtlichen, aber dennoch völlig unerklärlichen Stresssituation aussetzen. Draußen angekommen, schien sich die Hündin tatsächlich langsam zu beruhigen und allmählich wieder ihr gewohntes Verhalten an den Tag zu legen. Rudi belohnte sie daraufhin mit einer kleinen Leckerei und widmete sich dann den Digitalaufnahmen des Höhleninneren. Doch schon beim ersten Bild verschlug es ihm fast den Atem.

Sichtlich überrascht starrte er auf das Display der Kamera und klickte sich von Foto zu Foto. Aber überall erwartete ihn der gleiche Anblick: Lauter helle, schwebende Kugeln, bunte und weiße, zudem unterschiedlich groß, die den gesamten vorderen Höhlenbereich auszufüllen schienen. Eine immense Anzahl, mindestens 50 – 60 Stück, allerdings von Aufnahme zu Aufnahme schwankend, mal mehr und mal weniger. Sie schienen auch häufiger ihre Positionen zu verändern, so als würden sie sich frei durch den Raum bewegen. Teilweise verschwanden einige auch urplötzlich oder es entstanden völlig Neue aus dem Nichts. Zudem wirkten diese kugelartigen Gebilde fast durchsichtig, aber mit klaren und eindeutigen Formen und Strukturen. Weiterhin sah es bei manchen ganz danach aus, als würden sie hin und wieder ihre hell leuchtenden Farben wechseln, scheinbar ganz nach Lust und Laune. Ein wahrhaft märchenhafter Anblick, der sich Rudi da bot, selbst wenn ein gewisser Gänsehautfaktor nicht zu verleugnen war. Er konnte es sich nicht erklären, aber irgendwie machten diese mysteriösen Schwebe-Kugeln einen fast schon intelligent wirkenden Eindruck, warum auch immer. Doch wieso hatte er sie nicht bereits in der Höhle gesehen? Weshalb erst jetzt durch die Kamera? Sie waren doch ganz offensichtlich die ganze Zeit über direkt vor ihnen gewesen, für das menschliche Auge aber scheinbar unsichtbar. Lediglich Alma schien diese Teile schon vorher wahrgenommen zu haben, daher wohl auch ihr seltsames Verhalten. Rudi fand zunächst keine Erklärung und wollte eigentlich nur noch weg von hier. Für heute hatte er definitiv genug. So groß sein Interesse auch war, so viel größer wog dennoch sein Unbehagen vor dem Unbekannten.

Doch bereits einige Tage später packte es ihn erneut. Die Ungewissheit, die Neugierde und sein großer Forscherdrang besiegten letztendlich die vorherrschende Furcht. Deshalb fuhr er zurück zu der Höhle, wo er und Alma es ein zweites Mal wagten und das dunkle Etwas abermals betraten, doch das Szenario wiederholte sich exakt auf die gleiche Weise. Wieder befanden sich auf der Digitalkamera unzählige dieser seltsamen Kugeln, obwohl er sie erneut mit bloßem Auge vorher nicht in der Höhle gesehen hatte. Nun wollte er aber genau wissen, mit was er es hier eigentlich zu tun hatte. Die Recherchearbeit konnte demnach beginnen. Seine Nachforschungen ergaben letztendlich, dass es sich wohl offensichtlich um sogenannte Orbs zu handeln schien. Um ein Phänomen der Neuzeit also, welches immer häufiger auf digitalen Aufnahmen erscheint und seitdem eine Menge Stoff für heiße und kontrovers geführte Diskussionen bietet. Aber worum handelt es sich bei Orbs überhaupt und warum sind sie für das normale menschliche Auge nicht sichtbar? Wem oder was war Rudi damals in dieser Höhle am Untersberg begegnet?

Paranormale Erklärungsversuche:

- Orbs werden zumeist mit verstorbenen Seelen und Geistern in Verbindung gebracht. Kein Wunder, findet man sie schließlich auch auf Friedhöfen, in alten Burggemäuern oder an verlassenen Ruinen. Doch nicht nur dort stößt man mitunter auf diese seltsam anmutenden kugelartigen Kreise. Theoretisch kann man sie überall antreffen. Kein Ort scheint letztendlich so richtig sicher vor ihnen zu sein. Warum auch? Geister, insofern wir es tatsächlich mit dieser Art von Phänomen zu tun haben, soll es schließlich ebenfalls überall geben. Und so werden diese mutmaßlich schwebenden Kugeln inzwischen auf dem gesamten Globus verteilt vorgefunden. Überall dort, wo eine Digitalkamera gezückt wird, könnte anschließend ein Orb auf der Aufnahme zu sehen sein.

Über die Bedeutung und Herkunft des Wortes „Orb“ oder „Orbs“ gibt es übrigens verschiedene Theorien. Die einen meinen, es würde aus dem Lateinischen stammen und für „orbis“, also Scheibe oder Kreis stehen und andere sagen, es komme wohl eher aus dem Englischen und bedeutet übersetzt einfach nur „Kugel“. Allerdings gibt es noch eine weitere Übersetzung aus dem Lateinischen, nämlich das Wort „orbus“, was wiederum „verwaist“ oder „Waise“ meint und demnach recht gut zur genannten Geister-Theorie passen würde. Vielleicht sind Orbs also tatsächlich die jenseitige Erscheinungsform verstorbener Seelen, denn sollte es ein Leben nach dem Tod tatsächlich geben, so müsste schließlich irgendetwas den alten Körper ersetzen, sozusagen als eine Art neue Hülle für die nun immaterielle Seele. Das Orbs-Erscheinungsbild, als hell-leuchtende, kugelartige Wesenheit, die schwebend durch unsere Welt ziehen kann, wäre da wohl keine ganz so schlechte Idee. Das zukünftige oder vielleicht auch nur vorübergehende Fortbestehen als fliegende Kugel hätte bestimmt auch seine Vorteile. Frei und unbeschwert durch die verschiedenen Welten gleiten z. B., aber manchmal auch an bestimmte Orte oder Personen gebunden zu sein, was wiederum für eine gewisse Zugehörigkeit oder Abhängigkeit der jenseitigen Seele sprechen könnte.

Aber das ist reine Spekulation und nur eine von vielen Möglichkeiten, denn vielleicht stecken auch gar keine verstorbenen Seelen dahinter und es handelt sich um ganz andere Wesenheiten, wie z. B. Engel, Feen, Elfen oder sonstige Naturgeister. Ja, selbst diese Theorien gibt es in Bezug auf Orbs. Was auch immer man dahinter vermuten mag, am Ende scheint es sich dennoch um irgendwelche übersinnlichen oder andersweltlichen Existenzen zu handeln, zumindest aus paranormaler Sichtweise betrachtet. Dass man sie zudem nur auf modernen Digitalfotos sehen kann, könnte ebenfalls für eine grenzwissenschaftliche These sprechen. Unser Wachbewusstsein scheint allgemein nicht so empfänglich für die Wahrnehmung übernatürlicher Phänomene, denn auch die bekannten Tonbandstimmen, die ebenfalls von jenseitigen Wesenheiten stammen sollen, können zumeist nur durch technische Hilfsmittel gehört und verstanden werden. Vielleicht verhält es sich demnach im optischen genauso wie im akustischen Bereich und einige paranormale Erscheinungen bzw. Übermittlungen lassen sich eben teilweise nur durch entsprechende Gerätschaften sicht- und hörbar machen. Die moderne Technik erschafft sozusagen eine Brücke zwischen den Welten, ohne die so manches im Verborgenen bleiben würde, zumindest für uns Menschen. Tiere wiederum scheinen seit eh und je ein feineres Gespür für derlei Übersinnliches zu haben, den sogenannten 6. Sinn, mit dem sie offenbar Geistwesen und andere übernatürliche Dinge wahrnehmen und vielleicht sogar direkt sehen können. Almas seltsames Verhalten wäre demnach ein starkes Indiz dafür, dass tatsächlich mehr hinter diesen unsichtbaren „Geisterflecken" stecken könnte, als nur ein paar nett anzuschauende Kamerapünktchen.

Abgesehen von der zuvor genannten Option könnte es sich bei Orbs auch um etwas Außerirdisches bzw. um ein interdimensionales Phänomen handeln. Möglicherweise haben wir es hierbei also nicht mit irdischen oder jenseitigen Wesenheiten im eigentlichen Sinne zu tun, sondern eher mit etwas völlig Fremdartigem aus einer anderen Galaxie oder einem Paralleluniversum. Vom Untersberg wird z. B. immer wieder berichtet und gemunkelt, dass es dort irgendwo ein Zeitportal oder eine Art interdimensionalen Durchgang geben soll, wie übrigens auch an vielen anderen Orten auf der Erde. Zwar sollen diese angeblich nicht durchgehend geöffnet sein, können mitunter sogar ihre Standorte wechseln, doch ihre reale Existenz scheint unbestritten. Und vielleicht stellen einige dieser Portale eben auch Übergänge in parallele Universen dar. Allgemein gibt es ja bereits die wildesten Theorien über allerlei Parallelwelten, die rund um unsere eigene Welt herum bestehen sollen. In vorhergehenden Fällen wurde darauf schon eingegangen. Vielleicht stehen Orbs also irgendwie im Zusammenhang mit diesen Theorien. Möglicherweise sind sie sogar die direkten Bewohner einer solchen parallel existierenden Dimension oder zumindest eine von vielen dort vorherrschenden Spezies bzw. eine Begleiterscheinung. Wer sagt schließlich, dass Lebewesen und Lebensformen aus einem Multiversum uns Menschen exakt gleichen müssen. Vermutlich wäre diese verborgene Welt auch eigentlich gar nicht zu sehen, zumindest nicht für das menschliche Auge, aber die moderne Technik macht es anscheinend trotzdem möglich und erlaubt uns so einen Einblick in diese fremden Dimensionen oder wenigstens auf einige der Bewohner. Orbs strahlen vielleicht eine höhere Energie aus oder sind einfach so eine Art Grenzgänger, wodurch nur sie auf Fotos gesehen werden können und nicht auch der Rest dieser parallelen Welten. Eventuell ist es auch kein Zufall, dass sie hier sind, sondern ihre Bestimmung bzw. ein Auftrag. Sie stellen vielleicht ein Bindeglied zwischen den Dimensionen dar, beobachten und studieren uns, wollen teilweise sogar Kontakt aufnehmen oder uns auf irgendeine Art und Weise helfen und voranbringen. Wer weiß das schon.

Allerdings könnten diese ganzen Mutmaßungen auch für außerirdische Wesen zutreffen. Deren Ambitionen wären möglicherweise ähnlich. Zudem spräche für diese Theorie, dass Orbs schon häufiger bei Kornkreisen gesichtet wurden, teilweise sogar direkt während der Entstehungsphase. Die seit Jahren allerorts auftretenden Strukturen, Bilder und Formationen, welche immer wieder wie von Geisterhand gefertigt auf großen Feldern erscheinen, werden nicht selten mit der Ufo- und Alien-Thematik in Verbindung gebracht. Orbs in die gleiche Kategorie zu stecken, nachdem sie dort schließlich schon mehrfach beobachtet wurden, klingt zumindest plausibel. Auch die sonstig beschriebenen Details, das Erscheinungsbild und die fast schon intelligent wirkenden Verhaltensweisen muten regelrecht außerirdisch an. Und auch wenn sie selbst keine direkten Lebewesen wären, sondern eher eine Art autonom gesteuerte Drohne oder irgendeine künstlich erschaffene Existenzform, würde man dennoch unweigerlich an Aliens denken müssen. Wer sonst könnte der Urheber sein? Wer sonst könnte sie für das menschliche Auge unsichtbar erscheinen lassen? Wer sonst hätte ein Interesse daran, uns auf diese geheime Art zu beobachten, zu studieren, vielleicht sogar zu kontrollieren und dabei auch noch völlig unbemerkt zu bleiben? Natürlich könnte das alles ebenso für ein menschlich generiertes Projekt sprechen, doch soweit wollen wir jetzt erst einmal nicht gehen. Was auch immer Orbs sind, ob nun außerirdischen, interdimensionalen oder sonstigen Ursprungs und wie sehr sie uns Menschen - gewollt oder ungewollt - auch zu täuschen und sich vor uns zu verstecken vermögen, der modernen Technik und den tierischen Sinnen scheinen sie dennoch nicht verborgen zu bleiben, was Almas ungewöhnliches und feindseliges Verhalten eindrucksvoll unter Beweis gestellt hat.

Rationale Erklärungsversuche:

Die am häufigsten genannte und wohl auch plausibelste Erklärung, so einfach sie auch klingen mag, geht von aufgewirbeltem und herumfliegendem Staub aus. Diese Staubpartikel können bei Digitalkameras zu Reflexionen führen, welche wiederum die wunderschönen und mystisch anmutenden Orbs entstehen lassen. Dafür soll das integrierte Blitzlicht verantwortlich sein, welches sich zumeist recht dicht an der Linse befindet und das Ganze dadurch erst möglich zu machen scheint. Bewegen sich die umherschwirrenden Staubteilchen nun ziemlich nahe vor einer entsprechenden Kamera, während gerade ein paar Blitzlicht-Aufnahmen geschossen werden, stehen die Chancen nicht schlecht, diese anschließend als vermeintliche Orbs auf den Fotos sehen zu können. Und plötzlich tummeln sich kreisförmige und kugelartige Objekte auf dem Bild, kleine und große, meistens weiß-grau, aber manchmal auch farbig anmutend. Die Strukturen und Musterungen wirken teilweise unterschiedlich. Zudem scheinen sie häufig durchsichtig zu sein und von Foto zu Foto die Positionen zu verändern. Ein regelrecht märchenhafter und faszinierender Anblick, dennoch nichts Ungewöhnliches und schon gar nichts Paranormales, sondern eben nur einfacher und banaler Staub. Dieser Effekt kann übrigens auch bei Schneeflocken, Wassertropfen, Blütenpollen oder herumfliegenden Insekten beobachtet werden. Zudem scheinen dunkle Umgebungsverhältnisse die Wahrscheinlichkeit für Orbs-Aufnahmen zu erhöhen, stellen aber keine generelle Voraussetzung dar. Bei Dunkelheit kann das notwendige Blitzlicht aber natürlich noch viel besser und deutlicher zur Geltung kommen und demnach die Erfolgsaussichten zusätzlich erhöhen.

Zwar wurden auch angeblich schon Orbs-Bilder ohne entsprechendes Blitzlicht erstellt, aber in diesen Fällen scheint dann eben eine andere Lichtquelle für die Entstehung der „sogenannten „Geisterflecken" verantwortlich gewesen zu sein, wie z. B. Lampen, Scheinwerfer, Sonnenstrahlen oder Feuer. Am Ende stellen diese Ausnahmen aber eher die Seltenheit dar und machen das Blitzlicht der Digitalkamera demnach zu einer vermeintlich notwendigen Grundvoraussetzung. Letztendlich scheint also die moderne Technik für das ganze Orbs-Thema verantwortlich zu sein, was zudem auch erklärt, warum wir es wohl eher mit einem Phänomen der Neuzeit zu tun haben. Aussagekräftige Orbs-Bilder, welche durch ältere, nicht digitale Fotoapparate entstanden sind, scheint es zumindest kaum zu geben. Dieser Umstand stellt ein weiteres wichtiges Argument für das kritische Lager dar. Betrachtet man sich also nun die vorgebrachten Erklärungen und technischen Hintergründe, so muten die rationalen Lösungsvorschläge recht einleuchtend und nachvollziehbar an, was allerdings nicht heißen muss, dass zwischen all den vermeintlich natürlich entstandenen Orbs-Aufnahmen, nicht trotzdem ein paar unerklärliche Fotos schlummern könnten. Nichtsdestotrotz sollte man stets wach und aufmerksam sein, sobald einem derartige Bilder begegnen, denn vermutlich steckt meistens nicht allzu viel dahinter, auch wenn diese kugelartigen Gebilde noch so toll und mysteriös aussehen mögen.

Ist Rudi also lediglich Opfer eines solch banalen Kameraeffektes geworden? Hat er sich so sehr ins Bockshorn jagen lassen? Und was ist mit Alma, haben selbst ihre tierischen Instinkte derartig versagt und sie reagierte wegen bloßer Staubpartikel so panisch und aufgeregt? Man weiß es nicht. Vielleicht fühlte sie sich allgemein etwas unwohl in dieser engen und stickigen Höhle und wollte nur noch raus. Zufälligerweise erschienen dann auch noch die Orbs auf der Kamera, wodurch

Rudi das Ganze irgendwie fehlinterpretierte. Klingt sicherlich alles irgendwie logisch, zumindest aus rationaler Sichtweise betrachtet. Doch eine letztendliche Auflösung könnte nur Alma selbst liefern, was allerdings aus nachvollziehbaren Gründen wohl eher nicht zu erwarten sein dürfte.

Ein weiterer Punkt, der aber nur kurz angesprochen werden soll, stellt die Option in den Raum, dass viele Orbs-Aufnahmen auch einfach nur durch technische Hilfsmittel bzw. durch Manipulation entstanden sein könnten. Die moderne Video- und Foto-Technik mit all ihren unglaublichen Möglichkeiten lässt fast nichts mehr utopisch erscheinen. Durch leistungsstarke Bildbearbeitungsprogramme und vieler weiterer Tools sind der Fantasie kaum noch Grenzen gesetzt. Für einen versierten Nutzer sollten nachträglich eingebaute Orbs daher kein größeres Problem darstellen. Selbst im Vorhinein oder auch direkt während des Fotografierens stehen inzwischen ausreichend realistisch wirkende Fälschungsmöglichkeiten zur Verfügung. Manche Kameras bieten sogar direkt ein paar eingebaute Spezialeffekte an, mit denen sich so manch faszinierende Aufnahmen erstellen lassen. Doch das meiste und wohl auch beste wird sicherlich in der Nachbearbeitung möglich sein. Und ist erst einmal ein Trend entstanden oder ein Hype entfacht, verbreitet sich das Ganze wie ein Lauffeuer über die Welt und animiert dabei so manch experimentierfreudigen Technikversessenen zum aktiven Mitmachen. Und plötzlich sprießen die wildesten, buntesten und spektakulärsten Orbs-Aufnahmen durchs Internet. Da noch zwischen Fälschung und Original unterscheiden zu können, stellt sich als ein fast unlösbares Unterfangen dar.

Sicherlich werden Rudis Aufnahmen wohl eher nicht in diese Kategorie fallen, zumindest macht es nicht den Anschein, doch für andere Orbs-Fotos könnte diese Erklärungsmöglichkeit eine echte Option darstellen und wurde deshalb noch kurz erwähnt.

Und plötzlich war nachher schon jetzt

Es war schon 09.45 Uhr, als die 43-jährige Marina auf die Uhr schaute, kurz bevor sie verdutzt hochschreckte und in Windeseile ihre Sachen für die Arbeit zusammensuchte. Aus irgendeinem unbekannten Grund schien sie, nachdem ihr Mann und ihre beiden Kinder bereits vor über 2 Stunden das Haus verlassen hatten, total die Zeit vergessen zu haben. Panisch zog sie sich noch schnell Jacke und Schuhe über und stürmte anschließend zur Eingangstür. Ihr war nicht klar, wie sie jetzt noch rechtzeitig zu ihrer Arbeitsstelle kommen sollte, da sie dort eigentlich um 10.00 erwartet wurde. Das Geschäft, in welchem sie bereits seit 12 Jahren als Verkäuferin arbeitete, befand sich mitten in der Berliner Innenstadt, etwa 30 Minuten Fahrzeit entfernt. Momentan rechnete sie daher mit einer 40-minütigen Verspätung. So etwas hatte es bei ihr noch nie zuvor gegeben. Sie war bisher immer pünktlich und zuverlässig gewesen, darauf legte sie auch stets großen Wert. Völlig nervös und sauer auf sich selbst trat Marina das Gaspedal daher voll durch und versuchte so noch ein wenig Zeit gut zu machen. Natürlich hatte diese riskante Fahrweise zur Folge, dass nicht jede Verkehrsregel penibel genau beachtet und eingehalten werden konnte. Doch das war ihr offenbar egal, ihr guter Ruf als Vorzeige-Mitarbeiterin schien momentan wohl wichtiger. Glücklicherweise standen an diesem Morgen keine Blitzgeräte auf der Strecke herum, ansonsten wäre sie sicherlich schon einige Male von ihnen erwischt worden. Immer wieder spähte sie unruhig auf die Innenraum-Uhr und sah dabei, wie Minute um Minute verstrich und die bevorstehende Verspätung somit stetig anwuchs.

Sie befand sich gerade auf einer lang gezogenen Straße, als auf einmal ein Zebrastreifen vor ihr auftauchte. Dummerweise näherte sich auch noch ein Fußgänger, eine scheinbar ältere Dame. Diese wollte gerade den ersten Schritt auf die Straße setzen, als Marina auch schon angerauscht kam. Die gestresste Fahrerin war sich allerdings sicher, noch rechtzeitig vorbeizukommen, ohne deswegen extra anhalten zu müssen. Doch da irrte sie sich gewaltig. Die ältere Dame war am Ende schneller zu Fuß als gedacht und hatte schon einen großen Teil der Fahrbahn zurückgelegt, als sich Marina bereits kurz vor dem Zebrastreifen befand. Damit hatte sie letztendlich nicht gerechnet und wurde demnach völlig davon überrascht. Doch für ein rechtzeitiges Abbremsen schien es bereits zu spät und zudem war sie viel zu schnell unterwegs. In letzter Sekunde riss sie daher das Lenkrad mit voller Wucht herum, wich dadurch auf die Gegenseite aus und umfuhr so in letzter Sekunde das menschliche Hindernis. Wütend schimpfte ihr die verschreckte Dame hinterher und machte dabei drohende Bewegungen mit dem Gehstock. Das war gerade noch einmal gut gegangen. Der Schock saß zwar tief, doch die Zeit drängte nach wie vor. An eine gemäßigtere Fahrweise dachte Marina daher nicht im Geringsten. Stattdessen legte sie noch einmal einen Zahn zu. Doch da schien sich auch schon die nächste Hürde aufzutun. Die Ampel, welche noch etwa 50 Meter entfernt war, schaltete auf einmal auf Gelb um. Marina kannte diese spezielle Ampelanlage und wusste daher, dass diese immer etwas länger auf Rot steht. Dafür hatte sie aber nun gar keine Zeit. Völlig leichtsinnig erhöhte sie erneut das Tempo und wollte so noch rechtzeitig vor der Rot-Umschaltung vorbei kommen. Dieses Vorhaben misslang allerdings und die signalgebende Anlage forderte nun eindeutig zum Anhalten auf. Und warum auch immer, denn bisher hatte sie so etwas noch nie getan, ignorierte sie einfach diese eindeutig rot leuchtende Ampel und fuhr volle Kanne darüber hinweg. Vermutlich hoffte sie auf ihr Glück. Doch diese Hoffnung erfüllte sich leider nicht, denn ein von rechts kommender Sportwagen raste ungebremst in ihre Seite hinein. Sie sah diesen grünen Flitzer zwar noch kommen, konnte diesen Unfall aber dennoch nicht mehr verhindern. Stattdessen riss sie ihre Augen auf und schrie laut los. Und plötzlich befand sie sich wieder zu Hause auf ihrer Couch.

Ungläubig und ängstlich blickte sie sich um. Ihr Herz raste nach wie vor und der Schweiß stand ihr förmlich auf der Stirn. Doch allmählich wurde ihr klar, dass sie einfach nur einen ziemlich abgefahrenen und verdammt realistischen Traum gehabt hatte. Sie schien wohl nach dem Verabschieden ihrer Familie noch einmal eingenickt zu sein. Trotzdem hinterließ das eben Geträumte, ein unangenehmes und beklemmendes Gefühl bei ihr. Irgendwie sah sie darin einen bösen Vorboten, denn Marina neigte schon immer recht schnell zu Überreaktionen und Panikattacken. Zudem war sie ein sehr leichtgläubiger Mensch mit einem gewissen Faible für das Übernatürliche. Nichtsdestotrotz beruhigte sie sich langsam wieder. Doch dann sah sie kurz auf die Wanduhr und schreckte erneut hoch. Es war bereits 09.45 Uhr. Sie hätte eigentlich schon vor gut 20 Minuten das Haus verlassen müssen, um nicht zu spät zur Arbeit zu kommen. Mit einem Affenzahn packte sie alles zusammen, zog sich noch schnell an und stürmte daraufhin zu ihrem Auto. Doch schon kurz nachdem sie losgefahren war, überkam sie erneut dieses ungute Gefühl und mit jedem zurückgelegten Meter wurde es immer schlimmer.

Alles kam ihr so vertraut vor, als hätte sie es schon einmal erlebt. Es fiel ihr daher zunehmend schwerer, sich auf das Fahren und die geltenden Verkehrsregeln zu konzentrieren, was recht untypisch für sie war. Doch nicht nur die anhaltende Besorgnis über den Traum, sondern natürlich auch die Befürchtung, mitunter zu spät bei der Arbeit einzutreffen, veranlassten Marina zu dieser besorgniserregenden und viel zu schnellen Fahrweise. Es folgte ein riskantes Manöver auf das nächste, was sie natürlich jedes Mal erschreckte und nur noch nervöser, ängstlicher und unsicherer werden ließ. Dennoch mäßigte sie ihren Fahrstil kein wenig, ganz im Gegenteil, zu groß schien wohl ihre gedankliche Ablenkung. Zum Glück war die ganze Raserei bisher recht glimpflich verlaufen. Doch auf einmal tauchte ein Zebrastreifen vor ihr auf, den eine ältere Dame gerade betreten wollte. Nichtsdestotrotz war Marina nicht gewillt anzuhalten, zu langsam schätzte sie wohl das Großmütterchen ein. Weit gefehlt, denn diese bewegte sich noch recht zügig und hatte auch schon die ersten Schritte auf die Fahrbahn vollführt. Das überraschte Marina sichtlich. Doch für ein rechtzeitiges Bremsmanöver schien es bereits zu spät. Mit voller Wucht lenkte sie den Wagen daher im letzten Moment auf die Gegenspur und wich dem Unglück somit gerade noch einmal aus. Die ältere Dame schimpfte und drohte ihr dennoch hinterher. Plötzlich riss Marina die Augen auf und hielt kurz den Atem an. Dieses sprichwörtliche Déjà-vu brachte das Fass zum überlaufen und lieferte ihr zudem einen weiteren Beweis dafür, dass der Traum von vorhin viel mehr als nur ein reines Fantasiegebilde gewesen sein dürfte, denn all das hatte sie schließlich exakt so geträumt. Ihre Befürchtungen schienen sich also tatsächlich zu bestätigen, und sie sah darin nun ein echtes paranormales Phänomen. Unfähig überhaupt noch einen klaren Gedanken fassen zu können, wurde sie zunehmend verängstigter, fast schon paranoid wirkend. Dennoch setzte sie ihre wilde Fahrt unverändert fort. Sie wollte nun mehr denn je so schnell wie möglich auf die Arbeit, da sie hoffte, sich dadurch etwas ablenken und das Ganze somit ein wenig vergessen zu können. Daher kam es Marina gar nicht recht, dass die in etwa 50 Meter kommende, für ihre extra langen Rot-Phasen bekannte Ampelanlage soeben von Grün auf Gelb gesprungen war. Diese Minuten wollte sie auf keinen Fall verschenken, nicht heute. Noch einmal beschleunigte die gestresste und panisch wirkende Fahrerin daher ihr Auto und bretterte auf die inzwischen rot gewordene Ampel zu. Ungeachtet der Gefahr dachte sie dennoch nicht ans Abbremsen. Und auf einmal überkamen sie erneut die Gedanken an den prophetisch anmutenden Traum, der sich immer mehr in all seinen nur erdenklichen Facetten zu bewahrheiten schien. Alles geschah offensichtlich auf exakt die gleiche Art und Weise, stimmig bis auf das kleinste Detail. Marina versuchte sich daher krampfhaft an den weiteren Verlauf zu erinnern. Doch da überquerte sie bereits die rote Ampel, zu sehr hatte sie sich von ihren Gedanken ablenken lassen. Dann fiel es ihr plötzlich ein, leider zu spät und das böse Omen nahm seinen Lauf.

Mit weit aufgerissenen Augen blickte sie panisch nach rechts und stieß dabei einen lauten Schrei aus. Dann passierte es. Ein grüner Sportwagen krachte ungebremst in ihre Seite. Marinas Auto wurde brutal weggeschleudert, drehte sich dabei mehrfach um die eigene Achse und kam erst einige Meter weiter zum Stehen, indem er mit voller Wucht gegen eine Leitplanke donnerte. Überall entstand Rauch und es roch zunehmend nach Öl und Benzin. Glücklicherweise hatte sich der Airbag geöffnet und Marina so vermutlich das Leben gerettet. Völlig benebelt und unter großen Schmerzen sackte die Frau allmählich weg. Doch noch bevor sie die Ohnmacht gänzlich einnehmen konnte, wurde ihr unwiderlegbar bewusst, dass ihr vorausgegangener Traum tatsächlich eine waschechte präkognitive Vision und somit ein realer Blick in die eigene Zukunft war.

Paranormale Erklärungsversuche:

Präkognition, was aus dem Lateinischen übersetzt so viel wie „Vor-Erkenntnis“ bzw. „Vor-Wissen“ bedeutet, geht von der Möglichkeit aus, dass manche Menschen zukünftige Ereignisse schon vor dem eigentlichen Geschehen gewusst bzw. auf irgendeine Art und Weise gesehen oder gespürt haben. Oftmals geschieht dies durch Träume oder Wach-Visionen, manchmal auch nur durch eine bloße Vorahnung ohne konkrete Bilder. Dieses Thema wurde bereits in einem früheren Fall behandelt (Die schicksalhafte Autofahrt). Doch im Gegensatz zu diesem älteren Bericht, wo es sich eben nur um eine reine Vorahnung gehandelt zu haben schien, wurde im aktuell vorliegenden Fall wohl offensichtlich das direkte filmische Szenario eines zukünftigen Ereignisses geträumt. Der komplette spätere Ablauf scheint sich penibel genau und sehr detailreich dargestellt zu haben, wie ein präziser Blick in die Zukunft. Man kann daher davon ausgehen, dass dieses Phänomen tatsächlich irgendein zukünftiges Fenster öffnet, eine Art Zeitportal für den eigenen Geist sozusagen, welches nur durch die Sinne wahrgenommen und gesehen werden kann. Statt also mit dem gesamten Körper in eine vergangene oder kommende Epoche einzutreten und dort mitunter auch zu verweilen, wie bei einer echten Zeitreise, scheint bei der Präkognition wohl offensichtlich nur der Verstand bzw. der psychische Anteil vorübergehend in die Zukunft zu reisen, während der physische Rest im Hier und Jetzt zurückbleibt.

Möglicherweise überschneiden sich in diesem besonderen Moment auch nur die verschiedenen Zeitlinien und gewähren einem so einen kleinen Blick auf spätere Ereignisse. Laut einiger Wissenschaftler existiert „Zeit“ im eigentlichen Sinne gar nicht, und der uns bekannte zeitliche Ablauf ist nur eine Illusion bzw. ein „Mensch-gemachtes“ Ding. Vergangenheit, Gegenwart und Zukunft würden demnach gar nicht geordnet und aufeinander folgend in eine festgesetzte Richtung ablaufen, sondern stets gleichzeitig und parallel verlaufend stattfinden und könnten zudem noch aufeinander einwirken und sich mitunter sogar gegenseitig verändern. Theoretisch würde demzufolge jeder bereits die Zukunft kennen, da diese exakt zur gleichen Zeit wie die momentane Gegenwart abliefe. Zeitreisen wären demnach keine utopischen Science-Fiction-Träumereien, sondern absolut plausibel und somit praktisch realisierbar. Nur scheinen wir alle in den festen alten Denkmustern zu verharren und folgen daher strikt den zeitlich auferlegten Ablaufszenarien. Hin und wieder durchbrechen manche Menschen aber diese vorherrschenden Doktrinen, ob nun beabsichtigt oder nicht, und erhalten so einen direkten Vorgeschmack auf zukünftige Geschehnisse. Die Frage bleibt allerdings, ob diese gesehene Zukunft bereits festgeschrieben und völlig unveränderlich ist oder ob der Betroffene noch eingreifen und die kommenden Ereignisse irgendwie abändern könnte.

Hätte Marina den Unfall also verhindern können, nachdem sie die Vision erhalten hatte? Wäre dann womöglich eine neue Zeitlinie mit einer alternativen Zukunft entstanden? Ist demnach noch nichts wirklich vorherbestimmt und in Zement gemeißelt, sondern bewegt sich immer dynamisch, wechselhaft und individuell? Erklären sich auf diese Weise vielleicht auch die sogenannten Paralleluniversen? Wer weiß das schon? Die Einen sagen so die anderen so. Letztendlich sind diese Fragen schwer zu beantworten, da man die Konsequenzen und den weiteren Lebensverlauf aufgrund einer anders getroffenen Entscheidung ja nicht kennt, außer man hätte eben Einblick in eventuell dadurch entstandene Paralleldimensionen. Die könnten einem vielleicht tatsächlich zeigen, wie das eigene Leben verliefe, hätte man sich z. B. in bestimmten Situationen für eine abweichende Alternativmöglichkeit entschieden. Doch das ist Science-Fiction auf allerhöchstem

Niveau.

Durch was auch immer ein präkognitiver Vorfall letztendlich zustande kommt, sei es nun z. B. durch einen geistigen Zeitsprung, durch Hellsehen, durch eine Eingabe aus dem morphischen Feld, durch eine Astralreise oder durch Remote-Viewing (Fernwahrnehmung) und ob einem dabei nun die unausweichliche Zukunft gezeigt oder lediglich eine Option mit veränderbarem Ausgang dargestellt wird. Am Ende ist und bleibt das Phänomen der Präkognition in jedem Fall ein extrem faszinierendes und spannendes Thema, und nicht nur für Marina, die genau so etwas womöglich erlebt hat, sondern für die gesamte Menschheit.

Rationale Erklärungsversuche:

👽 Vielleicht war das Ganze nichts weiter als eine „sich selbst erfüllenden Prophezeiung“, entstanden aus einem sehr realistisch wirkenden Traum und einer daraus resultierenden festen Überzeugung.

Marina schien am frühen Morgen, nachdem sie sich um ihre Familie gekümmert hatte, noch einmal kurz, aber sehr intensiv eingeschlafen zu sein. Das dabei geträumte Szenario war offensichtlich sehr detailliert und realitätsnah. Es zeigte augenscheinlich ihren täglichen Weg zur Arbeit, allerdings mit leicht untypischen Verhaltensweisen, wie z. B. die verkehrswidrige und unkonzentrierte Fahrweise und einigen daraus resultierenden kritischen Situationen bis hin zu einem schweren Unfall, der sie dann erschrocken aufwachen ließ. Der Traum schien sich anschließend immer mehr in das reale Leben einzufügen, als wäre es eine nahtlose Fortsetzung bzw. exakte Wiederholung, auch wenn man sicherlich nicht jedes erzählte Detail und alle angeblichen Parallelen zu wörtlich nehmen sollte. Dennoch wurden die Ähnlichkeiten zunehmend deutlicher, was Marina immer stärker an ein paranormales Phänomen glauben ließ und sie daher mehr und mehr verängstigte. In Wirklichkeit war sie es aber die ganze Zeit über selbst, die den weiteren Verlauf von Anfang an genau nach diesem geträumten Vorbild steuerte, vermutlich eben einer festen Überzeugung und großen Angst geschuldet, denn das aufwühlende und furchteinflößende Traumerlebnis hinterließ offensichtlich einen sehr starken und nachhaltigen Eindruck bei Marina, welchen sie einfach nicht mehr aus ihrem Kopf bekam. Sie verbiss sich daher zunehmend in die Vorstellung einer geträumten Zukunftsvision, was deren vermeintliche Entstehung wiederum erst begünstigte und teilweise wahr werden ließ. Etwaige Abweichungen wurden dann einfach kurzerhand angepasst. Eine junge und sportliche „Nordic Walkerin" könnte somit ganz schnell zu einer älteren Dame mit Gehstock mutiert sein, und aus einem dunkelblauen Kombi wird eben schnurstracks ein grüner Sportwagen. Der Verstand sah demnach, was er eben sehen wollte. Und mit jeder dieser angeblich eingetroffenen Parallelen wuchs auch ihre Überzeugung immer mehr an, bis sie sich irgendwann so sehr in den Glauben, eine übersinnliche Vorahnung oder Vision gehabt zu haben, hineingesteigert hatte, dass sie unterbewusst einfach alles dafür tat, diese vermeintliche Zukunftsschau auch wirklich erfüllt zu sehen, so dramatisch sich das Ende auch darstellte. Bewusst wollte sie es vermutlich nicht, dennoch manipulierte sie so insgeheim die gesamte Fahrt. Letztendlich war der innerliche Drang, die persönliche Überzeugung bestätigt zu sehen, scheinbar größer als die eigene Gesundheit zu schützen, auch wenn dadurch genau die Dinge geschahen, vor denen sie sich zu diesem Zeitpunkt eigentlich am meisten fürchtete. Sie wurde demnach Opfer ihrer eigenen Gefühle und Dogmen und befeuerte damit eine sich selbst erfüllende Prophezeiung, welche eben oftmals mit hartnäckigen Glaubenssätzen, großen Ängsten oder einem starken Ego zusammenhängt.

Dieses Phänomen findet man recht häufig, besonders, wenn Menschen eben ganz fest an etwas glauben oder aus tiefstem Herzen von einer bestimmten Sache überzeugt sind. Um sich selbst oder die betreffende Angelegenheit anschließend zu bestätigen, zu rechtfertigen und zu beweisen, wird nun unterbewusst alles dafür unternommen, um das Ganze genau in diese gewünschte Richtung zu lenken. Wahrheiten, Gegenargumente oder anderslautende Beweise werden im Zuge dessen zumeist völlig ausgeblendet und übersehen bzw. fehlinterpretiert. Und was nicht passt, wird einfach passend gemacht.

Hauptsache, man liegt am Ende mit seiner Einschätzung, seinem Glauben, seiner Meinung, seinen Vorurteilen oder seinen Ängsten richtig und kann dann lauthals verkünden: „Siehst Du, das habe ich doch gleich gesagt“ oder: „Hab ich es doch gewusst“ oder auch: „Genau wie ich es befürchtet habe“.

Möglicherweise erging es Marina ja ebenso, auch wenn sie sicherlich auf den Ausgang dieser persönlichen Bestätigung gut und gerne hätte verzichten können.

👽 Natürlich kann auch alles einfach nur Zufall oder Einbildung gewesen sein, zumindest teilweise. Mitunter lagen sogar Wahrnehmungsstörungen und Erinnerungslücken aufgrund des schweren Unfalls vor. Wie gut konnte sich Marina denn wirklich noch an die Abläufe des Traums und der tatsächlichen Fahrt danach erinnern? Wir wissen doch alle, wie schnell das Geträumte nach dem Aufwachen verschwindet oder bereits verschwunden ist. Folgt dann aber auch noch ein derartig massives und einschneidendes Ereignis wie solch ein heftiger Autocrash, können sich Wirklichkeit und Fiktion schon gerne einmal vermischen oder eben nur noch lücken- und fehlerhaft darstellen. Marina versuchte daher im Nachhinein, einen plausiblen und nachvollziehbaren Unfallhergang zu rekonstruieren und setzte demnach die nur noch fragmentartig vorhandenen Mosaiksteinchen zu einem für sie akzeptablen Gesamtbild zusammen.

Ihr starker Glaube an das Paranormale, ihre allgemeine Neigung zu Überreaktionen und Panikattacken, ein möglicher Traum mit realitätsbezogenem Szenario, die anschließend durch Stress und Zeitdruck untypisch verlaufene Autofahrt sowie der letztendliche Unfall an sich könnten das nachträglich aufgebaute Konstrukt einer prophetischen Zukunftsvision erst entstanden lassen haben. Ein schweres Trauma, welches sich bei ihr anschließend sicherlich zeitweise entwickelt haben dürfte, könnte ebenfalls zu einer abweichenden, verdrehten und unvollständigen Wahrnehmung jener tatsächlich zugetragenen Ereignisse geführt haben. Und plötzlich wird das Übernatürliche als Sündenbock herangezogen und nicht das eigene unverantwortliche Fehlverhalten während der Fahrt. Natürlich konnte sie sich durch diese Ausrede nicht von der glasklaren Schuldfrage und somit von etwaigen Strafmaßnahmen befreien, dies hätte sie auch niemals so zu Protokoll gegeben, doch für sie persönlich stellte es eben eine plausible Erklärung für all das dar. Möglicherweise konnte sie dadurch auch ein wenig besser mit der ganzen Situation umgehen, musste z. B. nicht mehr ganz so hart mit sich selbst ins Gericht gehen und erschuf sich deshalb eine alternative Wahrheit. Die Theorie einer unausweichlichen und vorbestimmten Zukunft, welche sich ihr in einer traumartigen Vision gezeigt hatte, wurde somit zum Rettungsanker, wenn auch zu einem sehr bedenklichen. Sie erfand dadurch sicherlich keine bewusste Lügengeschichte, ganz gewiss nicht, denn sie glaubte bestimmt aus vollster Überzeugung daran, selbst wenn sich das gesamte Szenario vielleicht erst nach und nach aufbaute und zusammenfügte. Am Ende entstand auf jeden Fall eine umfangreiche und für Marina absolut plausibel klingende Geschichte eines präkognitiven Phänomens, dessen Echtheit sicherlich nicht abschließend widerlegt werden kann, welches aber zumindest starke Zweifel aufkommen lassen sollte, zumindest aus rationaler Sichtweise betrachtet.

Glaube versetzt Berge

Ludwig lebte zu der Zeit im Raum Essen und arbeitete dort als Handwerker. Die enge und laute Stadtwohnung, welche er seit vielen Jahren mit Frau und Sohn teilte, sollte schon lange durch ein ruhiges Eigenheim ersetzt werden. Seit vielen Monaten sahen sie sich daher nun schon nach einem passenden Kauf-Objekt um, doch aufgrund der finanziell etwas eingeschränkten Möglichkeiten gestaltete sich die Suche etwas schwieriger. Aber dann, kurz nachdem Ludwig gerade eben seinen 49. Geburtstag gefeiert hatte, fand er endlich ein kleines älteres Haus in ländlicher Gegend, zwar renovierungsbedürftig, dennoch genau das Richtige für die 3-köpfige Familie. Der berufsbedingte Handwerker freute sich schon tierisch auf das Herrichten und Umgestalten der eigenen vier Wände, denn bisher waren schließlich nur wenige Zimmer bewohnbar, der Rest benötigte noch einige kleinere bis größere Renovierungs- und Sanierungsarbeiten. Ludwig nahm sich daher extra Sonderurlaub, damit er sich auch voll und ganz der neuen und anspruchsvollen Aufgabe widmen konnte. Zu lange durfte sich das Ganze allerdings nicht hinziehen, da die alte Wohnung bereits gekündigt war und sie dort in 3 Monaten ausziehen mussten. An einem schönen Freitag-Mittag sollten die ersten Arbeiten daher endlich beginnen.

Ludwig erreichte das Haus gegen 12.30 Uhr. Schnell schnappte er sich sein Zeug aus dem Auto und betrat gleich anschließend das Objekt. Die meisten Utensilien und Werkzeuge befanden sich bereits vor Ort, da er diese schon in den letzten Tagen hergebracht hatte. Den Großteil der Arbeiten wollte er ganz alleine bewältigen, nur für einige schwerere Tätigkeiten waren vorsorglich ein paar Bekannte eingeplant worden. Zudem wollten auch seine Frau und sein Sohn ordentlich mit anpacken. Doch heute rechnete er frühestens am Abend mit den beiden. Genug Zeit also, um nach Herzenslust alte Decken und Wände einzureißen. Besonders im Keller war solch eine brachiale Vorgehensweise bitternötig, zu verfallen und brüchig zeigte sich dort das alte Gemäuer. Mit einem großen Vorschlaghammer bewaffnet ging es auch schon wenige Minuten später los. Es folgten einige kräftige Hiebe gegen das marode Mauerwerk, welches er anschließend punktuell austauschen und erneuern wollte. Ludwig ging sehr bedacht und vorsichtig zu Werke, auch wenn er eher der Kategorie „Grobmotoriker“ angehörte und daher schon gerne einmal etwas robuster zupackte. Dennoch unterschätzte er nie die Gefahren einer solchen Tätigkeit und legte daher größten Wert auf Schutz und Vorsorge. Nichtsdestotrotz war auch er nicht vollends vor Unfällen und Missgeschicken gefeit, denn als er gerade so richtig zum Schlag gegen eine baufällige Seitenwand ausholte, rutschte er auf einmal auf dem dreckigen und staubigen Boden aus und verlor dadurch ein wenig das Gleichgewicht. Mit dem schweren Hammer in der Hand war die Körperkontrolle auch nicht ganz so schnell wieder zurückzugewinnen, was ihn zunehmend nach hinten weg taumeln ließ. Dummerweise stolperte er dabei nun auch noch über einen herumstehenden Werkzeugkasten und krachte daraufhin mit voller Wucht gegen einen hinter ihm befindlichen Stützbalken. Ludwig war mit knapp 110 kg nicht gerade der Leichteste, was leider enorme Auswirkungen auf den Balken hatte. Diese eh schon etwas angeknackste Stütze wurde durch die Wucht des Aufpralls vollständig weggedrückt und somit aus ihrer Verankerung gerissen. Ludwig stürzte zu Boden, ebenso wie der Stützbalken.

Dann ging alles furchtbar schnell und bereits wenige Sekunden später sah sich der Mann unter einer dicken und schweren Beton-Deckenplatte begraben, welche durch die ganze Katastrophe beschädigt worden war, sich daraufhin teilweise ablöste und mit ordentlich Karacho nach unten krachte, mitten auf den am Kellerboden liegenden Ludwig. Die ersten Minuten regte sich kaum etwas, zu tief saß wohl der momentane Schock. Doch nach und nach versuchte sich der passionierte Handwerker der brenzligen Lage anzunehmen und den Sachverhalt so gut es ging zu analysieren. Er hatte glücklicherweise nur leichte Schmerzen, da die Platte nicht mit ihrem gesamten Gewicht auf ihm gelandet, sondern teilweise durch den Stützbalken, die Seitenwand und durch andere herumliegende Dinge abgebremst und aufgefangen worden war. Dies dürfte ihm wohl am Ende sogar das Leben gerettet haben, da die Betonplatte gut und gerne an die 500 kg wog. Dummerweise steckte er nun aber komplett darunter fest, konnte sich so gut wie kaum bewegen. Er war regelrecht eingeklemmt unter dieser massiven Last. Zudem lag ein großer Teil des Gewichtes direkt auf seinem Bauch, was ihn nur schwer und mühsam atmen ließ. Panik kam in ihm hoch, denn der Gedanke an einen möglichen Erstickungstod bohrte sich immer mehr in seinen Kopf. Mit aller Gewalt versuchte er sich daher gegen sein drohendes Schicksal zu stemmen und die schwere Platte von sich herunter zu bekommen. Doch sie ruckte keinen Millimeter weg, ließ sich nicht einmal ansatzweise anheben. Sie lag einfach nur da, wie fest zementiert, zumindest kam es Ludwig so vor. Dennoch versuchte er es immer wieder, leider stets erfolglos. Seine Angst wurde daher von Mal zu Mal größer, während seine Hoffnungen mehr und mehr schwanden. Bis zum Eintreffen seiner Familie würden noch viele Stunden vergehen, das war ihm klar. Um zu überleben, musste er es also irgendwie alleine schaffen. Doch wie nur, lautete die große Frage.

Und so verging Minute um Minute, aber so sehr er sich auch bemühte, die große Betonplatte wollte sich einfach nicht so recht bewegen lassen. Stattdessen bereitete ihm seine Atmung zunehmend Probleme, was seine Rettungsaussichten nicht gerade verbesserten. Und so verlor er allmählich das letzte bisschen Hoffnung, gab sich seinem Schicksal fast schon bedingungslos hin. Doch eine Sache blieb ihm noch: Sein Glauben, denn er war schon immer ein sehr religiöser Mensch gewesen. Seine streng katholische Erziehung sollte nun also sein letzter Anker werden. Mit geschlossenen Augen begann er daher leise zu beten und somit um göttliche Hilfe zu bitten. Kirchengänge und Gebete waren ihm nicht fremd, er betrieb dies schon recht regelmäßig, selbst wenn er bisher noch nie etwas Erleuchtendes oder Übersinnliches erlebt hatte. Trotzdem glaubte er stets an seine Religion sowie auch just in diesem Moment. Ihm war zwar selbst nicht so recht klar, was er sich dadurch eigentlich erhoffte, dennoch tat er es, und zwar aus vollster Überzeugung. Und als die schwere Last ihn allmählich zu erdrücken drohte, er aber dennoch unbeirrt weiter betete, hörte er auf einmal eine fremde Stimme zu sich sprechen. Nicht in Gedanken, sondern als wäre sie irgendwo im Raum. „Los, wir schaffen das gemeinsam“, waren die Worte, die er dabei hörte, gefolgt von: „Streng Dich noch einmal so richtig an, ich helfe Dir.“ Ludwig erschrak zuerst, dachte dann aber an eine lebende Person, die ihm offenbar hier unten zu Hilfe kommen wollte. Angespornt durch diese Annahme bündelte er noch einmal all seine Kräfte und versuchte sich so fest wie möglich gegen die schwere Betonplatte zu stemmen. Und tatsächlich fing sie nun an, sich Stück für Stück zu bewegen, dann sogar stetig mehr.

Unglaublich, aber wahr, das massive Gewicht ließ sich immer weiter anheben, als würde es durch einen Kran nach oben gezogen werden. Kurz darauf ertönte erneut diese sanft klingende Stimme: „Komm, wir haben es gleich geschafft. Drück Ludwig, drück!“ Und das tat er dann auch, und zwar mit all seiner noch zur Verfügung stehenden Kraft. Die Platte hatte sich nun bereits ein ganzes Stück anheben lassen. Gute 20 cm Freiraum waren so inzwischen entstanden, wodurch Ludwig endlich wieder richtig Luft bekam. Als Nächstes schob er das riesige Teil mit einem letzten kräftigen Stoß ein wenig zur Seite weg, sodass er mühelos darunter hervorkriechen konnte. Völlig erschöpft, aber heilfroh blieb er anschließend noch einen kurzen Moment auf dem harten Steinboden liegen und atmete erst einmal ordentlich durch. Als Nächstes wollte er seinem geheimnisvollen Retter danken, den er schließlich irgendwo hier vermutete. Doch da war niemand. Keine Menschenseele. Er sah sich überall um, rief sogar mehrmals nach dieser unbekannten Person. Aber Nichts. Außer ihm schien keiner im Haus zu sein.

So langsam zweifelte er an seinem Verstand, denn irgendjemand musste ihm doch schließlich geholfen haben. Wie sonst hätte er diese schwere Platte wegbekommen sollen und die Stimme hatte er ebenso gehört, da war er sich absolut sicher. Trotzdem änderte es nichts an der Tatsache, dass sich offensichtlich niemand anderes hier aufhielt und auch ansonsten keinerlei Spuren einer zweiten Person zu finden waren. Ludwig konnte zumindest absolut nichts entdecken. Auf einmal erinnerte er sich an sein Gebet und seinen religiösen Glauben. Hatte es am Ende vielleicht damit zu tun gehabt, fragte er sich erstaunt. War ihm also tatsächlich etwas Göttliches zu Hilfe gekommen? Ludwig begann dies zumindest immer mehr in Erwägung zu ziehen, denn manchmal versetzt der Glaube ja bekanntlich Berge und hin und wieder vielleicht sogar eine massive Betonplatte.

Paranormale Erklärungsversuche:

👽 Erhielt Ludwig durch sein Gebet tatsächlich göttliche Hilfe, z. B. in Form eines Engels/Schutzengels oder durch ein sonstiges wundersames Eingreifen von oben? Er selbst und sicherlich noch sehr viele andere Menschen würden diese Frage bestimmt sofort bejahen. Da der religiöse Glaube eine weltweit enorm verbreitete Anhängerschaft hat, verteilt auf eine Vielzahl unterschiedlicher Religionslehren und einige davon auch bereits seit Jahrtausenden bestehen, könnte zumindest etwas Greifbares dahinter stecken. Ob es aber nun die ganzen berichteten Wunder, Visionen und sonstigen Ereignisse aus den entsprechenden literarischen Werken tatsächlich exakt so gab oder ob Bücher wie die Bibel, der Koran oder die Thora, um nur ein paar wenige Beispiele zu nennen, teilweise auf Erfindung und Fantasie beruhen, lässt sich natürlich nicht mehr eindeutig sagen. Sicherlich sollte man nicht jedes Wort daraus auf die Waagschale legen, denn die Bücher sind zum Teil schon wirklich vollgepackt mit unfassbaren und paranormalen Begebenheiten, aber wie sagt man doch so schön: „Möglich ist alles." Daher dürfte es sicherlich auch eine große Anzahl an Anhängern geben, die absolut fest an die vollständige Wahrhaftigkeit der jeweiligen Inhalte glauben, selbst an die übersinnlichen Begebenheiten, und das mitunter schon sehr lange. In deren Augen sind Engel, Götter und andere himmlische Wesen vollkommen real, ebenso wie deren wundersame Fähigkeiten.

Könnten wir es im vorliegenden Fall also tatsächlich mit einem sprichwörtlichen Wunder bzw. mit irgendeiner Art von göttlicher Hilfe zu tun gehabt haben? Alles deutet zumindest in diese Richtung, da die rettende Befreiung – laut Ludwigs Erzählung – schließlich erst nach dem Einsetzen der Gebete gelang. Vorher ließ sich die schwere Betonplatte so gut wie nicht bewegen. Doch plötzlich konnte er diese anheben, als hätte er irgendeine Art von Unterstützung erhalten. Auch die fremde Stimme, welche auf einmal deutlich vernehmbar zu ihm sprach, ihm dabei regelrecht Mut und Kraft spendete, klingt stark nach einem Schutzengel oder dergleichen. Angeblich besitzen wir schließlich alle so einen, behaupten zumindest die Anhänger solcher Theorien. Befindet man sich dann einmal in einer bedrohlichen Notsituation, hat das vorherbestimmte Lebensende allerdings noch nicht erreicht, so greifen diese himmlischen Begleiter eben mutmaßlich ein und verhindern so das Schlimmste bzw. einen vorzeitigen Tod. Manchmal sind es auch nur ganz unscheinbare und kleine Schubser, die man selbst gar nicht mitbekommt, die aber mitunter einen großen Einfluss auf das weitere Leben haben, denn selbst minimale Abweichungen des Ablaufs könnten teilweise eklatante Auswirkungen nach sich ziehen, vergleichbar mit dem sogenannten „Schmetterlingseffekt“. Wer weiß daher schon, wie oft Schutzengel tatsächlich in den Alltag eingreifen und wie oft wir dadurch wiederum einem möglichen Unfall oder einer sonstigen bedrohlichen Gefahrensituation entgehen, ohne jemals davon zu erfahren.

Die Frage ist allerdings, ob uns wirklich allen diese göttliche Hilfe zuteilwird, den Gläubigen wie auch den Ungläubigen oder ob da schon Unterschiede gemacht werden und nur die religiösen Menschen Schutz und Beistand von oben erhalten. Einzig wer demnach fest daran glaubt und sich intensiv der Religion widmet, kann in bestimmten Notsituationen himmlische Unterstützung erhalten, denn nur diese Menschen besitzen möglicherweise die Voraussetzungen oder Befähigungen, um durch die Kunst des Betens einen Engel herbeirufen oder auf irgendein anderes göttliches Wunder hoffen zu können. Wie es sich nun genau verhält und inwiefern der persönliche Glaube eine Rolle bei all dem spielt, lässt sich natürlich nur schwer beantworten. Nichtsdestotrotz gibt es unzählige seltsame Erlebnisberichte und ebenso unzählige merkwürdige Vorfälle mit jeweils offensichtlich religiösem Hintergrund, was eine Existenz von derartig himmlischen Wesenheiten und Wundern zumindest stark vermuten lässt. Für viele auf jeden Fall

Grund genug, sich intensiver mit der Religion und deren Gepflogenheiten zu beschäftigen. Vielleicht war es bei Ludwig ebenso und sein starker religiöser Glaube sowie sein aus tiefstem Herzen kommendes Gebet haben ihm am Ende sogar das Leben gerettet.

Eine weitere Option zielt in die Richtung, dass Ludwig durch die starke emotionale und lebensbedrohliche Situation irgendwelche innenliegenden paranormalen Fähigkeiten und Kräfte aktivieren konnte, die ihn so kurzzeitig zu übernatürlichen Handlungen befähigten. Wie schon in älteren Vorfällen beschrieben, verfügen wir Menschen anscheinend alle über gewisse übersinnliche Grundvoraussetzungen, können aber kaum darauf zugreifen und demnach nur selten bis gar nicht nutzen. Durch intensive Meditationen, somnambule Trancezustände, außergewöhnliche Lebenssituationen oder andere bewusstseinsverändernde Vorfälle und Maßnahmen scheint aber zumindest ein Teil dieser tief verankerten Befähigungen freilegbar zu sein. Manchmal reicht auch eine persönliche Begabung oder Veranlagung, und auf einmal beherrscht man die Kunst der Telekinese oder der Telepathie, kann mitunter in die Zukunft sehen, andere Menschen durch die eigenen Hände heilen oder sogar mit Geistern kommunizieren. Man sieht, hört und spürt plötzlich Dinge, die für andere Personen nicht wahrnehmbar sind, wenn auch oftmals nur vorübergehend.

Einige Betroffene kommen ganz gut mit dieser neuen Erfahrung klar, finden diese sogar teilweise recht spannend und faszinierend, doch für viele andere stellt dieses Erlebnis mitunter die eigene Welt komplett auf den Kopf und erzeugt richtiggehende Angstzustände. Eine Verallgemeinerung ist daher nicht möglich und hängt auch immer von der jeweiligen Situation und der entsprechenden geistigen Einstellung der betroffenen Person ab. Die Frage, wie man grundsätzlich zu solchen Phänomen und Fähigkeiten steht, scheint demnach entscheidend für die Akzeptanz, das weitere Verhalten und die anschließende Verarbeitung zu sein. Spirituell und esoterisch interessierte Menschen können demnach vermutlich besser mit derlei Erfahrungen umgehen als z. B. komplette Neulinge oder Skeptiker. Auch religiös veranlagte Personen dürften sicherlich eher mit dem Erscheinen eines Engels oder eines sprichwörtlichen Wunders zurechtkommen, da bereits ihr fester Glaube die Grundlage dafür bietet. Und genau da wären wir wieder bei Ludwig, denn natürlich können auch religiöse Ursachen der Grund für frei werdende Befähigungen mit teils übernatürlichem Charakter sein. Ludwigs strenge katholische Erziehung sowie seine regelmäßigen Kirchgänge und Gebete dürften zumindest eine solide Basis für die Entwicklung übernatürlicher Fähigkeiten geboten haben. Zudem paarte sich bei ihm der starke Glaube mit einer lebensbedrohlichen Lage, was dieses hochexplosive Gemisch zu einem regelrechten Korkenzieher mutieren ließ und die innenliegenden, übermenschlichen Kräfte förmlich heraus zu sprengen vermochte.

Ob er dabei nun telekinetische Fähigkeiten entwickelte und die Betonplatte allein durch die Kraft seiner Gedanken bewegte oder ob sich seine körperlichen Muskeln blitzartig immens steigern ließen, kann wohl nur vermutet werden. Vielleicht trat sogar das seltene Phänomen der Bilokation bei ihm auf, bei welchem sich Ludwig entsprechend verdoppelt hätte und demnach plötzlich zweimal im Kellerraum vorhanden gewesen wäre. Zusammen mit diesem zweiten Ich – demzufolge auch der mutmaßliche Ursprung der fremden Stimme - schafften sie es anschließend gemeinsam, die schwere Platte zu entfernen. Doch noch bevor Ludwig seinen Doppelgänger sehen und ihm dafür danken konnte, wäre dieser auch schon wieder spurlos im Nichts verschwunden.

Könnte es vielleicht so gewesen sein, selbst wenn es noch so fantastisch anmutet? Die Option, dass Ludwig selbst für seine eigene Rettung verantwortlich war, indem er in dieser Notlage irgendwelche innenliegenden, übernatürlichen Fähigkeiten aktivierte, sollte zumindest in Erwägung gezogen werden.

Rationale Erklärungsversuche:

- Eine mögliche Erklärung könnte die sogenannte „Flucht-oder-Kampf-Reaktion" sein, bei welcher der gesamte Mensch in eine Art

Ausnahmezustand versetzt wird. Auslöser dafür kann mitunter eine akute Gefahrensituation sein, wie z. B. der Angriff eines Widersachers oder wilden Tieres, ein drohender Unfall oder irgendeine andere relevante und bisweilen sogar lebensgefährliche Stresssituation. Was folgt, ist eine umgehende Abwehr- oder Fluchthandlung. Das Gehirn leitet dabei nun alles Weitere ein und stellt währenddessen das gesamte Körpergeschehen für eine kurze Zeit völlig um. Dabei werden dringend benötigte Hormone wie Adrenalin oder Cortisol ausgeschüttet, zudem einige wichtige Körperfunktionen ausgeweitet und erhöht, z. B. Herz, Muskeln, Blutdruck und Sinnesorgane, während andere Funktionen, die derzeit eher nicht als lebensnotwendig gelten, mitunter sogar vollständig ausgeschaltet werden. Hierzu zählen u. a. die Verdauung oder das Immunsystem. Durch diese Maßnahme holt sich der Körper zusätzliche Energie, von welcher er ja nun etwas mehr benötigt, damit die akut vorherrschende Gefahr, so gut es geht, gemeistert und überstanden werden kann. Dies geschieht dann eben entweder über den Kampf oder durch eine Flucht, was auch immer in der jeweiligen Lage am sinnvollsten erscheint oder die besten Überlebenschancen bietet.

Da einige Sinne vorübergehend geschärfter sind und auch das Kraftpotenzial mitunter größer ist, stehen einem auf jeden Fall ein paar echte Vorteile zur Verfügung, ganz egal, welche der beiden Optionen man am Ende wählt. Doch unabhängig von dieser Entscheidung sollte diese enorme Stressreaktion dennoch so schnell wie möglich hinter sich gebracht werden, da der Mensch nicht für eine dauerhafte Situation dieser Art geeignet und gemacht ist. Für eine kurze Zeit ist es vollkommen OK, ja mitunter sogar existenziell wichtig, aber irgendwann muss auch wieder alles auf Normalwerte gebracht werden und sich der gesamte Organismus von diesem extremen Stress erholen können. Doch keine Sorge, denn ist die akute Gefahr erst einmal abgewendet und man befindet sich wieder in Sicherheit, dann passiert als Nächstes nämlich genau das und der Körper geht anschließend in eine ausgiebige Erholungsphase über, in welcher sich alles nach und nach regenerieren und normalisieren kann. Der eigentliche Mensch kommt sozusagen zurück und übernimmt allmählich wieder die vollständige Kontrolle über sich selbst.

Könnte das alles also tatsächlich eine Erklärung für Ludwigs Erlebnis sein? Möglich wäre es auf jeden Fall, denn durch den heftigen Unfall und die anschließend lebensbedrohliche Lage entstand ganz bestimmt eine mächtige Stresssituation bei ihm. Infolgedessen könnte es durchaus zu einer „Flucht-oder-Kampf-Reaktion" gekommen sein. Wie bereits erwähnt, werden in dieser Zeit die Muskeln mitunter leistungsstärker und erhalten mehr Energie. Zudem werden Hormone ausgeschüttet, die auch bei körperlichen Herausforderungen eine wichtige Rolle spielen. Alles wird demnach auf Leistungssteigerung getrimmt. Teilweise können die plötzlich entstandenen Fähigkeiten fast übermenschlich wirken. Wer kennt schließlich nicht die Geschichten von panischen Müttern, die auf einmal ganze Autos anheben konnten, nur um ihr darunter eingeklemmtes Kind zu befreien. Ludwig könnte es demnach ebenso ergangen sein, nur dass er eben selbst der Eingeklemmte war. Und umso brisanter und lebensgefährlicher die Lage wurde, desto mehr entwickelte sich daraufhin sein zunehmendes Kraftpotential, bis irgendwann das notwendige Maß zur Anhebung der Betonplatte erreicht war. Dass er sich anschließend erst einmal ausgiebig erholen und ausruhen musste, spricht ebenfalls stark für die typische Cool-down-Phase nach einer „Flucht-oder-Kampf-Reaktion". Und die Stimme, welche er angeblich hörte und die ihn entsprechend motivierte, dürfte dann wohl eher von ihm selbst ausgegangen sein, so als eine Art „innere Eigenmotivation". Aufgrund der Schwere dieser besonderen Ausnahmesituation, in welcher Körper und Geist nicht mehr ganz normal funktionieren, wären aber natürlich auch Halluzinationen oder Wahnvorstellungen als Ursache einer solchen fiktiven Stimme denkbar.

Insgesamt betrachtet stellt diese Option auf jeden Fall eine echte und nachvollziehbare Erklärungsmöglichkeit dar und sollte daher absolut in Erwägung gezogen werden.

Ein weiterer Ansatz führt in den Bereich der Hypnose/Selbsthypnose bzw. des mentalen Trainings. Diese Methoden werden z. B. recht häufig im Profisport oder in der stressigen und leistungsorientierten Arbeitswelt eingesetzt, und das zumeist mit großem Erfolg. Das Ziel ist es, durch entsprechende Autosuggestionen, also durch selbst herbeigeführte Vorgaben, Anweisungen, Motivationen und Vorstellungen, die meistens nur gedacht, aber auch leise geflüstert werden können, eine Veränderung oder Steigerung des derzeitig vorherrschenden Status quo zu erreichen. Beim Sport hat das mitunter zur Folge, dass man eben plötzlich schwerere Gewichte heben oder schneller rennen kann und sich zudem eine konzentriertere Fokussierung oder eine allgemein stärkere mentale Verfassung entwickelt, was einem beim Training oder im Wettbewerb natürlich erhebliche Vorteile und Leistungssteigerungen verschafft. Nachdem man diese Methoden erst einmal erlernt hat, stehen einem auf jeden Fall recht vielfältige und nützliche Möglichkeiten zur Verfügung, um noch einmal zusätzliche Reserven aus sich und seinen Körper herauszuholen. Aber nicht nur Sportler können von diesen mentalen Vorteilen profitieren, sondern eben auch Arbeitnehmer, Schüler, Studenten und jede sonstig interessierte Person. Prinzipiell kann es überall dort eingesetzt werden, wo Menschen mit Leistungsvorgaben, Prüfungen, Tests, Wettbewerben, Lebensveränderungen oder sonstigen stressbedingten Situationen zu tun haben. Daher greifen inzwischen auch immer mehr Unternehmen auf die Dienste eines ausgebildeten Mentaltrainers zurück, um dadurch eine gewisse Erhöhung der Produktivität bei den Angestellten zu erreichen. Doch wie funktioniert diese Technik eigentlich genau?

Da es letztendlich mehrere verschiedene Methoden und Vorgehensweisen gibt, schauen wir uns das Ganze einmal an einem Beispiel an. Für diese spezielle Variante, die insgesamt wohl recht gut zum vorliegenden Fall passen dürfte, nehmen wir einen zielstrebigen Kraftsportler. Und nun stellen wir uns einmal vor, dass dieser Mann seit Jahren hart trainiert, dadurch bereits mächtig Muskeln und Power aufgebaut hat, inzwischen allerdings an einem Punkt angekommen ist, an dem es offensichtlich nicht mehr so recht weiter zu gehen scheint, er also kaum noch sichtbare Fortschritte macht. Irgendwann ist das vorläufige Maximum eben erreicht und die Steigerungen werden stetig kleiner und unbefriedigender, bis es mitunter gar nicht mehr vorangeht oder es sogar anfängt, allmählich rückwärts zu laufen. Nun machen sich auch noch Frust und Ärger breit, was sich leider ebenfalls negativ auswirkt. Und in genau diesen Zeiten können dann eben mentales Training bzw. bestimmte Selbsthypnosetechniken helfen. Der Kraftsportler benutzt dafür Autosuggestionen. Er stellt sich demnach sein zu erreichendes Ziel bereits vor der Trainingseinheit oder dem Wettbewerb geistig vor. Er visualisiert sozusagen ein Fantasiebild der Zukunft, in welcher er sich selbst bei der Bewältigung seiner vor ihm liegenden Aufgabe sieht. Anders ausgedrückt: Er lässt das kommende Geschehen in Gedanken schon einmal vorab stattfinden, natürlich mit einem erfolgreichen Ausgang.

Durch diese Methode wird dem Unterbewusstsein und damit auch dem gesamten Organismus vorgegaukelt, dass dieses Ereignis tatsächlich bereits genau so abgelaufen ist. Das vermeintlich Zukünftige wird somit zu einer waschechten Erinnerung umfunktioniert und demnach auch als solch eine abgespeichert, da die persönliche Festplatte keinen Unterschied zwischen real stattgefundenen oder fiktiven Erlebnissen macht. Und da Körper und Geist des Athleten nun also glauben, das anstehende Gewicht bereits geschafft zu haben, es demnach eigentlich kein Problem darstellen sollte, wird die eigentliche Bewältigung tatsächlich leichter und erfolgreicher vonstattengehen, respektive sogar gelingen. Unfassbar, aber wahr. Daher glauben ja auch viele, dass Gedanken die Realität erschaffen und der Geist über die Materie herrscht. Natürlich darf man es nicht übertreiben und sich völlig utopische Ziele setzen. Es ist schließlich keine Zauberei, sondern ein völlig natürliches Phänomen, selbst wenn das verborgene Potenzial teilweise enorm sein könnte.

Alternativ kann man sich die Vorgaben auch durch gesprochene oder gedachte Worte suggerieren, wie beim autogenen Training oder eben der Selbsthypnose. Es ist teilweise wirklich faszinierend, welche körperlichen und emotionalen Auswirkungen das Ganze haben kann und was sich dadurch tatsächlich erreichen und erschaffen lässt.

Bei Ludwig könnte es daher ebenso gewesen sein, denn möglicherweise hat die gesamte Gefahrenlage zu einer mutmaßlich ungewollten autosuggestiven Situation geführt, bei welcher er sich durch seine Gebete sowie durch die aufbauenden und zielorientierten Worte, welche er angeblich um sich herum hörte, die aber augenscheinlich von ihm selbst ausgingen, in eine Art Selbsthypnose versetzte und dadurch innenliegende Kräfte freilegte. Er glaubte plötzlich an seine Rettung, was seine Motivation zusätzlich ansteigen ließ. Durch die vermeintlich fremde Unterstützung, die es allerdings nicht wirklich gab, da diese nur von seinem eigenen Geist ausging, mobilisierte er all seine ruhenden Kraftreserven, was glücklicherweise ausreichte, um die schwere Platte letztendlich zu entfernen.

Waren die suggestiven Sätze wirklich der Schlüssel zum Erfolg? Könnte er sich damit tatsächlich in einen mentalen Ausnahmezustand versetzt haben, der ihm am Ende das Leben rettete? Ist das des Rätsels Lösung? Möglich wäre es allemal.

Vielleicht steckt auch eine völlig banale und noch viel simplere Erklärung hinter all dem und Ludwig erhielt tatsächlich fremde Hilfe. Das Haus stand schließlich schon einige Zeit leer, war relativ renovierungsbedürftig, also auch nicht großartig gesichert und lag zudem etwas abgelegener auf dem Land. Möglicherweise nutzten es daher manchmal Obdachlose oder Jugendliche als vorübergehenden oder sporadischen Unterschlupf, eventuell auch an diesem besagten Tag. Ludwig wähnte sich zwar allein, war es aber vielleicht gar nicht. Eine oder mehrere fremde Personen befanden sich mitunter ebenfalls dort, unbemerkt und versteckt. Als Ludwig dann in den Keller ging, wollten sich die unbefugten Personen eigentlich schnellstens verziehen, hörten dann aber die lauten Geräusche des Unfalls. Sie sahen nach und entdeckten den verschütteten und hilflosen Handwerker. Nach einiger Zeit des Überlegens handelten die Fremden schließlich doch noch und hoben die Platte mit an. Vermutlich stammten auch die aufmunternden Worte von einem dieser unbekannten Personen, selbst wenn man sich dabei fragen muss, woher sie dann eigentlich Ludwigs Namen kannten. Aber auch dafür könnte es logische Erklärungen geben, wie z. B. herumliegende Papiere und Unterlagen, mitgehörte Gespräche oder auch einfach nur die verräterischen Namensetiketten, welche Ludwig auf einigen seiner Werkzeuge angebracht hatte. Doch dieses Detail sollte vielleicht auch nicht ganz so genau genommen werden. Ungeachtet dessen könnten Hausbesetzer somit tatsächlich zu seinen Lebensrettern geworden sein, selbst wenn er angeblich niemanden gesehen und wahrgenommen hat. Vermutlich haben sie sich wohl noch rechtzeitig vor ihrer Entdeckung ganz heimlich still und leise verdrücken können, ohne jegliche sichtbare Spuren dabei zu hinterlassen.

Wäre das vorstellbar? Bekam Ludwig also tatsächlich eine derartige Hilfe bei der Beseitigung der schweren Betonplatte oder war dies möglicherweise gar nicht nötig, da sich das massive Ungetüm ganz von selbst allmählich löste und somit nach und nach von Ludwig herunter zubewegen begann. Der eingeklemmte Mann drückte schließlich unentwegt dagegen und versuchte alles, um sich zu befreien. Es ist daher mehr als vorstellbar, dass diese steten Bemühungen auch irgendwelche Auswirkungen hatten, selbst wenn es Ludwig im ersten Moment nicht so vorkam, dennoch verrutschte die Platte dadurch zunehmend, wenn auch nur in ganz kleinen Schritten. Irgendwann verkeilte sie sich vielleicht sogar noch ein wenig – sei es nun an der Wand oder durch herumliegende Trümmerteile bzw. Werkzeuge - und eröffnete somit die Möglichkeit zum Hervorkriechen. Und die fremde Stimme war dann vermutlich nichts weiter als bloße Einbildung.

Kann sich das Ganze wirklich so unspektakulär zugetragen haben? Prinzipiell schon, denn manchmal ist die Realität tatsächlich viel harmloser und banaler, als sie auf den ersten Blick erscheinen mag, auch wenn wir es natürlich niemals endgültig erfahren werden.

Die weiße Frau am Straßenrand

Mario hatte schon einige Gruselgeschichten über die weiße Frau aus dem Ebersberger Forst gehört und gelesen. Daran geglaubt hatte er bisher aber nicht, zu unrealistisch und erfunden klang das Ganze für seinen Geschmack. Zudem war er schon selbst einige Male an der besagten Stelle vorbeigefahren, auch in der Nacht, ohne dabei jemals etwas Ungewöhnliches erlebt zu haben. Dennoch sah er stets ganz genau hin, sobald er wieder einmal dort vorbei musste, denn eine gewisse Neugier löste diese besondere Atmosphäre schon bei ihm aus. Trotzdem hielt er die ganzen Geschichten und angeblichen Sichtungen für nichts weiter als reine Fantasie- und Lügenmärchen. Mit seinen 36 Jahren empfand er sich zudem als viel zu erwachsen und aufgeklärt, um sich noch von irgendwelchen Spukmärchen erschrecken zu lassen. Sollten die anderen doch denken was sie wollten, er blieb lieber mit beiden Beinen auf dem Boden und hielt sich dabei an rationale Fakten. Und die besagten nun einmal, dass es so etwas wie eine geisterhafte weiße Frau nicht geben konnte, Punkt aus.

Es war ein verregneter Novembertag im Jahr 2008, als Mario erneut diese Strecke nehmen musste. Er kam gerade von einer Geschäftsreise und befand sich auf dem Weg nach Hause. Da er noch eine längere Fahrt vor sich hatte – er lebte zu dieser Zeit in Leipzig – wollte er die Münchner Gegend so schnell wie möglich passieren. Dieses Vorhaben führte ihn allerdings unweigerlich durch den Ebersberger Forst und somit auch an der Hubertuskapelle vorbei. Und genau dort sollte sie schließlich spuken, die unheimliche weiße Frau, die angeblich schon so viele Autofahrer in diverse Unfälle verwickelt haben soll. Doch wie gesagt: Mario ließ das zu diesem Zeitpunkt noch relativ kalt, er wollte einfach nur nach Hause, und zwar so zügig, wie es eben ging. Die Chancen dafür standen allerdings nicht gerade gut, denn das Wetter war einfach zu schlecht, selbst für den schicken neuen Geländewagen der Firma, welcher vor Leistung nur so strotzte. Wenigstens gestaltete sich die lange Fahrt dadurch etwas gemütlicher und angenehmer, auch wenn der starke Regen so gar nicht nachzulassen schien. Ungeachtet dieser äußerlichen Bedingungen befand sich Mario nun nicht mehr allzu weit von der besagten Kapelle entfernt. Und trotz seiner allgemeinen Skepsis konnte er diese gewisse Neugier, welche ihn fast immer an dieser Stelle überkam, abermals nicht verhindern, so sehr er es auch versuchte. Es war wie eine Art innere Erwartungshaltung, obwohl er doch eigentlich so gar nicht daran glaubte. Aber vielleicht machte genau das den Reiz daran aus. Und dann trennten ihn nur noch lächerliche 200 Meter von der Stelle, an der sie angeblich schon einige Menschen gesehen haben sollen.

Mario spürte, wie sein Puls leicht anstieg und eine gewisse Anspannung entstand. Die dunkle und verregnete Atmosphäre trug wohl ebenfalls ihren Teil dazu bei. Dann erreichte er die Kapelle, sie lag direkt vor ihm. Wie gesagt: Er war schon so oft hier vorbeigefahren, ohne jemals etwas Besonderes erlebt oder gesehen zu haben, doch diesmal sollte sich alles ändern, denn plötzlich stand sie tatsächlich da: Die weiße Frau, wie aus dem Nichts erschienen, und blickte direkt in seine Richtung. Ihr wallendes langes Kleid leuchtete auffällig in der Dunkelheit, während die Autoscheinwerfer sie von oben bis unten anstrahlten. Sie wirkte irgendwie traurig, zumindest kam es Mario in diesem kurzen Moment so vor, machte aber dennoch einen gefassten Eindruck. Der Regen vermochte sie dabei regelrecht einzuhüllen, ohne direkt nass werden zu lassen. Die langen, dunklen Haare sahen zumindest recht trocken aus, ebenso wie der Rest von ihr, auch wenn er sich bei diesem Detail nicht so ganz sicher war. Zudem konnte Mario keinerlei Schuhe oder weitere Accessoires erkennen, nur eben diese blasse und weiblich anmutende Erscheinung, die völlig regungslos in ihrem weißen Kleid mitten neben der Fahrbahn verweilte und ihn dabei richtiggehend anzustarren schien. Niemals hätte er ernsthaft damit gerechnet, doch nun war es dennoch Wirklichkeit geworden.

Die weiße Frau existierte also tatsächlich, er sah sie schließlich direkt dort stehen, gleich in der Nähe der Hubertuskapelle, nur wenige Meter entfernt. Das Ganze versetzte Mario natürlich einen Riesenschreck, ließ ihn sogar regelrecht panisch werden. Er begann zu zittern und zu schwitzen, wodurch es ihm zusehends schwerer fiel, die Kontrolle über das Fahrzeug zu behalten. Doch glücklicherweise gelang es dennoch und Mario konnte die besagte Stelle schadlos passieren. Und dann war es auch schon wieder vorbei und die hell leuchtende Frau verschwand genauso schnell, wie sie aufgetaucht war. Er sah zur Kontrolle in den rechten Außenspiegel, doch nichts. Das weiße Wesen schien spurlos verschwunden, von einer Sekunde auf die Nächste. Noch immer völlig fassungslos reduzierte Mario erst einmal die Geschwindigkeit, um sich ein wenig beruhigen zu können. Dann blickte er kurz in den Innenspiegel, erhoffte sich dadurch eine Erklärung oder einen optischen Hinweis auf das eben Erlebte. Doch dieser eine Moment sollte sein Leben für immer verändern, denn statt eine freie Sicht nach hinten heraus zu haben, um so noch einmal das Gebiet um die Kapelle herum mit den eigenen Augen absuchen zu können, starrte ihn erneut das traurig wirkende Antlitz der weißen Frau entgegen, und zwar mitten von der Rücksitzbank aus. Die Geistergestalt saß offensichtlich direkt hinter ihm, sozusagen als blinder Passagier.

Mario legte vor Schreck eine Vollbremsung hin und der Wagen kam zum Stehen. Unfähig, noch irgendeinen klaren Gedanken zu fassen, drehte er sich anschließend ganz langsam um, während die Angst ihn förmlich zu verschlucken drohte. Die ungewisse und schweißtreibende Frage, was ihn wohl als Nächstes erwarten würde, ließ alles wie in Zeitlupe vergehen. Doch irgendwann war es dennoch soweit und Mario konnte nun die komplette Rückbank überblicken. Aber außer einer gähnenden Leere empfing ihn dort nichts weiter. Keine weiße Frau, nichts Ungewöhnliches, nur eine völlig freie Sitzbank, so wie es eigentlich auch sein sollte. Zur Kontrolle sah er noch einmal in den Rückspiegel, vielleicht konnte man sie schließlich nur darüber wahrnehmen. Aber selbst diese Aktion blieb ergebnislos. Die Frau war offensichtlich erneut verschwunden, erst von der Straße weg und dann aus seinem Auto heraus oder hatte er sich etwa alles nur eingebildet, fragte er sich sofort. Doch dafür schien es zu real, zumindest hatte es so auf ihn gewirkt. Seine Gedanken entwarfen alle möglichen Szenarien, wollten kaum mehr zur Ruhe kommen. Doch dann rissen ihn auf einmal ein lautes Hupen und grelle Abblendlichter aus seinen Träumereien. Ein vorbeifahrendes Fahrzeug wollte ihn damit auf seine ungünstige Position aufmerksam machen, da er mit seinem Wagen schließlich mitten auf der Straße stand. Bei diesen dunklen und herbstlichen Wetterverhältnissen sicherlich nicht die beste Idee, doch aufgrund der vorangegangenen Ereignisse definitiv nachvollziehbar. Und so blieb Mario noch ein paar Minuten stehen, während der Regen weiterhin wie wild auf das Dach prasselte und die anstehende Nacht bereits ihren finsteren und unheimlichen Schleier ausbreitete.

Paranormale Erklärungsversuche:

Das Phänomen der weißen Frau ist sicherlich nicht neu und auch nichts Seltenes. Ganz im Gegenteil, denn es handelt sich sogar um ein recht altes und weit verbreitetes Mysterium. Viele Schlösser, Burgen, Friedhöfe, Wälder und Sümpfe sollen angeblich derartige Erscheinungen beherbergen. Seit eh und je haben Menschen immer wieder von Sichtungen dieser Art berichtet und tun es auch heute noch. Häufig ist dabei die Rede von einer gruselig anmutenden Geister-Frau, oftmals nur in einem einfachen weißen Kleid oder einem Nachthemd steckend, manchmal aber auch mit einem Braut- oder Festgewand bekleidet, die entweder spukend umherzieht oder teilnahmslos an festen Stellen verweilt.

Es sind fast immer ortsgebundene Erscheinungen, von denen einige wie eine Art „Echo aus der Vergangenheit“ agieren, indem diese stets dem gleichen Ablauf folgen oder an exakt denselben Stellen auftauchen. In diesen Fällen handelt es sich meistens nur um harmlose Geistersichtungen ohne besondere Folgen oder Auswirkungen. Doch manchen dieser geisterhaften Frauen wurde schon immer etwas mehr Bedeutung zugeschrieben, indem man sie teilweise als Unglücksbringer, böses Omen oder Warnhinweise angesehen hat, mitunter sogar heute noch. Vielleicht liegt es daran, dass nicht selten eine tragische Geschichte dahinter stecken soll, welche diese geisterhaften Damen erst zu jenen traurig anmutenden oder rachsüchtigen Wesenheiten werden ließ. Dabei erzählen die entsprechenden Legenden z. B. oftmals von einem gewaltsamen Tod, entweder durch Mord, Unfall oder Suizid, einer unerfüllten Liebe, der verzweifelten Suche nach den eigenen Kindern, dunklen Familiengeheimnissen oder von irgendeiner anderen dramatischen Begebenheit, welche die jeweils gepeinigte Seele einfach nicht zur Ruhe kommen lassen will.

Im vorliegenden Fall (Die weiße Frau vom Ebersberger Forst) soll es sich beispielsweise um eine junge Frau gehandelt haben, die angeblich Opfer eines tödlichen Autounfalls wurde, indem sie vom Verursacher einfach sterbend zurückgelassen worden war. Teilweise wird sogar davon berichtet, dass sie Kinder hatte, die ebenfalls bei diesem Crash verstarben. Das Ganze soll sich zudem in der Nähe der Hubertuskapelle zugetragen haben, dem heutigen Ort der Sichtungen. Seitdem treibt diese ruhelose Seele dort ihr Unwesen und wird mutmaßlich immer wieder von vorbeifahrenden Menschen gesehen. Laut der Legende agiert sie dabei als Anhalterin, die gerne mitgenommen werden möchte. Hält man allerdings nicht an, sondern fährt einfach stur weiter, so erscheint sie plötzlich auf dem Rücksitz und verursacht dadurch einen schrecklichen Unfall. Nimmt man sie allerdings mit, dann ist sie friedlich gestimmt und verschwindet kurze Zeit später wieder spurlos aus dem Auto, ohne das einem etwas Schlimmes widerfährt.

Offensichtlich knüpft sie dadurch eine Parallele zum eigenen Ableben, indem sie Fahrerflucht bzw. das rücksichtslose Weiterfahren einfach rigoros bestraft, wie eine Art Rache, nur leider an den falschen Personen. Doch Logik oder Vernunft sollte man von einem spukenden Geist auch nicht unbedingt erwarten können. Da wird oftmals nur nach einem festen Schema oder einem gleichbleibenden Ritual vorgegangen. Und so erwischt es eben zumeist völlig unschuldige Personen, die einfach zur falschen Zeit am falschen Ort waren. So wie Mario, der wohl dummerweise auch in diese Kategorie einzuordnen sein dürfte. Er wurde demnach nicht nur Augenzeuge, sondern beinahe noch ein mutmaßliches Opfer dieser unheimlichen weißen Frau, da er verständlicherweise ebenfalls nicht anhielt, um sie mitzunehmen. Und plötzlich saß sie auf seiner Rückbank und starrte ihn über den Innenspiegel an. Glücklicherweise führte das Ganze nicht zu einem Unfall, sondern lediglich zu einem richtiggehenden Schockmoment und vermutlich zu einer bleibenden Erinnerung, auf welche er allerdings gut und gerne hätte verzichten können. Er war also mit einem blauen Auge davon gekommen, reihte sich demnach nicht ein in die angeblich lange Reihe an Unfallopfern, die entweder vor Schreck oder durch das direkte Eingreifen der sagenumwobenen weißen Frau die Kontrolle über das eigene Fahrzeug verloren und anschließend irgendwo dagegen krachten.

Rationale Erklärungsversuche:

Wie bereits bei den paranormalen Erklärungsmöglichkeiten erwähnt, soll ein tödlicher Verkehrsunfall mit Fahrerflucht zur Entstehung „der weißen Frau vom Ebersberger Forst“ geführt haben. Allerdings gibt es offenbar keinerlei verifizierbare Nachweise, Unterlagen oder offizielle Berichte darüber. Ein derartiger Vorfall scheint den dortigen Behörden demnach nicht bekannt zu sein und ist daher auch nicht belegbar. Das Ganze beruht also eher auf Hören-Sagen und allerlei Geschichten. Wie man den Wahrheitsgehalt solch urbaner Legenden demzufolge einzuordnen hat, muss wohl jeder für sich selbst entscheiden. Nichtsdestotrotz soll es auf dieser besagten Strecke – auch im Bereich der Hubertuskapelle – tatsächlich etwas häufiger zu Verkehrsunfällen gekommen sein, was aber sicherlich auf ganz natürliche Ursachen zurückgeführt werden kann. Von behördlicher Seite ging man demnach eher von straßenbedingten Gründen aus. Nach entsprechenden Umbauarbeiten schien sich die Lage auch tatsächlich zu verbessern und die Anzahl der Crashs ging somit deutlich zurück. Dennoch hörten die geisterhaften Erlebnisberichte und angeblichen Sichtungen nicht gänzlich auf. Nach wie vor erzählten Menschen von paranormalen Begebenheiten sowie Begegnungen mit der weißen Frau. Warum endeten diese Phänomene also nicht ebenso?

Wieso gab und gibt es nach wie vor diverse Augenzeugen? Steckt vielleicht doch noch etwas anderes dahinter? Beruhen einige dieser Spukgeschichten möglicherweise auf einer optischen Täuschung, deren Rest dann die Einbildung erledigt? Wer zumindest schon einmal etwas von der weißen Frau gehört hat, fährt sicherlich wesentlich aufmerksamer an dieser besagten Stelle vorbei, eventuell sogar mit einer gewissen Erwartungshaltung. Der Verstand ist demnach bereits auf etwas Außergewöhnliches vorbereitet. Die Wahrscheinlichkeit einer fehlinterpretierten Sichtung daher viel größer. Nun kommt dazu, dass es um die Hubertuskapelle herum einige Straßenschilder und schwarzweiße Leitpfosten gibt und das Ganze zusätzlich von dichten Wäldern umhüllt wird, wodurch Lichteinfälle und Reflexionen manchmal anders in Erscheinung treten können. Ist es zudem noch nass und dunkel, vermögen aus einfachen Dingen ganz schnell geisterhafte Wesenheiten zu entstehen, die einen regelrecht anzustarren scheinen.

Eine gewisse Rolle könnten hierbei auch die eigenen Autoscheinwerfer spielen. Mario hat ja berichtet, dass er in der Vergangenheit schon öfters dort vorbeigefahren ist, die Sichtung allerdings erst mit dem neuen Firmen-Geländewagen hatte. Eventuell sind die Größenabmessungen des Fahrzeugs und somit auch die Höhe der angebrachten Vorderlichter von entscheidender Wichtigkeit. Befinden sich diese eben weiter oben, dann strahlen sie die Schilder und Leitpfosten vielleicht genau im richtigen Winkel an, wodurch sich anschließend zusammen mit den passenden Witterungsverhältnissen eine scheinbar menschlich wirkende Silhouette bilden kann. Die besagten Pfosten sind schließlich unten weiß und oben schwarz, ganz so wie das Erscheinungsbild der weißen Frau. Selbst entgegenkommende oder auf Nebenstraßen fahrende Autos könnten durch ihre Lichter Einfluss auf die offensichtlich optische Täuschung haben. Möglicherweise kommen an der besagten Stelle einfach mehrere Faktoren zusammen, die in ihrer Gesamtheit das Erscheinen einer vermeintlichen Geistergestalt begünstigen können. Es gibt zumindest entsprechende Tests, die diese Theorie stützen. Den Rest erledigt dann die Einbildungskraft, mutmaßlich verstärkt durch Aberglaube, Übermüdung oder aufkom-

mende Angst, um nur einige Gründe zu nennen. Und genau diese daraus resultierende Panik könnte anschließend zu Kontrollverlusten und etwaigen Unfällen geführt haben. Also nicht die weiße Frau, sondern der eigenen Verstand hat den Menschen einen Streich gespielt und sie Dinge sehen lassen, die offensichtlich nur durch eine optische Täuschung entstanden sind.

Vielleicht ist es Mario ebenso ergangen, selbst wenn er es nicht wahrhaben will und lieber weiterhin an die urbane Legende des Ebersberger Forst glauben möchte.

Beruht alles vielleicht nur auf einem Scherz bzw. einem Streich, dessen Ergebnis sich anschließend verselbstständigt hat? Die zweite rationale Erklärungsmöglichkeit zielt zumindest genau in diese Richtung. Irgendwann ist aus irgendwelchen Gründen die Geschichte über die weiße Frau entstanden, die natürlich ständig weitererzählt und verbreitet wurde. Ein Rädchen greift sozusagen ins nächste, und schon hat man es mit einer ausgereiften Gruselstory zu tun, deren Ursprung zwar kaum noch jemand kennt, die aber einfach nicht mehr totzukriegen ist. Um dem Ganzen allerdings ein wenig Würze zu geben und weiterhin am Leben zu erhalten, musste mitunter etwas nachgeholfen werden. Man will den Touristen, Esoterikern, Horrorfans und Glaubensfanatikern schließlich eine gute Show liefern. Spukgeschichten machen sich letztendlich immer gut, sie geben dem oftmals tristen und eintönigen Leben eine gewisse Note, gestalten es interessanter und weniger geradlinig. Menschen benötigen manchmal diesen Ausgleich, suchen dabei den Kick oder den Reiz an der Gefahr. Der Glaube an Geister und paranormale Dinge schafft daher für viele eine willkommene Ablenkung, und das oftmals völlig unabhängig vom jeweiligen Wahrheitsgehalt, denn nicht hinter jeder guten Story steckt sofort ein echtes unerklärliches Phänomen. Und genau deshalb könnte die Ursache der Hubertuskapellen-Sichtungen vielleicht auch eine ganz andere sein, zwar weniger gespenstisch, dafür aber um einiges menschlicher, denn möglicherweise haben sich ein paar Anwohner, Jugendliche etc. einfach die Legende genommen, respektive sogar erst entstehen lassen und diese anschließend in die Realität umgesetzt. Mit Verkleidungen, Puppen und Lichtspielereien wurde so eventuell der Anschein eines echten Gespenstes erschaffen und vorbeifahrende Menschen dadurch erschreckt, teilweise leider mit gefährlichen Auswirkungen auf den Straßenverkehr. Alles wurde mitunter perfekt getarnt und geplant, um eine mögliche Entlarvung so gut es geht zu verhindern. Abgesehen davon: Menschen, die an etwas glauben wollen, lassen sich sowieso nur schwer vom Gegenteil überzeugen.

Inzwischen könnten sogar noch weitere Trittbrettfahrer auf den Zug aufgesprungen sein, die ebenfalls bereits als „weiße Frau vom Ebersberger Forst" unterwegs waren und sich dabei einen kleinen Spaß mit den ahnungslosen Bürgern erlaubt haben. Wer weiß das schon? Doch ob nun nur eine Person, eine ganze Gruppe, mehrere verschiedene Gruppen – ganz egal – letztendlich zählt nur das Resultat. Könnte demnach tatsächlich eine völlig rationale und äußerst menschliche Komponente hinter all dem Spuk stecken? Ist Mario also lediglich das Opfer eines Fakes geworden, was ihn allerdings so sehr erschreckte, dass er sich anschließend sogar noch einen Geist auf der Rücksitzbank eingebildet hat? Betrachtet man die Fakten, so klingt es zumindest recht plausibel, was allerdings die unheimliche weiße Frau plötzlich gar nicht mehr so unheimlich erscheinen lässt.

Danksagung:

Hiermit möchte ich ganz besonders meinem Aaron danken, dem besten Sohn, den sich ein Vater nur wünschen kann, da er mich in jeglicher Hinsicht unterstützt und motiviert hat und mir stets als hinweisgebender Testzuhörer zur Verfügung stand.

Auch danke ich seiner Mama und meiner Lebensgefährtin Michaela, da sie mir ebenso hilfreich zur Seite stand und dabei die eine oder andere Korrektur mit einfließen ließ.

Weiterhin bedanke ich mich bei Werner Betz – meinem Verleger vom Ancient Mail Verlag – für sein Vertrauen und seine Unterstützung, damit dieses Buchprojekt überhaupt erst entstehen konnte.

Der Autor

Thorsten Läsker wurde 1975 in Coburg geboren. Bereits seit frühester Kindheit an zeigte er ein außergewöhnliches Interesse an übernatürlichen Themen. Mit den Jahren wuchs dieses Interesse ständig weiter an, weshalb er sich um die Jahrtausendwende dem VfgP (Verein für grenzwissenschaftliche Phänomene) anschloss. Dort war er als Pressesprecher und Zweigstellenleiter tätig. In dieser Zeit hatte er einige Auftritte und Interviews in diversen Zeitungen, Radiosendungen und TV-Reportagen. Zudem nahm er ein paar beratende Funktionen ein, führte viele Zeugengespräche und Nachforschungen durch und knüpfte währenddessen allerlei Kontakte in der deutschsprachigen Ufo- und Grenzwissenschaftsszene. Er veröffentlichte seitdem einige entsprechende Online-Artikel und hatte zudem eine Publikation bei einem themenspezifischen Print-Magazin. Inzwischen bezeichnet er seine Leidenschaft für alles Paranormale und Übernatürliche als regelrechte Passion. Und so hofft er nach wie vor fast täglich darauf, den verborgenen Wahrheiten und den großen Rätseln der Menschheit ständig ein Stückchen näher zu kommen. Denn seiner Meinung nach ist die offensichtliche Welt, in der wir alle leben, vermutlich völlig anders, als sie uns derzeit erscheint. Daher möchte er gerne sein Möglichstes dazu beitragen, damit diese unbekannten Wirklichkeiten nicht länger im Verborgenen verbleiben, sondern endlich offenbart werden können.

Literatur zu den Rätseln dieser Welt und weiteren faszinierenden Themen finden Sie in unserem Verlagsprogramm:

Werner Betz und Sonja Ampssler

Portale

Eine Spurensuche in Vergangenheit und Gegenwart

ISBN978-3-95652-298-7, Paperback,
74 Farbabbildungen, 246 Seiten, **€ 21,90**

Portale zu anderen Dimensionen – wie kann man sich so etwas vorstellen? Wir versuchen mit unseren Forschungen, ein Bild davon zu vermitteln und folgen seit mehreren Jahren allen Spuren, die uns Hinweise geben könnten. Diese fanden wir in Überlieferungen und Mythen sowie in alten Berichten, aber auch in Vorkommnissen, die bis in die Gegenwart reichen. Ob am Untersberg, in den Pyrenäen oder an anderen Orten der Erde, überall fanden wir Parallelen, die nur den Schluss zulassen, dass es solche Tore sind, die in andere Welten oder Zeiten führen. Geheime militärische Forschungen seit Jahrzehnten weisen darauf hin, dass nicht nur wir an diesem Phänomen interessiert sind. Hinweise darauf, dass diese Portale Realität sind, geben aber auch unsere technischen Untersuchungen, mit deren Hilfe wir physikalische Kräfte nachweisen konnten, die uns offenbar verraten, wo wir diese Übergänge finden können. Begleitet uns auf einer spannenden Suche, die vor unserer Haustür beginnt und bis in die entlegensten Winkel der Erde führt!

Dr. Tamas Lajtner

Die messbare Kraft der Gedanken

Neuentdeckte Beziehungen, erstaunliche Möglichkeiten

ISBN 978-3-95652-241-3, Paperback, Din A5, 268 Seiten, 150 zum Teil farbige Abbildungen, **€ 19,50**

Der Gedanke hat Kraft. Sie ist fähig, reale Objekte zu bewegen. Das ist eine Tatsache. Warum ist dieser Fakt nicht bekannt?
Weil er mit unseren wissenschaftlichen Dogmen im Konflikt steht. Die Gedankenkraft ist eine neue, unbekannte Kraft. Diese Form der Kraft zeigt sich in vielen Erscheinungen und Rätseln. Sie taucht in der Physik, in der Kommunikation der Tiere, in antiken Baukonstruktionen, in der Liebe und in der Expansion des Universums auf. Sie erscheint in der menschlichen Gesichtserkennung, in der Schöpfung des Lebens und des Bewusstseins, und sie ermöglicht es Fußballfans sogar, das Match zu gewinnen. Diese Phänomene scheinen voneinander unabhängig zu sein.
In diesem Buch fasst der Autor sie in einem System zusammen, in dem die versteckten Beziehungen sichtbar gemacht werden.
Verändern wir die physischen Theorien von Zeit und Raum, lösen sich die Rätsel von selbst.
Das Buch ist in einem lesefreundlichen, einfach verständlichen und ganz persönlichen Stil - mit Humor und mit vielen Bildern - geschrieben.

Mario Rank

UFOs über Österreich

**Hirngespinste? Außerirdische?
Geheime Mächte?**

ISBN 978-3-95652-.237-6, Din A5, Paperback, 200 Seiten, 33 zum Teil farbige Abbildungen, **€ 18,50**

Die Existenz unidentifizierbarer Flugobjekte, kurz UFOs genannt, bestreitet heute kaum jemand. Doch welches Geheimnis steckt hinter dem Phänomen, das seit Jahrzehnten für hitzige Diskussionen sorgt?
Der Wiener Forscher, Medienprofi und Kongressveranstalter Mario Rank belegt im vorliegenden UFO-Report, dass auch die Alpenregion nicht vom Himmelsspuk verschont wird. Unheimliche Begegnungen und rätselhafte Lichterscheinungen werden vom Autor gewissenhaft hinterfragt und analysiert. Dabei kommt Mario Rank zugute, dass er mit internationalen Experten und Forschungsgruppen seit Jahren eng zusammenarbeitet, um das Geheimnis der UFOs zu enthüllen. Die bisherigen Studien zeigen immer deutlicher: Wir sind nicht allein!

Was geschieht scheinbar unbemerkt über unseren Köpfen? Und wie gehen die Medien mit diesem umstrittenen Thema um? Wirklich immer vorurteilsfrei und ehrlich?

Kritisch wird die Spreu vom Weizen getrennt und Irrtümer enttarnt. 2 bis 5% Rest an ungelösten und gut dokumentierten Fällen bleiben aber dennoch! Zuviel um die Vorfälle einfach zu ignorieren oder als „Hirngespinst" abzutun. Diese UFO-Belege entziehen sich weiterhin hartnäckig jeder vernünftigen Deutung. Selbst Nahkontakte, wo Menschen direkt von Lichterscheinungen erfasst oder gar entführt wurden, sind im deutschsprachigen Raum bezeugt. Hier beginnt die große und spannende Herausforderung für die Wissenschaft. Warum wird sie nicht angenommen?

Hartwig Hausdorf

Grenzerfahrungen

Abenteuer am Rande der Realität

ISBN 978-3-95652-274-1, Din A5, Hardcover, 238 Seiten, 17 s/w-Abbildungen, **€ 19,80**

In einer furchtbar nüchternen Zeit wie der unseren sehnt sich der Mensch mehr denn je nach Abenteuern. Doch manchmal geschieht es, dass diese Abenteuer ihn unerwartet über Grenzen führen, die er nie zuvor erfahren und ausloten durfte. Plötzlich verschwimmen scheinbar fundamentale Gesetze von Raum und Zeit, und man wird konfrontiert mit Dingen, die bis dahin keinen Platz im festgefügten Weltbild hatten. In diesem Buch präsentiert Hartwig Hausdorf mehr als 40 mysteriöse Grenzerfahrungen, welche die Menschen, die sie erlebten, von Grund auf veränderten. Erstmals bricht der Autor auch sein langjähriges Schweigen über ein rätselhaftes Erlebnis, das ihm selbst im Alter von etwa fünf Jahren widerfuhr. Und er stellt uns eine unheimliche Kreatur vor, wie sie die Welt noch nicht gesehen hat ...

Unsere Welt ist voller Rätsel –

Wir wollen helfen, sie zu lösen !

Bücher und Informationen zu den Themenkreisen Archäologische Rätsel dieser Welt, Paläo-SETI, Grenzwissenschaften, Sagen und Mythen.

Fordern Sie einfach *kostenlose* weitere Informationen an – per Post, Fax, Telefon oder eMail beim

Ancient Mail Verlag • Werner Betz
Europaring 57, D-64521 Groß-Gerau
Tel. 00 49 (0) 61 52/5 43 75, Fax 00 49 (0) 61 52/94 91 82
eMail: ancientmail@t-online.de
www.ancientmail.de